MARILENA CHAUI

Contra a servidão voluntária

MARILENA CHAUI

Contra a servidão voluntária

2ª edição
1ª reimpressão

ESCRITOS DE MARILENA CHAUI
Volume 1

ORGANIZADOR
Homero Santiago

autêntica

EDITORAS RESPONSÁVEIS
Rejane Dias
Cecília Martins

ORGANIZADORES DA COLEÇÃO
ESCRITOS DE MARILENA CHAUI
André Rocha
Éricka Marie Itokazu
Homero Santiago

PROJETO GRÁFICO DE CAPA
Diogo Droschi

REVISÃO
Cecília Martins
Dila Bragança de Mendonça
Lira Córdova

PROJETO GRÁFICO DE MIOLO
E DIAGRAMAÇÃO
Conrado Esteves

Dados Internacionais de Catalogação na Publicação (CIP)
(Câmara Brasileira do Livro, SP, Brasil)

Chaui, Marilena

Contra a servidão voluntária / Marilena Chaui ; organizador Homero Santiago. – 2. ed.; 1. reimp. – Belo Horizonte : Autêntica Editora; São Paulo: Editora Fundação Perseu Abramo, 2025. (Escritos de Marilena Chaui, 1)

Bibliografia

ISBN 978-85-8217-106-6 (Autêntica Editora)
ISBN 978-85-7643-155-8 (Editora Fundação Perseu Abramo)

1. Capitalismo 2. Filosofia 3. Ócio 4. Política 5. Trabalhadores - Condições sociais 6. Trabalho I. Santiago, Homero. II. Título.

12-15713 CDD-320.01

Índices para catálogo sistemático:
1. Trabalhadores : Condições sociais : Política : Filosofia 320.01

GRUPO **AUTÊNTICA**

Belo Horizonte
Rua Carlos Turner, 420
Silveira . 31140-520
Belo Horizonte . MG
Tel.: (55 31) 3465 4500

São Paulo
Av. Paulista, 2.073, Conjunto Nacional
Horsa I . Salas 404-406 . Bela Vista
01311-940 . São Paulo . SP
Tel.: (55 11) 3034 4468

www.grupoautentica.com.br
SAC: atendimentoleitor@grupoautentica.com.br

EDITORA FUNDAÇÃO PERSEU ABRAMO
Rua Francisco Cruz, 244 . Vila Mariana
CEP 04117-091 . São Paulo . SP
Correio eletrônico: editora@fpabramo.org.br

Sumário

Apresentação

Homero Santiago[1]

A servidão voluntária é enigmática. O bom senso nela enxerga uma aberração; porque a razão se recusa a concebê-la, a ideia ganha ares de paradoxo; porque a língua não lhe dá nome, a sua designação se dá mediante um oximoro. Pouco importa. Fato é que a noção nos remete a um dado inquestionável. Por toda parte muitos vivem sob o domínio de um que se destaca de seus pares, ergue-se acima da sociedade e a sujeita, comandando-a. Os submetidos não só acatam a servidão como são ainda aqueles que fornecem ao dominador os meios necessários a seu fortalecimento, a sua manutenção. Conclusão: desejam servir, voluntariamente.

Os textos de Marilena Chaui aqui presentes, jamais reunidos num único volume, voltam-se todos à análise desse enigma e da obra daquele que pela primeira vez e com grande ousadia o arrostou: o francês Étienne de La Boétie, nascido a 1º de novembro de 1530 e falecido a 18 de agosto de 1563, que em seu pouco tempo de vida, imbuído de humanismo, estudou direito, compôs poesias, traduziu clássicos gregos e sobretudo legou à posteridade um dos mais geniais e vigorosos documentos da reflexão política, o *Discurso da servidão voluntária.*

A ideia de um volume sobre a servidão voluntária surgiu desde o momento em que, trabalhando sobre os textos de Marilena, os organizadores desta coleção se deram conta da persistência do tema e da

[1] Homero Santiago é professor do Departamento de Filosofia da USP.

importância do nome de La Boétie naquele conjunto. De fato, tomando por base apenas as datas da publicação, os oito textos aqui reunidos estendem-se por um intervalo temporal de três décadas, entre 1982 e 2013. É um período considerável, e não somente por sua extensão. Também por marcar-se pela intensa atividade intelectual da autora; quando ela firma seu nome no panorama intelectual do país, com influentes trabalhos sobre filosofia (principalmente sobre Espinosa e Merleau-Ponty), democracia, cultura popular, e igualmente no cenário político, com a militância no Partido dos Trabalhadores, a atuação na Secretaria de Cultura de São Paulo e a intervenção em quase todos os grandes debates do período. O que os textos aqui publicados permitem comprovar é que ao longo de todo esse período o trabalho sobre La Boétie (leitura, escrita, referência, uso) foi constante, ainda que restasse um pouco obscurecido pela maior visibilidade de outras preocupações.

Não que se trate de um continente inteiramente ignoto da obra de Marilena. Basta recordar que o estudo "Amizade, recusa do servir", incluído em 1982 na tradução do *Discurso da servidão voluntária* por Laymmert Garcia dos Santos publicada pela Brasiliense e várias vezes reeditada, figura por sua influência entre os clássicos da ensaística filosófica brasileira. Ou seja, que Marilena era leitora de La Boétie não é novidade para ninguém. O aspecto novo que esta coletânea permite agora estimar com justeza é a relevância dessa incessante frequentação. Talvez nem aos leitores mais familiarizados com os textos da filósofa fosse tão clara a dimensão, se podemos assim dizer, do continente La Boétie.

É a tal descoberta que esta reunião inédita convida os leitores, no espírito mesmo da coleção Escritos de Marilena Chaui, que é não apenas facilitar o acesso material aos textos, como também propiciar novas abordagens, quer pela leitura, quer pela releitura. Trata-se de apreciar a longevidade e a regularidade da meditação; a variedade de seus frutos; a maneira como assume diferentes formas de expressão e consegue estabelecer diálogos profícuos; trata-se sobretudo de reconhecer – e aí vai um juízo pessoal do organizador que não compromete o da própria autora – certa sistematicidade que se vai configurando: a atenção sempre prestada a algumas questões, sua renovada formulação e o consequente aprofundamento a cada texto; a persistência de certas inflexões que funcionam como matrizes interpretativas e configuram a originalidade da leitura em face de outras; a capacidade de orientar o pensamento quando as questões teóricas precisam defrontar as urgências da defesa da liberdade em face de seus diversos inimigos; o cultivo de uma ponta a outra do estatuto sagrado da amizade.

Os oito trabalhos aqui apresentados resultam de uma seleção dentre os escritos de Marilena Chaui, tanto publicados quanto inéditos. Outros poderiam ainda ser acrescentados, mas para que se agregassem coerentemente ao eixo do volume exigiriam um esforço de enquadramento que fugiria aos propósitos da coleção, que é menos interpretar que dar à interpretação; por isso ficaram de fora e porventura aparecerão em volumes futuros. No que concerne aos presentes textos, foram todos revisados pela autora, e as mudanças, além dos naturais ajustes estilísticos, em sua maioria respondem às exigências trazidas pelo novo contexto em que se encontram (eram necessárias, por exemplo, modificações e acréscimos num texto que, como o já aduzido "Amizade, recusa do servir", não pode mais contar com a presença a seu lado do texto de La Boétie). As intervenções do organizador estão restritas a umas poucas notas, só no caso dos artigos de jornal, pois pareceu imprescindível à compreensão do leitor, especialmente os mais jovens, restituir o contexto do material e suas referências históricas. Ao início de cada texto, o leitor será informado sobre a data e o veículo da primeira publicação ou então a advertência quanto ao seu ineditismo. Uma entrevista especialmente concedida para esta publicação fecha o volume; nela a autora realiza um balanço do material e de seu encontro com La Boétie.

Levando em consideração a abordagem, a construção e o tema de cada texto, eles podem ser agrupados em três blocos.

O primeiro engloba os estudos diretamente dedicados à obra de La Boétie. Traz o longo "Amizade, recusa do servir", publicado em 1982 na referida edição do *Discurso da servidão voluntária* pela Brasiliense, ao lado de ensaios de Claude Lefort e Pierre Clastres. Naquele mesmo ano, apareceu no saudoso "Folhetim" da *Folha de S.Paulo* uma apresentação da obra de La Boétie, e a tomamos aqui como abertura da coletânea, para introduzir o leitor na problemática do conceito de servidão voluntária. Por fim, há "Servidão voluntária ou o mau encontro", estudo inédito e de que apenas uma parte foi recentemente publicada no *Jornal de resenhas.*

Um segundo bloco é constituído, inicialmente, por dois ensaios em que La Boétie é posto a dialogar com outros pensadores: "Contra o Um, contra o Estado" aborda as convergências entre La Boétie e o antropólogo francês Pierre Clastres; a introdução a *O direito à preguiça* de Paul Lafargue serve de ocasião para que a obra de La Boétie seja aproximada das discussões em torno do trabalho e da alienação sob o capitalismo, o que demonstra a vitalidade desse pensador quinhentista para a reflexão em torno de problemas tão nossos. Arremata o conjunto o texto até hoje inédito de uma intervenção, num congresso de 1988, acerca dos "fundamentos teológico-jurídicos da escravidão como servidão voluntária". É um complemento precioso, que desvela um pouco da história jurídica da ideia de servidão voluntária, seu enraizamento na Conquista do continente americano e a consequente discussão acerca da legitimidade da escravidão indígena; todo um universo de época revela-se ao leitor e certamente lhe será de grande valia para a compreensão do contexto do *Discurso*.

Finalmente, o terceiro bloco reúne dois curtos artigos aparecidos no diário *Folha de S.Paulo*: "Contra a servidão voluntária" e "Ter medo deles". Como pode parecer estranho acrescentar aqui textos que tratam de temas distantes de La Boétie e que possuem uma forma bem diversa dos demais, algumas explicações são necessárias. Vêm eles mostrar um pouco da utilização que Marilena faz da obra do filósofo quinhentista. La Boétie não lhe é apenas peça de erudição ou tópico de interpretação sagaz; também é um pensador com o qual se pode aprender a pensar, analisar e combater. A análise das implicações políticas dos primeiros passos do sindicato Solidariedade ou o desmonte de um discurso particularmente violento de um ministro da justiça são exemplos acabados de uma prática teórica que a autora por anos desenvolveu nas páginas de diversos órgãos de imprensa e que demonstram a potência da história da filosofia, da própria filosofia, quando ela, cônscia da tensão existente entre si como teoria e os fatos a compreender, não abre mão de arrostar a sua época servindo-se de instrumentos que são seus. Que se tenha intitulado esta coletânea com o empréstimo do título de um desses textos não foi acaso. Muito pelo contrário, salienta um dos aspectos mais admiráveis dessa longeva lida com La Boétie: o esforço de compreensão do enigma da servidão voluntária justifica-se por inteiro na exata medida em que permite uma firme, inegociável e perene tomada de posição *contra* a servidão voluntária.

O poder político da amizade*

Andamos com pés alheios, vemos com olhos alheios,
reconhecemos e saudamos as pessoas com
a memória alheia, vivemos do trabalho alheio.

PLÍNIO

...e seria estranho que um homem vivesse melhor com dois olhos e dois ouvidos para julgar, dois pés e duas mãos para agir do que muitos homens com muitos órgãos, pois hoje também os reis dão a si mesmos muitos olhos, ouvidos, mãos e pés: não associam ao governo aqueles que são amigos de seu poder e de sua pessoa?

ARISTÓTELES

I.

Poucas obras têm tido destino tão insólito quanto o *Discurso da servidão voluntária*, de Étienne de La Boétie. Escrito entre 1552 e 1553, planejado para ocupar o centro do primeiro livro dos *Ensaios* de Montaigne (que o localizaria entre o ensaio sobre os canibais e o ensaio sobre a amizade), apropriado pelos protestantes franceses, que o converteram em panfleto tiranicida, o *Discurso* reaparece no século

* Originalmente publicado em: *Folha de S.Paulo*, São Paulo, 13 jun. 1982, Folhetim, p. 7. (N. do Org.)

XVIII num panfleto pedagógico-político de Marat, é retomado no curso das lutas proletárias do século XIX na qualidade de panfleto democrático e, por fim, ressurge com os anarquistas, que o leem como panfleto libertário.

Esse percurso foi periodicamente acompanhado por outro, oposto: o das interpretações acadêmicas, que reduzem o texto a uma peça juvenil de retórica, um "pastiche" de ideias alheias confusamente utilizadas por La Boétie, cujo ardor e inexperiência política só poderiam desembocar numa utopia inconsequente. Todavia, mais interessante do que a multiplicidade heteróclita de interpretações é o fato de que a obra não tenha cessado de ser lida sob a condição expressa de que sua questão permaneça ignorada: "Como se enraizou tão antes essa obstinada vontade de servir"?, indaga La Boétie. Esse "tão antes" indica que a pergunta não se dirige ao fato bruto da dominação e da servidão já constituídas, mas busca algo que antecede esse fato e que o torna possível.

O *Discurso da servidão voluntária ou Contra Um* tem o estranho dom de desconcertar os leitores seja por seu título, seja por sua elaboração textual, seja por sua conclusão.

O título é desconcertante porque, habituados à tradição do pensamento político clássico e cristão, sabemos que os conceitos de vontade e de servidão são incompatíveis. É voluntário tudo quanto nasce de uma escolha espontânea e por isso é livre tudo o que se realiza sem coação externa. A servidão, pelo contrário, implica coação e força, uma ação externa violenta, a dominação de alguém por outrem, supondo, portanto, a existência de relações sociais e políticas. Mesmo quando o cristianismo fala em "servo arbítrio", a expressão não se confunde com servidão voluntária, pois seu pressuposto é o de que a vontade se escraviza em decorrência de sua finitude e do pecado originário.

La Boétie reconhece a estranheza da expressão, pois antes de introduzi-la fala em "vício infeliz", "infortúnio" e "mau encontro" que teriam parido essa monstruosidade, para a qual não encontra "um nome bastante feio" e que "a natureza nega ter feito, e a língua se recusa a nomear".

O paradoxo intolerável da servidão voluntária está em que nada – nem Deus, nem a Natureza, nem a Razão, nem a sociedade – pode explicar seu surgimento. Nem a violência e a força dos tiranos, nem a covardia e a fraqueza dos tiranizados são causas da vontade de servir. Pelo contrário, são suas consequências. E o enigma é tanto maior porquanto, escreve La Boétie, nascemos livres e servos de ninguém, sendo incompreensível que possamos trocar esse bem que é a liberdade por esse mal que é a escravidão. Mais do que isso, que sintamos "não ter perdido a liberdade, mas ganhado a servidão", não uma desgraça, mas uma conquista.

A interrogação de La Boétie não é a mesma de Rousseau, embora a formulação pareça semelhante, pois o *Discurso da servidão voluntária* não indaga, como o *Discurso sobre a origem da desigualdade*, qual o desvirtuamento das relações inter-humanas quando a natural sociabilidade entre iguais é destruída pelo discurso do forte e o do rico que enganam os demais tão logo tenha surgido a posse privada da terra, com o primeiro terreno cercado e a afirmação "isto é meu". A pergunta de La Boétie não se dirige ao problema da obediência aos fortes e ricos, nem aos governantes, pois estes, uma vez instalados, tornam a obediência irrecusável. O que o interessa é compreender por que "tantos homens, tantas cidades, tantas nações e tanto povos" *servem* a um só quando *nada os obriga a isto*, quando poderiam se libertar do jugo simplesmente deixando de servir, sem atacar ou derrubar o senhor por um ato positivo de força, mas apenas pela recusa de aceitá-lo como senhor. La Boétie deseja pensar a origem da *vontade de servir.*

Como, indaga ele, é possível que tantos sirvam a um que, estando só, não lhes poderia causar medo e que, sendo cruel e desumano, não lhes poderia fazer bem? Como um pode dominar muitos? A resposta é desconcertante porque anula a própria pergunta: a oposição numérica um/muitos é uma aparência que dissimula o fenômeno da servidão voluntária.

A resposta, que anula a pergunta, se desdobra em três movimentos. No primeiro, esse "um", dotado apenas de dois olhos, duas mãos, dois ouvidos e dois pés, frequentemente um homúnculo covarde, e não um Sansão ou um Hércules, encontra-se provido de milhares de olhos e ouvidos para espionar, de milhares de mãos para pilhar, de milhares de pés para esmagar. Onde obteve esse corpo gigantesco? Sois vós, escreve La Boétie, quem lhe dais todos os órgãos de que precisa para vos manter sob seu poderio, para vos destruir e às vossas famílias, para pilhar vossos bens e derramar vosso sangue em guerras que o fortalecem para vos enfraquecer. É o povo o gerador do corpo do soberano que o aniquila. Não há, pois, "um" oposto a "muitos", porém *um corpo político* ativamente produzido pelo dominador.

Num segundo movimento, porém, La Boétie indaga qual a origem dessa doação de si ao corpo soberano e, novamente, a pergunta é desfeita pela resposta: os homens não acreditam estar alienando suas vidas, vontades, pensamentos e bens a um outro (é essa a aparência necessária para a produção das teorias do contrato e do pacto social e político), mas acreditam que, ao fazê-lo, estão conferindo poder a si próprios. Cada um, do mais alto ao mais baixo, do maior ao mais ínfimo, deseja ser obedecido pelos demais e, portanto, ser tirano também. Dá-se tudo ao soberano na esperança de converter-se em soberano também: vontade de servir é o nome da vontade de dominar. A oposição "um" e "muitos" se desfaz porque cada um, no lugar onde se encontra, exerce a seu modo uma parcela de tirania e, num processo fantástico, a vontade de servir engendra uma sociedade tirânica de ponta a ponta. Eis por que, escreve La Boétie, é ilusão supor que são as armas e alabardas, as fortalezas e os exércitos os protetores do tirano. Sua proteção é a sociedade inteira que o deseja porque deseja tiranizar também.

Num terceiro movimento, entretanto, a oposição um/muitos é novamente desfeita porque a imagem da sociedade unificada enquanto tiranizada/tirânica ressurge dividida internamente: os grandes e o povo desejam servir, mas o sentido de sua servidão não é de mesma qualidade. O povo é ludibriado por seu próprio desejo servil, as artimanhas religiosas e os ardis legais sendo mobilizados para produzir ilusões e só tardiamente o povo reconhece que aceitou servir porque imaginara ser servido e, consciente de sua fraqueza, faz o que lhe ordenam e prefere deixar o tirano ali onde possa talvez fazer algum bem do que desalojá-lo colocando-o onde sempre poderá malfazer. Uma vez servo, o povo sabe que não poderá derrubar o tirano; porém, tendo cumprido as ordens que lhe dão, afasta-se de tudo quanto o ligaria ao poder e está quite. Frequentemente se conserva iludido pelo tirano, cuja astúcia está em deixar aos demais a prática da violência visível e reservar para si tudo quanto possa aparecer como benefício. O caso dos grandes é inteiramente diferente.

Para entendê-lo, precisamos notar que o *Discurso da servidão voluntária* introduz uma novidade sem precedentes. Com efeito, a tradição do pensamento político sempre se ocupou em descrever a figura do tirano, suas astúcias e violências, seu isolamento e medo, seu temor do espaço aberto e do fechado, do sono e da vigília, dos estranhos e dos próximos, da guerra (quando o povo armado pode matá-lo) e da paz (quando emboscadas lhe são preparadas). La Boétie pouco se interessa pelas mazelas do tirano e pouco dele fala, e quando o faz refere-se apenas aos efeitos de sua covardia, isto é, a crueldade. A atenção do *Discurso* se volta para a classe dominante, "para a escória", para os que são movidos pela ambição e avareza, para os que fazem as leis, vigiam e punem – os "seis, os seiscentos e todos os que vêm a seguir", os poderosos que rapinam, torturam, destroem, esmagam e oprimem. Vale a pena deixar a La Boétie a descrição dos tiranetes:

> Esses miseráveis veem reluzir os tesouros do tirano e olham todos espantados os raios de sua bravata [...] Como pode haver alguém que com tão grande perigo e tão pouca segurança, queira tomar o infeliz lugar para servir com tanto custo a um senhor tão perigoso? [...] Seguir noite e dia pensando em aprazer a um e, no entanto, temê-lo mais que a homem no mundo, ter o olho sempre à espreita, a orelha sempre à escuta para espiar de onde virá o golpe, para descobrir as emboscadas, para sentir a fisionomia de seus companheiros, para avisar a quem o trai, rir para cada um e, no entanto, temer a todos, não ter nenhum inimigo aberto nem amigo certo, tendo sempre o rosto sorridente e o coração transido; não poder ser alegre e não ousar ser triste [...] Assim o tirano subjuga os súditos uns através dos outros e é guardado por aqueles de quem deveria se guardar, se valessem alguma coisa [...] Pois, em verdade, o que é aproximar-se do tirano senão recuar mais da liberdade e, por assim dizer, apertar com as duas mãos e abraçar a servidão? [...] O lavrador e o artesão, que espezinham e maltratam, ainda que subjugados, ficam quites ao fazer o que lhes dizem; mas o tirano vê os que lhe são próximos trapaceando e mendigando seu favor; não só é preciso que façam o que diz, mas que pensem o que quer e amiúde, para satisfazê-lo, que ainda antecipem seus pensamentos. Para eles não basta obedecer-lhe, também é preciso agradá-lo, é preciso que se arrebentem, que se atormentem, que se matem de trabalhar nos negócios dele [...] é preciso que estejam

> atentos às palavras dele, à voz dele, aos sinais dele e aos olhos dele; que não tenham olho, mão, pé, que tudo esteja alerta para espiar as vontades dele e descobrir seus pensamentos. Isso é viver feliz? Chama-se a isso viver? Há no mundo algo menos suportável do que isso [...] para um que tenha o senso comum e nada mais do que a face do homem? Que condição mais miserável que viver assim, nada tendo de seu, recebendo de outrem sua satisfação, sua liberdade, seu corpo e sua vida? Mas eles querem servir para ter bens, como se não pudessem gerar nada que fosse deles, pois não podem dizer de si que sejam de si mesmos; e como se alguém pudesse ter algo de seu sob um tirano, querem fazer com que os bens sejam deles e não se lembram de que são eles que lhe dão força para tirar tudo de todos e não deixar nada de que se possa dizer que seja de alguém.

A tradição do pensamento político nos acostumou com a ideia de que a alienação é uma determinação própria dos explorados. Como vemos, La Boétie inverte, *avant la lettre*, essa suposição...

II.

Dissemos que a elaboração textual do Discurso também desconcerta. De fato, fomos habituados pela tradição do pensamento político a distinguir entre poder legítimo e ilegítimo, entre legalidade e usurpação, entre consentimento voluntário e desobediência justa, entre revolta e resistência passiva, assim como fomos habituados a distinguir os regimes políticos pelo número dos que governam, a definir a democracia como governo de todos (e, para os conservadores, como despotismo da maioria), a considerar a tirania usurpação ilegítima do poder, injustiça e ilegalidade, apropriação privada do que é público e regime do arbítrio pessoal. Ora, La Boétie desfaz todo esse conjunto de distinções, ou melhor, considera-as inteiramente secundárias, distinguindo apenas (e de passagem) entre repúblicas livres e o restante, sem contudo definir o que seja a liberdade republicana e sem empregar os conceitos tradicionais que a descrevem (consenso, contrato, eleições, instituições sob controle popular, direito natural, direito civil, etc.). Também não recorre a Deus, à natureza, à sociedade nem aos costumes como conceitos ou realidades que permitam distinguir entre o "bom" e o "mau" poder, nem recorre à ideia clássica da degradação do bom regime no despotismo (aquilo que, em nossos dias, é conhecido como "desvio").

Entretanto, o *Discurso* faz algo mais. Declarando que há três tipos de tiranos, La Boétie fala nas monarquias eletiva, hereditária e por conquista, desmantelando a distinção entre o regime monárquico e o tirânico. Por outro lado, descrevendo a estrutura da sociedade tirânica e o funcionamento de sua política deixa patente não haver diferença entre ela e as aristocracias. É que La Boétie não se ocupa com as formas de dominação já constituídas, mas indaga qual é a gênese do poder separado da sociedade e encarnado no Um. De onde nasce a figura de soberania? Por que os homens se dão senhores? Como "se enraizou tão antes essa obstinada vontade de servir?". A resposta é desconcertante: os homens se dão um senhor porque não desejam a liberdade e não a desejam porque ela lhes parece "demasiado fácil". A renúncia à liberdade é gênese simultânea da vontade de servir e do poder do Um, renúncia produzida por uma divisão no interior da vontade, cindida entre o desejo de liberdade e o desejo de servir. A marca essencial da liberdade é não ser um objeto de desejo: desejar ser livre e ser livre são uma só e mesma coisa, pois liberdade é autonomia – é justamente porque desejo e liberdade coincidem que esta parece "demasiado fácil". Em contrapartida, a essência da servidão é a heteronomia, isto é, a distância intransponível entre o desejo e o desejado, distância que não cessa de criar objetos que deveriam preencher o desejo, e que não podem preenchê-lo, pois a carência de um objeto é a ilusão da própria vontade.

Ter o corpo e o espírito dos homens – eis o desejo do tirano; ter parte no mando e nos espólios – eis o desejo dos grandes; ter segurança, crenças e bens – eis o desejo do povo. Todavia, porque nenhum desses desejos pode ser plenamente satisfeito no real, a servidão voluntária produzirá um bem imaginário que possa figurar de maneira fantástica o preenchimento do desejo de servir: a figura do Um. Feitiço e símbolo, o Um é realização fantástica da unidade de uma sociedade dividida que dissimula sua divisão e que oculta a cisão da vontade no título que nomeia o poderio invisível de ninguém e que cada um julga fazer seu. A esse poderio, todos oferecem mais que obediência, porque o fazem objeto de devoção. Empiricamente ninguém exerce poder – tiranos e tiranetes exercem violência e usam a força –, pois o poderio soberano é apenas o *mistério de um nome* que designa a unidade, imaginada como preenchimento do desejo heterônomo.

Anacronicamente, diremos que La Boétie desvenda a gênese do vínculo secreto entre linguagem e poder e sobretudo o poder do discurso – a retórica como exercício da dominação política – e a política do poder uno e separado como jogo da força e da persuasão. Não por acaso, o *Discurso* se inicia com a palavra de Ulisses que, falando em público, declara não ser bom que haja muitos senhores e muito melhor é que só um seja o rei. Também não por acaso La Boétie escreve não pretender "pregar ao povo", isto é, ocupar o lugar do demagogo. Eis por que tem sido insólito o destino de sua obra, sistematicamente convertida em panfleto e em exercício de retórica acadêmica. Podemos indagar: haveria poder mais eficaz para neutralizar o *Discurso da servidão voluntária* do que transformá-lo numa peça retórica, apagando a força desse contradiscurso que não se oferece como um outro discurso positivo contraposto ao estabelecido, mas simplesmente desmonta as evidências costumeiras?

A conclusão de La Boétie também é desconcertante para quem esperasse um programa de ação para a luta contra a tirania. Não há programa algum. Perante o tirano, La Boétie se limita a declarar: não lhe deis o que vos pede, e ele cairá. Em lugar de um programa de ação política, O *Discurso* simplesmente contrapõe ao "todos unidos", gerado pela servidão voluntária, o "alguns", isto é, os amigos, aqueles que não perderam a memória da liberdade, que partilham, pela fala e pela comunicação, pensamentos, vontades e atos, que cultivam sua natureza pela leitura, olhando para frente e para trás a fim de rememorar o passado e conjecturar sobre o porvir para medir as coisas presentes. Todavia, há um sentido secreto na amizade que, decifrado, revela sua dimensão política. A amizade só é possível entre iguais e se mantém apenas se os amigos não elevarem um dos seus acima deles, convertendo-o em senhor. Liberdade é ser "servo de ninguém" e só é possível se a igualdade entre os diferentes não se transformar em desigualdade entre superiores e inferiores. Liberdade é amizade, e amizade é não elevação de um. Assim, ao escrever que a tirania se desfaz desde que nada seja feito para o tirano e desde que nada do que pede lhe seja dado, La Boétie não propõe a "resistência passiva" nem a "desobediência civil": propõe simplesmente que não seja reiterado o ato gerador do tirano, isto é, a elevação e separação de um. Não servir é apenas resgatar aquilo que é contrário à servidão: a igualdade dos amigos, aos quais a natureza deu o dom precioso da fala.

> A amizade é um nome sagrado, é uma coisa santa; ela nunca se entrega senão entre pessoas de bem e só se deixa apanhar pela mútua estima [...] Não pode haver amizade onde está a crueldade, onde está a deslealdade, onde está a injustiça; e entre os maus, quando se ajuntam há conspiração, não companhia; eles não se entreamam, mas se entretemem; não são amigos, mas cúmplices.

Ao nome de Um, La Boétie opõe o nome da amizade; ao discurso do poder, uma outra fala.

Amizade, recusa do servir*

Passando da prosa narrativa ao diálogo, único em toda a obra, no quinto livro da *História da Guerra do Peloponeso* Tucídides põe face a face os magistrados da ilha de Melos e os embaixadores de Atenas, que "antes de atacar o país enviou delegados para parlamentar". A embaixada vem propor aos melianos uma aliança que os faria, de colonos neutros, inimigos de Esparta. Melos, todavia, argumenta contra o acordo que a converteria em serva de Atenas, pois a desigualdade de forças e as intenções de dominação impossibilitam qualquer amizade política, fundada na igualdade. Se fizermos aliança convosco, dizem os de Melos, em breve dominareis nossa cidade. Como, então, pretendeis que consintamos em nossa escravidão para vosso bem? Vossa hostilidade, replicam os de Atenas, nos é menos danosa do que vossa amizade, pois esta pareceria aos povos prova de nossa fraqueza e vosso ódio, sinal de nossa potência. É para vosso bem que deveis deliberar sobre o conselho de paz que vos damos quando poderíamos ter usado as armas. Falais como se a guerra ainda estivesse por vir, retrucam os de Melos, quando já está presente. Dizeis que nosso bem vos preocupa quando a nós preocupam nossos direitos. Julgais poder propor aliança às cidades que não tomaram partido nessa infeliz guerra, mas como não se farão vossas inimigas sabendo o que fazeis conosco? Vossa política não é desastrosa apenas para nós; ela será vossa ruína futura.

* Originalmente publicado em: CHAUI, M. Amizade, recusa do servir. *In:* LA BOÉTIE, É. de. *Discurso da servidão voluntária.* São Paulo: Brasiliense, 1982. p. 173-239. (N. do Org.)

O acordo não é firmado. Atenas cumpre a promessa: cerca Melos. Escaramuças sucessivas, dos melianos rompendo cerco e dos atenienses a refazê-lo, terminam quando "uma traição vinda do interior" leva à rendição de Melos. Um tratado de paz é firmado. Atenas mata os homens adultos, escraviza mulheres, crianças e velhos e devasta a cidade, como haviam previsto os magistrados melianos.

A arte de Tucídides, nesse livro dedicado a um tempo de indecisão, hipocrisia e traição, desnuda a verdade do imperialismo ateniense, colocando na boca dos embaixadores falas de Péricles e de Alcibíades, porém despidas dos ornamentos que lhes permitiram "fazer o mal fazendo passar algumas palavras bonitas sobre o bem público e a tranquilidade geral", ou, como disseram os magistrados, proibindo que os embaixadores falassem ao povo de Melos "para evitar que a multidão, ouvindo um discurso capcioso e sem contraparte, se deixasse enganar". A linguagem do interesse e da dominação surge, desta feita, sem carecer de subterfúgios eloquentes. Porém, arte maior na tonalidade trágica desse diálogo, onde o fim de Atenas é prognosticado no fim de Melos, é a própria composição das réplicas, marcando o lugar escolhido pelos interlocutores nesse fatídico encontro.

Tucídides compõe o diálogo de maneira a fornecer ao leitor um indício seguro de que a aliança e a paz serão impossíveis e que o desfecho está dado assim que os magistrados de Melos falam pela primeira vez. Sabemos de antemão que a aliança não terá lugar porque os atenienses discursam no gênero deliberativo, enquanto os melianos, lutando contra a inferioridade própria de quem só é ouvinte, replicam no gênero judiciário.[1] Os primeiros, porque pretendem persuadir, referem-se ao útil, ao bem e ao tempo futuro, oferecendo conselho à deliberação de Melos. Os segundos pretendem julgar os acontecimentos presentes e passados em nome do justo. A guerra não está por vir, não tanto porque os navios atenienses cercam a ilha, mas porque se realiza no próprio discurso, a palavra política manifestando em si e por si mesma o conflito sem acordo possível. Os atos que sucederão às palavras apenas cumprem, noutra esfera, o que a linguagem

[1] Essa distinção é feita por Aristóteles na *Arte Retórica*. O gênero deliberativo propõe conselhos e se refere ao futuro e ao bem, enquanto o gênero judiciário se refere ao julgamento do tempo presente e ao justo.

já decidira e as escaramuças bélicas subsequentes já estavam armadas nas escaramuças da fala. Cada parte mantinha firme em seu campo, fingindo aceitar o campo escolhido pela outra: os atenienses, usando recursos deliberativos, fingem proferir um discurso sobre o presente e o justo; os melianos, usando recursos judiciários, fingem ouvir conselhos e deliberar sobre o que ouvem. O desacordo linguístico, impossibilitando a comunicação, mostra sem carecer de explicações que a diferente amizade proposta pelas partes é impossível porque lhe falta o essencial: a confiança recíproca na integridade dos amigos.

Quando o *Discurso da servidão voluntária* se inicia, ouvimos Ulisses aconselhando um exército rebelde e faccioso a aceitar o senhorio de um rei. Falando no gênero deliberativo, Ulisses aconselha para persuadir: "Em ter vários senhores nenhum bem sei. Que um seja o senhor, e que um só seja o rei."[2] Ao que La Boétie acrescenta: "se nada mais tivesse dito, senão 'em ter vários senhores nenhum bem sei', estaria tão bem dito que bastaria."[3] Por que seria o bastante? Porque "o poderio de um só é duro e insensato tão logo tome o título de senhor".[4]

As primeiras palavras de La Boétie fazem pensar que, como os de Melos, ele responde a Ulisses usando o gênero judiciário, pois falando "com conhecimento de causa", julga o dito homérico em lugar de segui-lo. Mais adiante, falando no "extremo infortúnio" de "pobres miseráveis, povos insensatos" que aceitam ter um senhor, parece querer que o ouçamos no gênero epidítico, dedicando-se a vituperar a tirania.

Um indício, porém, sugere que a diferença entre La Boétie e Homero talvez não passe pelo interior da retórica, mas contra ela. Ulisses, explica La Boétie, discursa "conformando suas palavras mais ao tempo do que à verdade" e, porque pretende persuadir quem o escuta, enfatiza o que está diante dos olhos: o número. Vários, um. La Boétie, no entanto, como aqueles que olham para frente e para trás rememorando o passado para medir o presente e conjecturar sobre o porvir, escuta o silêncio de Ulisses, o que não pode ser proferido sob pena de impedir a persuasão: senhores, senhor.

2 LA BOÉTIE, *op. cit.*, p. 11.

3 *Idem, ibidem.*

4 *Idem, ibidem.*

Instalando-se fora da "tormentosa questão" sobre o melhor dos regimes políticos conforme o número dos que governam,[5] La Boétie afirma que "por ora gostaria de entender como tantos homens, tantos burgos, tantas cidades, tantas nações" servem um senhor sem que força alguma os obrigue a isso. Diante de Ulisses, não ocupa a posição dos magistrados de Melos perante os ardis atenienses, mas logo os denuncia, escrevendo não saber como a monarquia poderia ser designada república, pois não há como acreditar "que haja algo público nesse governo onde tudo é de um".[6] Ultrapassando o campo retórico, seu lugar é o mesmo que escolhera Tucídides, o do historiador que indaga as causas e captura num tempo fugidio e sem medida a contingência, desejando saber "como se enraizou tão antes essa obstinada vontade de servir".[7]

> Mas, ó Deus, o que pode ser isso? Como diremos que isso se chama? Que infortúnio é esse? Que vício, ou antes, que vício infeliz ver um número infinito de pessoas não obedecer, mas servir, não serem governadas, mas tiranizadas, não tendo nem bens, nem parentes, mulheres, nem crianças, nem sua própria vida que lhes pertença, aturando os roubos, os deboches, as crueldades, não de um exército, de um campo bárbaro contra o qual seria preciso despender seu sangue e sua vida futura, mas de um só; não de um Hércules nem de um Sansão, mas de um só homenzinho, no mais das vezes o mais covarde e feminino da nação [...] Então, que monstro de vício é esse que ainda não merece o título de covardia, que não encontra um nome feio o bastante, que a natureza nega-se ter feito, e a língua se recusa a nomear?[8]

Isso que a natureza nega ter feito e a língua recusa nomear chama-se: *servidão voluntária.*

[5] A tradição do pensamento político, desde Platão e Aristóteles, sempre se dedicou a determinar o melhor regime político tomando como critério o número de governantes. Via de regra, três posições se consolidaram: a que afirma ser a monarquia (governo de um só) o melhor, a que coloca a aristocracia (o governo dos melhores) como regime superior, e, vinda de Políbio, a que elogia os méritos do regime misto, que combina monarquia, aristocracia e democracia. La Boétie, exatamente como Maquiavel antes dele (mas por motivos diferentes), passa ao largo dessa discussão.

[6] LA BOÉTIE, *op. cit.* p. 12.

[7] *Idem, ibidem.*

[8] *Idem, ibidem*, p. 12-13.

A essa indagação pelo nome segue outra, núcleo do *Discurso*: "como se enraizou tão antes essa obstinada vontade de servir"? *Tão antes*: La Boétie se volta para a gênese da servidão voluntária e a situa bem antes de sua manifestação num regime político determinado.

I

"Não ponho em dúvida que La Boétie pensasse o que escrevia, pois era demasiado consciencioso para mentir, mesmo se divertindo. E sei também que, se pudesse escolher, teria preferido nascer em Veneza a nascer em Sarlac; e com razão".[9] Por que Montaigne precisaria atestar a sinceridade de La Boétie? Por que teria dado a entender que o *Discurso da servidão voluntária*, pois é dele que se trata, fora um divertimento? Por que a referência a Veneza?

"Não se preste atenção à escolha das matérias que discuto, mas tão-somente à maneira como as trato", escreve Montaigne.[10] Após a morte prematura de La Boétie, fora sua intenção publicar o *Discurso da servidão voluntária* no primeiro livro dos *Essais*.[11] No entanto, os huguenotes se anteciparam e, em 1574, inseriram o texto num panfleto tiranicida,[12] voltando a publicá-lo com o título de *Contr'Un* como

[9] MONTAIGNE. De l'amitié. In: *Essais.* Paris: Classiques Garnier, 1952. Livre premier, cap. XXVIII, p. 211; Da amizade. In: *Ensaios.* Tradução de Sérgio Milliet. São Paulo: Abril Cultural, 1972. Livro I, cap. XXVIII, p. 101. (Coleção Pensadores.)

[10] MONTAIGNE. Des livres. In: *Essais. Op. cit.*, Livre second, cap. X, p. 95; Dos livros. In: *Ensaios. Op. cit.*, Livro II, cap. X, p. 196.

[11] Nota complementar, ver p. 76.

[12] *Réveille-Matin des françoys et de leurs voysins, composé par Eusèbe Philadelphe Cosmopolite, en forme de Dialogues.* Edimbourg: Jacques James, 1574. Há várias edições quase simultâneas do *Réveille-Matin*, em latim, italiano, alemão e inglês. O título alemão é o mais interessante: *Despertador ou despertai bem cedo, isto é, relatório sumário e verdadeiro das perturbações passadas e presentes da França, composto em forma de diálogo para o bem dos franceses e de outras nações vizinhas, por Eusebius Philadelphus Cosmopolita e traduzido para o alemão por Emericus Lebusius.* Para uma análise desse panfleto, veja-se: MESNARD, Pierre. *L'essor de la philosophie politique au XVI siècle.* Paris: Vrin, 1977, p. 348-355. Também em: FIGGIS, John Neville. *Political Thougth from Gerson to Grotius.* New York: Harper & Brothers, 1960, p. 157-159. É curioso observar que os comentadores não se interessaram pelo pseudônimo do autor (mas por seu nome real), isto é, "*philadelphe*" e "*cosmopolite*", sugerindo que a *amizade* (*philía*) era um ponto de interesse para o panfletista que reuniu em seu "nome" a amizade pelo saber oracular (Delfos) e a "*philantropia*", amizade pelo gênero humano (cosmopolita).

parte de um conjunto de opúsculos denominado *Mémoires des Etats de France sous Charles le Neuvième*, em 1576. Esses acontecimentos não só transtornaram o projeto de Montaigne como ainda vieram obscurecer a data de composição do *Discurso*. Procurando distanciá-lo tanto quanto possível da noite de São Bartolomeu, Montaigne afirmou que fora escrito em 1544, quando La Boétie, ainda estudante de direito, contava dezoito anos e se exercitava "em favor da liberdade e contra a tirania". Certamente Montaigne esperava que um leitor atento do *Contr'Un* não se deixaria iludir pela data proposta, não somente porque La Boétie menciona obras dos autores da Pléiade publicadas apenas a partir de 1549 e 1550, mas sobretudo porque, se a obra fosse um exercício juvenil, seriam incompreensíveis as linhas iniciais do ensaio *Da amizade*. Com efeito, escreve Montaigne, o *Discurso da servidão voluntária* deveria ocupar o centro do primeiro livro dos *Essais*. Não seria, portanto, estranho que, após abrir o ensaio escrevendo "meu talento não vai tão longe, e não ouso empreender uma obra rica, polida e constituída em obediência às regras da arte", Montaigne escolhesse para substituí-lo na parte melhor de seu livro um divertimento adolescente, sequer revisto pelo autor?

Esses indícios, porém, são menos significativos do que o próprio lugar escolhido por Montaigne para escrever sobre o *Discurso*, isto é, no ensaio dedicado à amizade. Com frequência, a célebre passagem – "*par ce que c'estoit luy, par ce que c'estoit moy*"[13] – é interpretada como um dos primeiros sinais do individualismo moderno. Ora, escrevendo sobre a amizade, Montaigne se refere expressamente a Aristóteles, Cícero e Plutarco[14] e, assim, não nos deixa esquecer o que torna possível e duradoura a amizade: a natureza virtuosa dos amigos, "*son bon naturel*", como escreve La Boétie. "Ele" e "eu" designam, sem dúvida, La Boétie e Montaigne, mas exprimem aquilo que na natureza de alguém o faz amigo, isto é, sua bondade natural, sua virtude, pois "os bons o são em si mesmos"[15], e a "amizade se origina da natureza,

[13] "Porque era ele, porque era eu".

[14] Nota complementar, ver p. 76.

[15] ARISTÓTELES. *Ethikon Nikomakeion*. Paris: Garnier, 1940, Livro VIII, cap. VII, 1156 b, 9. (Classiques Garnier.) (*Agatói dé eisin kat'autóus*.)

e não da precisão".[16] Montaigne não permite que o nome do amigo seja associado aos tiranicidas huguenotes, pois o *Discurso* não permite essa associação. Se La Boétie elogia Hermódio e Aristogitão, Bruto e Cássio, amigos cuja virtude levou a tentar a restauração da liberdade política, no entanto, não deixa de lembrar que "as outras empresas que mais tarde foram feitas contra os imperadores romanos não passavam de conjurações de gente ambiciosa, à qual não se deve lamentar os inconvenientes que lhes sucederam, pois salta aos olhos que desejavam não eliminar mas mudar a coroa, que pretendiam banir o tirano e reter a tirania".[17] La Boétie não pode ser colocado entre os tiranicidas protestantes nem entre os monarquistas. Amigo, era virtuoso; virtuoso, era sincero; sincero, era veraz; veraz, "pensava o que escrevia", por isso teria preferido nascer numa república, e não sob a realeza. Disfarçada a data, marcado o texto com o selo do divertimento acadêmico, Montaigne pôde, sem risco e sem trair a verdade, declarar que o *Discurso da servidão voluntária* exprime as ideias do amigo.

Por que La Boétie teria preferido nascer em Veneza, e não em Sarlac? Veneza, a Sereníssima, "porto comum de quase toda gente, ou melhor, do universo, não só porque os venezianos são muito hospitaleiros, mas também porque em sua pátria pode-se viver com suma liberdade",[18] essas palavras de Bodin reiteram uma representação da livre república veneziana que percorreu toda a Renascença, ainda que essa imagem não correspondesse à "*verità effetuale*". Representada como um dos raros regimes que escapara do *Regnum Italicum*, Veneza fez-se modelo cívico invejado por aqueles que viviam sob o tacão das monarquias absolutas em fase de instauração.[19]

> [...] os Venezianos – punhado de gente vivendo tão livremente que o pior deles não almejaria ser rei de todos, nascidos e criados

[16] CÍCERO. *De Amicitia/Laelius*. Paris: Les Belles Lettres, 1928, p. 18 (*a natura mihi videtur potius, quam ab indigentia orta amicitia* – VIII, 27). Amizade fundada na virtude: *Nihil est enim virtude amabilius, nihil quod magis adliciat ad diligendum. Idem, ibidem*, VIII, 28, p. 18.

[17] Nota complementar, ver p. 77.

[18] BODIN, Jean. *Colloquium heptaplomeres de rerum sublimium arcanis abditis*. Paris: Noack, 1857, p. 34.

[19] Nota complementar, ver. p. 77

> de tal modo que não reconhecessem nenhuma ambição senão a de serem os melhores para vigiar e mais cuidadosamente tomar conta do mantimento da liberdade [...] não aceitariam todas as alegrias da terra para perder a menor parcela de sua franquia [...][20]

Todavia, algo mais pode auxiliar a compreensão da preferência de La Boétie: o que Veneza pensava da França.

Em 1546, o embaixador veneziano na França, Mario Cavalli, escrevia:

> Os franceses pagam impostos pesadíssimos, e a facilidade e submissão com que o povo suporta esse encargo enchem de admiração todos os estrangeiros. Os franceses abdicaram inteiramente de sua liberdade e puseram sua vontade nas mãos do rei. Basta que se lhes diga: quero tal ou qual soma, ordeno, consinto, e a execução é tão rápida que parece que toda a nação o teria decidido por um movimento voluntário. As coisas estão piorando tanto que alguns, de espírito livre e aberto, que veem mais longe e mais claramente do que os outros, dizem: "Outrora nossos reis se chamavam *Reges Francorum*; hoje podemos chamá-los *Reges Servorum*". Paga-se ao rei tudo quanto ele pede e o que sobra ainda continua à sua mercê.[21]

1546: Já não há rei de homens livres, mas senhor de servos que lhe dão tudo quanto pede, como num movimento voluntário. Eis o que dizem alguns, aos quais podemos aplicar a descrição de La Boétie: "veem mais longe e mais claramente do que os outros".

1548: Explosão da revolta da "*gabelle*", na região da Guyenne. Os camponeses decidem finalmente não pagar um novo imposto e, mesmo que não o saibam, reagem contra um dos sinais da implantação do Estado novo, pois lutam contra o fisco moderno. O massacre dos revoltosos será sem precedentes, como sem precedentes é o poder que enfrentam.

[20] LA BOÉTIE, *op. cit.*, p. 21.

[21] Observe-se a importante oposição entre *francus*, livre, e *servus*, servo. TOMMASEO, Nicoló. Relazione degli ambassaciatori Veneziani sugli affari di Francia nel secolo XVI. In: *Atti Storici di Stato*. Washington: Library of Congress, [s.d.], T. 1, p. 192. Esse texto é parcialmente citado por P. Bonnefon em *Montaigne et ses amis* (Paris: Armand Colin, 1898, p. 147), tomado de uma edição francesa também atribuída a Tommaseo, mas sem indicação de edição e data. É citado por: FERRARI, Armando. *Étienne de La Boétie no quadro político do século XVI*. São Paulo: [s.n], 1955, p. 28.

1552 ou 1553: *Discurso da servidão voluntária.*

Provavelmente Montaigne voltou a recuar a data da composição do texto, colocando-a em 1542, para evitar também que o nome de La Boétie fosse associado ao episódio da "*gabelle*", cuidado plausível porque, na qualidade de jurista e de parlamentar, La Boétie percorrera várias regiões da França por onde rebentavam e se espraiavam revoltas e embriões da guerra civil. Não é possível determinar se a "*gabelle*" teria ou não suscitado o *Discurso*, não só porque nos faltam fontes seguras a esse respeito, mas também porque, entrando em circulação pelas mãos dos huguenotes, seu sentido ficou atado às guerras de religião, passando a fazer parte da literatura dos *monarchomachai* à maneira das *Vindiciae contra Tyrannos* e da *Franco-Galliae.*[22] Lido por protestantes, libertinos e ateus, e pelos poderosos do dia, como Richilieu, o *Discurso da servidão voluntária* se tornaria, nos séculos por vir, objeto de "leituras militantes".[23]

Abandonado por certo tempo, o texto retorna à cena política durante a Revolução Francesa[24] e no século XIX, retraduzido por La Mennais,[25] no curso das lutas proletárias. Com os revolucionários, e em particular com Marat, a obra se converte em panfleto pedagógico no

[22] Nota complementar, ver p. 78.

[23] A expressão é de Michel Abensour e Marcel Gauchet e empregada na apresentação da obra de La Boétie publicada pela editora Payot de Paris, em 1976. As observações que faremos sobre Marat e La Mennais foram retiradas daquela apresentação. As observações sobre Leroux, Landauer e Simone Weil são feitas a partir dos textos publicados naquela edição, organizada por Abensour e Gauchet.

[24] Nota complementar, ver p. 79.

[25] La Mennais retraduziu o texto de La Boétie. Um prefácio acompanhava a obra, e nele podemos ler: "Reconhece-se aí, de uma ponta à outra, a inspiração de dois sentimentos que dominam constantemente o autor, o amor da justiça e o amor dos homens, e seu ódio pelo despotismo não é senão esse amor mesmo [...] Oposta à natureza, a servidão é, pois, oposta ao direito. O direito é a liberdade querida pela Causa suprema que não criou o homem na servidão do homem e onde a liberdade não existe, vive-se em regime tirânico [...] O estabelecimento de uma ordem social qualquer implicando a destruição de uma ordem precedente, eles só veem esta última na mudança a operar e chamam desordem toda tentativa para organizar a única ordem atualmente possível [...] É necessário que a liberdade tenha seus mártires, seus confessores, que por ela alguns desçam às prisões e outros partam, pobres exilados, a redizer seu santo nome nos ecos das paragens longínquas" (Préface à *De la servitude volontaire ou Contr'un.* Paris, 1835. In: LA BOÉTIE, Étienne de. *Discours de la servitude volontaire.* Paris: Payot, 1976, p. 19-21, 38-39). Eis aqui o *Discurso* transformado em obra jurídica.

qual se ensina ao povo a causa da tirania e o remédio que o fará feliz, mesmo contra sua vontade. Nessa apropriação do texto, abandona-se a intenção expressa de La Boétie, que escrevera não querer pregar ao povo. A Revolução Francesa, sempre pronta a construir os "amigos" e os "inimigos" do povo para lhe roubar o direito de definir os primeiros e combater os segundos, deu a La Boétie o lugar que ele se recusara a ocupar: o do demagogo.

Com La Mennais, o *Discurso* é integrado ao panteão da literatura democrática, na qualidade de história da tirania e da liberdade. Partindo de uma concepção instrumental do poder, considerado bom ou mau apenas em função de quem o usa, a tradição democratizante reduziu a obra à condição de instrumento para o "bom" poder democrático, transformando-a numa tese política positiva e determinada, anulando a interrogação de La Boétie sobre a origem do próprio poder.

Também não faltaram interpretações pacifistas, como a de Tolstói,[26] nem as anarquistas, como as de Landauer Barthélemy de Ligt, Max Nettlau, Murray Rothbard.[27] Agora, evidentemente, a ênfase não recai sobre o "bom" poder, mas sobre a identificação operada pelo

[26] TOLSTOI. *The Law of Love and the Law of Violence*. New York: Rudolph Field, 1948. Depois de citar La Boétie, Tolstói escreve: "Parece que os trabalhadores, não obtendo qualquer vantagem dos constrangimentos exercidos sobre eles, deveriam finalmente perceber a mentira em que vivem e se libertar pelo meio mais simples e mais fácil: abstendo-se de tomar parte na violência que é possível somente com sua cooperação" (p. 45).

[27] O comentário de Landauer encontra-se em *Die Revolution* (Franckfurt, 1907) e citado, na edição francesa Payot (1976, p. 76-86). É um dos poucos intérpretes que alcança a dimensão originária da servidão voluntária: "De onde provém a potência monstruosa do tirano? Não vem, de ordinário, do constrangimento externo, pois se dois exércitos igualmente poderosos se enfrentam, um impelido pela sede de poder, o outro pela defesa de sua liberdade, é então que o exército da liberdade vence. Não, sua potência vem da servidão voluntária dos homens [...] A tirania não é um fogo que se deve apagar, que se pode apagar, pois ela não é um mal externo, mas uma carência interna. Não é preciso que sempre os homens joguem água ao fogo, é preciso que guardem para si aquilo de que o fogo se aproxima: é preciso que lhe retirem o alimento" (p. 79, 84). É ainda Landauer o primeiro a estabelecer um vínculo entre o texto de La Boétie e a tradição anarquista: "Esse ensaio anuncia o que mais tarde dirão em outras línguas Godwin, Stirner, Proudhon, Bakunin e Tolstói: é em vós, não fora de vós, é em vós mesmos; os homens não deveriam ser ligados pelo poder, mas serem aliados enquanto irmãos. Sem poder: An-archia" (p. 85). As obras de Ligt e de Nettlau são citadas e comentadas por: ROTHBARD, Murray. In: *The Politics of Obedience: The Discourse of Voluntary Servitude*. Montreal, Quebec: Black Rose Books, 1975, p. 18, 40.

texto entre todos os regimes políticos e a tirania. Liberdade e igualdade aparecem com o estatuto de realidades empíricas e positivas preexistentes à sociedade e deixam de ser o que eram no *Discurso*, onde são contemporâneas da instauração social que as encobre para, a seguir, criar a ilusão de que poderiam existir antes e fora dela. Novamente o texto volta a funcionar como panfleto pedagógico:

> A principal tarefa da educação não é, portanto, a de uma simples intuição abstrata dos "erros" do governo para produzir o bem-estar geral, mas desbastar para o público a natureza completa e os procedimentos do estado despótico. Nessa tarefa, La Boétie também fala na importância de uma perspicaz elite de vanguarda, feita de intelectuais libertários e antiestatistas, cujo papel é apanhar a essência do estatismo e dessantificar o estado aos olhos e às mentes do resto da população, o que é crucial para o sucesso potencial de qualquer movimento que pretenda fazer surgir uma sociedade livre.[28]

Nessa interpretação, como na de Leroux, a amizade se vê convertida em organização política de vanguarda, perdendo o sentido irredutível que La Boétie lhe dera: não servir.

[28] ROTHBARD, Murray. Prefácio a *The Politics of Obedience... Op. cit.*, p. 33. É possível que a tentativa de Rothbard seja uma resposta a intérpretes como o anarquista Leroux, que invectiva contra o *Discurso* porque este, mero "cristão republicano", convoca o povo para derrubar a tirania sem ensinar-lhe como fazê-lo. "Ora, não tendo uma ideia da organização suficiente para destruir o tirano, como tendes a loucura de conjurar o gênero humano para derrubar o que sempre olhou durante tanto tempo e o que olha como um paliativo para a tirania? Não há meio-termo: ou nos dais o meio para realizar esse Um que é vosso ponto de partida e vosso princípio, esse Um onde todos os homens são iguais e irmãos, onde ninguém é dominador e dominado, onde finalmente não haja senhor, nem rei, ou cessai de invectivar e de clamar contra esse outro 'Um' que é o espectro ou a imagem incerta da unidade verdadeira [...] Para que o *Contra Um* fosse o verdadeiro *Contra Um* teria sido preciso, portanto, que ensinasse como se pode passar sem senhores, como os homens poderiam viver entre si e formar uma sociedade sem seres senhores uns dos outros, sem comandar, sem reconhecer superiores ou inferiores. Mas como o autor parte do princípio de que somos todos iguais, sem indicar de modo algum o meio de desenraizar o despotismo, resulta que o uso que faz desse princípio contra a monarquia é apenas um sofisma" (*Discours sur la doctrine de l'humanité*. Parte II, seção II, De la Science Politique jusqu'à nos jours. La Boétie, Hobbes, Montesquieu et Rousseau, 1847, citado na edição francesa, Payot, 1976, p. 54-55).

Nas leituras militantes, o silêncio de La Boétie, apontado por Lefort,[29] é substituído por uma torrente verbal sem comedimento.

Ora, o autor do *Contr'Un* era tradutor de Plutarco, que escreveu certa vez:

> É difícil curar o comichão de falar. O remédio para essa doença seria escutar, mas os tagarelas não escutam ninguém, falam sem cessar. Essa recusa de escutar, que podemos chamar de 'surdez voluntária', é o primeiro vício dos faladores que deveriam, sem dúvida, lastimar que a natureza lhes tenha dado uma só língua, enquanto têm duas orelhas. Com razão dizia Eurípedes de um ouvinte pouco sensato: "Como um tonel furado, de onde escapa todo líquido / Enchei-o à vontade, ficará sempre vazio".[30]

Quiçá o dito de Plutarco se aplique melhor a um outro tipo de leitor do *Discurso*.

> O tratado da "Servidão voluntária" que, bem lido, é apenas uma declamação clássica e uma obra-prima de segundo ano de retórica, mas anuncia firmeza de pensamento e talento para escrever, foi composto aos 16 anos, segundo uns, aos 18, segundo outros. Como toda juventude de seu tempo, e um dos primeiros, La Boétie partiu às carreiras ao sinal poético dado por Du Bellay e Ronsard [...] Como quero tratar aqui do verdadeiro La Boétie, tenho pressa em me desembaraçar desse primeiro tratado supostamente político que é como uma tragédia de colégio, obra declamatória toda greco-romana, contra os tiranos e que provoca às tantas o punhal de Brutus [...] As naturezas nobres e generosas, quando entram na vida e ainda não conhecem os homens nem o estofo de que somos feitos na maior parte, passam de bom grado por um período político ardente e austero, por uma paixão estoica, espartana, tribuniana [...] Conhecemos essa doença. O livro de La Boétie é apenas um desses mil pequenos delitos clássicos que se cometem com a cabeça ainda cheia de Tito Lívio e de Plutarco, e antes que se tenha conhecido o mundo moderno ou mesmo aprofundado a sociedade antiga.[31]

[29] LEFORT, Claude. O nome do Um. *In:* LA BOÉTIE, É. de. *Discurso da servidão voluntária*. São Paulo: Brasiliense, 1982.

[30] PLUTARCO. *Moralia. Do comichão de falar. Op. cit.*, T.VI, p. 382-383.

[31] SAINT-BEUVE. *Le grands écrivains français, études des lundis et des portraits*. Paris: Garnier, 1926, p. 144, 146, 148-149.

A imaturidade acadêmica de quem está acometido pela febre juvenil da política só poderá redundar em falta de rigor e em ingenuidade, como observa um leitor, pois

> [...] sua argumentação, sempre apressada e animada, é frequentemente incompleta. Mais descreve os efeitos da servidão do que busca suas causas, e não indica remédios [...] é um grito contra a tirania. Não se deve procurar nessas páginas coloridas uma razão política, uma maturidade de vistas que o autor não tinha e, portanto, aí não podia pôr [...] levanta questões que não tem como resolver e agitando com emoção esse triste assunto para meditação das mais nobres inteligências, nos instrui menos do que nos faz pensar [...] Após ter omitido a distinção entre a autoridade que se exerce legitimamente e a autoridade ilícita, e ter imprudentemente atacado o próprio princípio da autoridade, La Boétie emite uma ilusão ingênua. Parece crer que o homem poderia viver no estado de natureza, sem sociedade e sem governo, e deixa entrever que tal situação seria cheia de felicidade para a humanidade. O sonho é pueril, mas exposto com eloquência comunicativa, pois sente-se sempre, através da utopia, a convicção de uma alma ardente e jovem, e sobretudo sincera em seus transportes.[32]

O pensamento realista opera sempre com rigorosa cascata de consequências, perfeitamente contrabalançadas pelo panegírico ao idealismo de outrem: o acadêmico de cabeça infestada pela literatura greco-romana, jovem ardente e sincero, é inexperiente da vida, dos homens, da política, da história, do mundo, enfim. Por isso é incapaz dessa sensatez tão simples que é saber distinguir entre a autoridade legítima e a ilegítima. Porque não diferencia o bom e o mau poder, torna-se pueril. Imaturo e fogoso, La Boétie poderia apenas cair na "utopia". Consequentemente,

> [...] nada mais inocente do que esse "pastiche" onde se refletem todas as leituras de um jovem entusiasta, onde a paixão antiga da liberdade, o espírito das democracias gregas, da república romana,

[32] BONNEFON, Paul. *Montaigne et ses amis. Op. cit.*, p. 152, 155. Bonnefon observa ainda que o *Discurso* é uma obra inacabada, pois, para ser coerente, La Boétie deveria concluir pelo regicídio, como fará Milton, e como fizeram Hotman, Du Plessis Mornay, Buchanan, Languet.

> dos tiranicidas e dos retóricos, tudo se mistura confusamente e a alma do autor se enche e transborda numa áspera declamação.[33]

Amálgama confuso de ideias alheias, o texto se reduz a peça inflamada de retórica, malgrado todos os sinais oferecidos pelo autor de que não pretende, como Ulisses falando em público, escrever "conformando suas palavras mais ao tempo do que à verdade"[34], conformidade que é regra mestra da retórica.[35] Debalde La Boétie recusa a psicagogia. Inútil sua ironia em face dos autores da Pléiade. Neutralizado sob o manto do exercício acadêmico, o *Discurso da servidão voluntária* continua sendo "ouvido" quando, como assinala Lefort, pede para ser lido, porque a leitura revela a dimensão política da amizade. O silêncio do pensamento encontra a resistência tagarela qual barreira que se erguesse contra um texto que, se nos faz pensar, é justamente porque não está empenhado em nos persuadir.

Outras interpretações procuraram aceitar o desafio filosófico da obra, porém sob a condição de nela encontrar evidências seguras e um ancoradouro. Vários ali encontraram uma história inédita da dominação, como foi o caso de Armando Ferrari,[36] que tentou situar o texto no pensamento político do século XVI e concluiu pelo caráter extemporâneo (e, portanto, extraordinário) da obra, num tempo de absolutismo. Também Pierre Mesnard[37] enfrenta o ineditismo do *Discurso*, considera-o

[33] LANSON, G. *Histoire de la littérature rançaise*. Paris: Hachette, 1909, p. 121.

[34] LA BOÉTIE, *op. cit.* p. 11,

[35] Nota complementar, ver p. 79.

[36] FERRARI, Armando. *Op. cit.* A descoberta desse livro, sem nome de editor, na Biblioteca Municipal de São Paulo foi uma surpresa comovente, pois estamos quase certas de ser o único estudo sobre La Boétie feito no Brasil. O livro traz em manuscrito a doação feita em 1957 por Sérgio Milliet, o tradutor de Montaigne. Seriam Ferrari e Milliet amigos?

[37] MESNARD, Pierre. La Boétie critique de la tyrannie. In: *L'Essor de la philosophie politique... Op. cit.*, p. 389-406. O curioso na leitura de Mesnard é a apresentação dos remédios contra a tirania que, em sua opinião, La Boétie teria proposto: devolver a consciência à gente, conhecer a história, mostrar ao tirano os riscos de seu poder ilusório, incentivar a recusa popular a colaborar com o tirano. Ao mesmo tempo, Mesnard assinala a incorreção dos que consideram a obra uma utopia se, por utopia, entender-se a cidade ideal, no estilo da imaginada por More. "O regime ulterior ao qual nos deve conduzir a supressão da servidão voluntária não é sequer evocado, nenhuma imagem positiva dele nos é fornecida" (p. 405).

rigorosamente articulado e demonstrativo, e encontra a origem da servidão voluntária no jogo entre a inércia dos súditos e a atividade rapace dos dominantes. Assim fazendo, porém, o intérprete retorna à suposição de uma espécie de dialética do senhor e do escravo, cujos polos preexistiriam à própria dominação (passividade de uns contraposta à rapacidade de outros), sem notar que, partindo do desejo de servir como divisão interna nos sujeitos sociais em presença, o *Discurso* expõe a gênese da divisão social e da unificação fantástica que a recobre. Outros, como Simone Weil, supuseram encontrar em La Boétie uma discussão sobre as relações de força a partir da fraqueza do número,

> [...] pois visto que o grande número obedece e obedece até se deixar impor o sofrimento e a morte, enquanto o pequeno número comanda, é porque não é verdade que o número seja uma força. O número, seja lá o que a imaginação nos faça crer, é uma fraqueza [...] O povo não está submetido apesar de ser numeroso, mas porque é numeroso.[38]

Curiosamente, Simone Weil interpreta a contraposição feita por La Boétie entre "todos unidos" e "todos uns" no sentido inverso ao do *Discurso*, quando opõe a autonomia do povo unido em revolta à heteronomia do povo disperso pela organização do trabalho – "porque são muito numerosos, são um mais um, um mais um, e assim por diante".[39] Todavia, a interpretação é profunda, pois aquilo que La Boétie mostrara ser a força da tirania, isto é, a dispersão que impede a comunicação e com ela a amizade, Simone Weil reencontra na fragmentação contemporânea da vida social sob o comando da divisão social e do processo de trabalho. Entretanto, o ponto de partida de sua análise é a opressão já constituída e, nessa medida, escapa-lhe a exposição da gênese da servidão voluntária.

O que surpreende nas ininterruptas e diversificadas interpretações do *Discurso* não é tanto o modo como a obra é interpretada e apropriada pelos leitores, mas o fato de as leituras serem possíveis apenas sob a condição expressa de não enfrentarem o enigma proposto por La Boétie.

[38] WEIL, Simone. Méditation sur l'obédience et la liberté. In: *Opression et liberté*. Paris: Gallimard, 1955. Citado pela edição francesa Payot, Paris, 1976, p. 90.

[39] *Idem, ibidem*, p. 91.

Não se trata de verificar se há ou não conformidade das interpretações à obra, pois isso suporia uma identidade do texto consigo mesmo que excluiria *a priori* o trabalho dos leitores. O que surpreende é o abandono da gênese da servidão voluntária, pois, mesmo aqueles que se demoram procurando compreender por que os homens não desejam a liberdade, evitam o passo seguinte, qual seja, compreender de onde vem aquilo que "a natureza nega-se ter feito e a língua se recusa nomear".

La Boétie interroga a sociedade e a política, procura a origem do infortúnio que arrasta a liberdade para fora do mundo e não apresenta respostas positivas que pudessem ser convertidas em programa para uma organização da prática política. Nada desconcerta mais os leitores do que a declaração, tida por ingênua ou por conformista, de que, perante o tirano, "não se deve tirar-lhe coisa alguma, e sim nada lhe dar". Quão decepcionante, depois da longa exposição sobre a gênese e os efeitos da tirania, descobrir que La Boétie nada pretende fazer, contando apenas com que os tiranos sejam odiados e vilipendiados pelo povo (ainda que em silêncio ou depois de mortos) e castigados por um deus "liberal e bonachão". Talvez por esse motivo, grande parte dos leitores ora busca soluções em nome do autor, ora o vitupera porque não as fornece.

O *Discurso* simplesmente contrapõe desejo de servir e amizade. Não retira desse contraponto nenhum projeto de ação, mas apenas a convicção de que não servir é sempre possível e sempre vitorioso quando tentado, pois "a bom querer fortuna nunca falha". Convicção que não afasta outra, ainda que paradoxal: a de que desejar servir também é sempre possível.

II

No tempo sem garantia no qual se efetuam liberdade e desejo de servir, a história se faz e, desde que não confundamos memória e hábito, o recurso ao passado é maneira de narrar o presente.

Nascido da poesia épica e da retórica, e frequentemente do concurso de ambas, o *espelho dos príncipes*, destinado a oferecer o modelo do homem virtuoso no qual o governante deveria mirar-se para realizar o bom governo,[40] inúmeras vezes reescrito durante a Idade Média,

[40] Nota complementar, ver p. 83.

ressurge com vigor durante a Renascença. Aqui, porém, uma divisão começa a se cavar. Com o desenvolvimento do humanismo cívico, a defesa do governo republicano translada a virtude do governante para as instituições e substitui o *speculum principum* pelo espelho da história. O passado, nacional ou clássico, torna-se o modelo no qual o presente político deve mirar-se para o estabelecimento da boa república. Em contrapartida, o humanismo cristão, de forte tendência monárquica, restaura o espelho dos príncipes, pretendendo fornecer simultaneamente um espelho de virtudes para o rei, impedindo a tirania, e um espelho de instituições virtuosas, isto é, legítimas, garantindo a constitucionalidade da boa monarquia. Política, ética e história, apresentadas como espelhos, unificam-se sob o signo da imitação. Que para os humanistas cívicos o modelo a imitar esteja em Atenas, Esparta ou na Roma republicana, enquanto para os humanistas cristãos encontre-se em Esparta, na Roma imperial ou no reino de Israel, a primeira e o último também visados pelos reformadores protestantes, pode indicar qual o bom modelo escolhido, mas sob a variação da escolha permanece o ideal de efetivar o presente pela repetição do bom passado, imitando-o.[41]

O espelho dos príncipes e o espelho da história têm como pressuposto a noção de paradigma, como finalidade a imitação e como suporte conceitual a semelhança.

Interpretada à maneira platônica, portanto como cópia, à maneira aristotélica, portanto como suplemento de uma carência, à maneira estoica, portanto como conveniência/concordância, ou à maneira epicurista, portanto como coordenação e disjunção, e à maneira grega, pelos humanistas, portanto, como tipologia épica imóvel, e à maneira hebraica, pelos reformadores protestantes, portanto como drama individual de transmutação,[42] encarada como realidade empírica ou

[41] Nota complementar, ver p. 85.

[42] Para a imitação em Platão, veja-se: GOLDSCHMIDT, Victor. *Essai sur le Cratyle, contribution à l'histoire de la pensée de Platon*. Paris: Champion, 1940; *Le paradigme dans la dialectique platonicienne*. Paris: PUF, 1947; Les paradigmes de l'action. In: *Questions platoniciennes*. Paris: Vrin, 1970, p. 79-102; DERRIDA, Jacques. La Pharmacie de Platon. *Tel Quel*, n. 32-33, 1968; DELEUZE, Gilles. Platon et le Simulacre. In: *Logique du sens*. Paris: Minuit, 1979, p. 292-307. Para a imitação em Aristóteles, veja-se: AUBENQUE, Pierre. *Le problème de l'être chez Aristote*. Paris: PUF, 1962, especialmente cap. III, parte I, "Dialectique et ontologie ou le bésoin de la

como aspiração ideal, profana ou mística, a imitação é uma técnica educativa, um procedimento artístico e literário, uma posição política e uma atitude ético-religiosa.[43] Fundamentalmente, porém, ela é um saber, cujo pressuposto é a semelhança.

> Até o final do século XVI, a semelhança teve um papel construtor no saber da cultura ocidental. Conduziu, em grande parte, a exegese e a interpretação dos textos; organizou o jogo dos símbolos, permitiu o conhecimento das coisas visíveis e invisíveis, guiou a arte de representá-las. [...] A trama semântica da semelhança no século XVI é muito rica: *Amicitia, Aequalitas (contractus, consensus, matrimonium societas, pax et similia). Consonantia, Concertus, Continuum, Paritas, Proportio, Similitudo, Conjunctio, Copula.*[44]

Conveniência ou concordância, emulação, analogia, simpatia-antipatia, proporção, amizade, figuras que articulam o saber da semelhança, demarcam as formas de relação que constituem o próprio mundo, como se o saber fosse, ele também, redobro da semelhança que organiza o mundo.

Amizade, consonância, igualdade, paridade, proporção; não são esses os termos usados por La Boétie para qualificar o trabalho da natureza, "ministra de Deus e governante dos homens"?

Jurista, portanto filólogo e historiador, poeta, tradutor de Plutarco e de Xenofonte,[45] aluno de Anne du Bourg e de Scaliger, amigo da Pléiade, La Boétie não poderia desconhecer os procedimentos pedagógicos e estilísticos da "dupla tradução", os estudos históricos e legais do "*mos gallicus*",[46] nem os recursos maneiristas e os anseios da "Brigade".[47]

philosophie". Para a imitação nos estoicos, veja-se: GOLDSCHMIDT, Victor. *Le système stoïcien et l'idée de temps.* Paris: Vrin, 1953, especialmente seção B da parte II, p. 77-124. Para a imitação no epicurismo, veja-se: DELEUZE, Gilles. Lucrèce et le simulacre. In: *Logique du Sens. Op. cit.*, p. 307-324. Para a diferença entre a mimese grega e a hebraica, veja-se: AUERBACH, E. La cicatrice d'Ulysse. In: *Mímesis.* Paris: Gallimard, 1968, p. 11-34.

[43] Nota complementar, ver p. 88.

[44] FOUCAULT, Michel. *Les mots et les choses.* Paris: Gallimard, 1966, p. 32.

[45] Nota complementar, ver p. 89.

[46] Nota complementar, ver p. 91.

[47] Nota complementar, ver p. 92.

O *Discurso da servidão voluntária* possui a maestria dos escritos do século XVI francês e está povoado com todos os recursos formais e materiais de seu tempo: o uso das antíteses e da amplificação, das metáforas médicas,[48] os exemplos históricos cuidadosamente escolhidos e distribuídos de acordo com o mais rigoroso cânone retórico,[49] a descrição do corpo político empregando recursos maneiristas,[50] a

[48] Nota complementar, ver p. 92.

[49] Basicamente os exemplos se distribuem em dois eixos: num, horizontal, operam por antítese e por comparação, isto é, no contraponto entre liberdade e servidão; no outro, longitudinal, operam como oximoros, isto é, cada sequência de exemplos sucede outra que a nega ou que a inverte, invalidando-a, de tal modo que o concurso da natureza e do costume, do desejo de servir e da tirania, da unificação e da dispersão permita perceber a inovação do que está sendo dito sob a capa do costumeiro. A escolha dos exemplos é também clara. Por que "Hierão" em lugar da "Ciropedia"? Porque Hierão também foi louvado por Píndaro, o poeta da Pléiade, cantadora dos reis taumaturgos. Por que Harmódio e Aristogitão são mantidos ao lado de Bruto e Cássio quando, leitor de Plutarco e de Tucídides, La Boétie sabe que o relato de Heródoto é duvidoso e beira a lenda? Porque os exemplos não são "históricos", mas simbólicos, não funcionam por comparação, mas como deciframento. Por que o Grande Turco? Porque, contrariamente aos seus contemporâneos (veja a seguir nota 54), La Boétie não se refere ao grão-senhor na qualidade de usurpador de um poder legítimo, nem na qualidade de "flagelo de Deus", mas se interessa pela prática soberana que dispersa os amigos, impede a comunicação e a possibilidade de ação conjunta contra a tirania, pois Vulcano não colocou uma janela no coração dos homens para que através delas víssemos seus pensamentos. Por que Tácito? Porque a *Educação do Príncipe*, de Budée, elege o Imperador Augusto como modelo das virtudes governamentais, enquanto os *Anais* partem de Augusto para narrar a destruição final da República. E porque os protestantes fazem do Reino de Israel seu modelo, e Tácito a ele se refere como calamidade desejada pelo povo, sem motivo algum. Infelizmente aqui não é possível analisar cada um dos exemplos e seu conjunto, o modo como são retirados do contexto original para lhes alterar o sentido, sua localização no texto de maneira a fazer com que, usados pelos contemporâneos, se tornem outros e inusitados quanto ao seu sentido. Essa análise demandaria um outro trabalho.

[50] A começar pelo título, pois "Servidão voluntária", infortúnio, mau encontro, vício infeliz, monstro que "a natureza se nega ter feito e a língua se recusa nomear", é um imenso oximoro e determina a presença de inúmeros outros oximoros no texto. Além das antíteses, amplificações, paralelismos, inversões, simetrias, multiplicação de perspectivas, La Boétie emprega o recurso da ampliação por derivação e por alongamento. A descrição da formação do corpo do Um (o crescimento monstruoso de seu corpo com os órgãos multiplicados por mil) se faz por derivação: cada órgão que cresce deriva dos órgãos doadores. A descrição da sociedade servil se faz por alongamento (seis, seiscentos e depois todos os que seguem), de sorte que a figura final é uma pirâmide.

definição da amizade proveniente de Aristóteles, Cícero e Plutarco,[51] a descrição da solidão temerosa em que vive o tirano, oriunda de Xenofonte e de Plutarco,[52] ou de seu arbítrio criminoso, à maneira de Tácito,[53] a referência ao Grande Turco, obrigatória em todos os textos políticos da Renascença,[54] a dúvida quanto ao caráter republicano da monarquia, proveniente de Cícero e de Tácito, dúvida presente em todos os textos do humanismo cívico.[55] Como não pensar em Plutarco e em Xenofonte quando vemos La Boétie comparar a educação ao

[51] *Ética a Nicômaco*, VIII, 4, 1156b 5-35; *Da amizade*, V, 18 e 19, VIII, 26, IX, 31-32; *Do grande número de amigos*. In: *Moralia*. *Op. cit.*, T. I., p. 435, 445. "Três coisas concorrem para formar uma amizade verdadeira. A virtude, que faz sua honestidade. O costume de se ver, que faz sua doçura. A utilidade recíproca, que faz seu vínculo necessário [...] Pois o que se opõe a que tenhamos muitos amigos é que a amizade só se forma pela conformação das naturezas. Não vemos 'os próprios animais recusarem com horror o acasalamento com espécies diferentes? Somente por constrangimento podem ser levados a isso. Ao contrário, unem-se voluntariamente com os de sua espécie, buscam mesmo essa união. Como, então, a amizade poderia estabelecer-se entre pessoas de naturezas diferentes, diferentes também em costumes e em inclinações?"

[52] *Hierão*, parte 1, 1-12, 33-35 e sobretudo 37 ("mas o tirano jamais pode crer que se tenha afeição por ele... os que cedem por medo imitam as complacências inspiradas pela afeição"), II-8-13 e sobretudo 18 ("uma vez que fez perecerem todos aqueles que temia, longe de ficar mais tranquilo, redobra as precauções"), III-6-8, IV-1-5, V-1-3, VI-3 ("porque trato meus companheiros como escravos e não como amigos, estou privado do prazer que outrora encontrava em sua companhia"), 4-9 ("tais são as inquietações dos tiranos, pois são terríveis porque não é só de frente que o tirano crê ver o inimigo, mas de todas e em todas as partes"), VII-5, 9 ("o tirano vive noite e dia, saiba Simónides, como se o universo inteiro o tivesse condenado à morte por causa de sua injustiça"). *Sobre o grande número de amigos*. *Op. cit.*, *loc. cit.* p. 443-444. Plutarco enumera todos os tiranos atraiçoados pelos mais próximos.

[53] TÁCITO. *Anais*. Especialmente: Livro XIV, 8-12 (Nero e o assassinato de Agripina), 48-50 (sobre a insurreição de Traseias e sua condenação), Livro XV, 38-42 (o incêndio de Roma), 54-63 (a conspiração de C. Pisão e de Sêneca e o suicídio deste último).

[54] Sobre o Grande Turco, veja-se: PATRIDES, C. A. The Gloody and Cruel Turke: The Background of a Renaissance Commom-Place. In: *Studies in the Renaissance*, n. 13, p. 126-135, 1966; GROSRICHARD, Alain. *La structure du sérail* (La fiction du despotisme asiatique dans l'occident classique). Paris: Seuil, 1979. COCHRANE, Norris. *Christianity and Classical Culture*. *Op. cit.* Nota complementar, ver p. 94.

[55] CÍCERO. *Da república*, 1, II, 23, 26, 27. São Paulo: Abril Cultural, 1973, p. 160, 168-169. (Col. Pensadores.) Nota complementar, ver p. 95.

cultivo das plantas e ao cuidado com as frágeis sementes para que não caiam em mau terreno?[56]

Todavia, essa maneira de ler a obra, tirando-lhe a carne e a vida para ficar com o esqueleto de suas "fontes" (procedimento tão ao gosto do pensamento realista, que julga encontrar a objetividade somente na anatomia do morto), não faz apenas perder o engenho e arte de La Boétie, porém faz com que percamos o sentido de seu trabalho: o *Contra Um* é um contradiscurso, um discurso que se constrói pela desmontagem interna do discurso instituído que, mantido, impediria um discurso novo.

Acreditamos que o *Discurso da servidão voluntária* nos dará mais a pensar se pudermos lê-lo tal como Montaigne nos diz que gostaria de ser lido:

> Não me inspiro nas citações; valho-me delas para corroborar o que digo e que não sei tão bem expressar, ou por insuficiência da língua ou por fraqueza dos sentidos. Não me preocupo com a quantidade e sim com a qualidade das citações. Se houvesse querido tivera reunido o dobro. Provêm todas, ou quase, dos autores antigos que hão de reconhecer embora não os mencione. Quanto às razões, às comparações e aos argumentos que transplanto para meu jardim e confundo com os meus, omiti, muitas vezes, voluntariamente, o nome dos autores, a fim de pôr um freio nas ousadias desses críticos apressados que se espojam nas obras de escritores vivos e escritas na língua de todo mundo, o que dá a quem queira o direito de as atacar e insinuar que planos e ideias sejam tão vulgares quanto o estilo; eu quero que deem um piparote nas ventas de Plutarco pensando dar nas minhas, e que insultem Sêneca de passagem. Preciso esconder minha fraqueza sob essas grandes reputações, mas de bom grado veria alguém clarividente e avisado, arrancando-me as plumas com que me adornei, distinguindo simplesmente pela diferença de força e beleza as minhas das alheias. Se por falta de memória não consigo deslindar-lhes as origens, sei reconhecer, entretanto, que minha terra é pobre demais para produzir as ricas flores que entre

[56] PLUTARCO. Da educação das crianças. In: *Moralia. Op. cit.*, p. 9, t. I: "Três coisas tornam a virtude perfeita: a natureza, a instrução e o hábito [...] É preciso na agricultura um bom solo, um hábil cultivador e sementes bem escolhidas. Na educação, a natureza é o solo, o mestre, o cultivador, e os preceitos são as sementes". Sobre Xenofonte, veja-se nota 45.

elas se acham desabrochadas e que, apesar dos maiores esforços, não as igualaria jamais.[57]

Reconhecer as ideias de La Boétie na floresta clássica humanista e maneirista de seu texto, eis o que gostaríamos de fazer.

Por quatro vezes, a metáfora do espelho intervém no *Discurso da servidão voluntária.*

A natureza, "essa boa mãe", nos fez todos da mesma forma e na mesma fôrma, "figurou-nos todos no mesmo padrão, para que cada um pudesse mirar-se e quase reconhecer-se um no outro"[58]. Essa primeira referência é, ela mesma, um redobro ou um espelhamento, pois a *amicitia* é relação da natureza consigo mesma e a amizade, espelho dos homens, espelha a amizade natural. Mas há ainda o espelhamento da escritura: a amizade como espelho vem da *Magna Moralia,*[59] a natureza a nos fazer da mesma forma e no mesmo padrão vem do *Amor*

[57] MONTAIGNE. Dos livros. In: *Ensaios. Op. cit.*, p. 196. Grifos meus, MC. M. Butor (*op. cit.*) apresenta ainda um outro trecho acrescentado a este por Montaigne: "E que eu esconda às vezes o nome do autor propositadamente nos lugares das coisas que tomo de empréstimo, é para frear a leviandade dos que se metem a julgar tudo que se apresenta e não tendo nariz capaz de sentir as coisas por elas mesmas, param no nome do artesão e no seu crédito. Quero que se queimem condenando Cícero ou Aristóteles em mim" (p. 116). Butor procura mostrar o uso peculiar das citações de Montaigne, especialmente quando este pretende sugerir que seus *Essais* são desordenados e ilógicos: nesses casos, observa Butor, Montaigne emprega Lucrécio e a imagem do tempo caminhando em sentido contrário ou compondo seres cujas partes não podem ser contemporâneas. Sob a desordem, porém, e sob as omissões voluntárias, os *Essais* revelam a originalidade ímpar de Montaigne. Originalidade que não se refere apenas às ideias, mas à composição do texto que é inseparável delas. "Para o verdadeiro sábio, as citações permitem uma estratégia muito sutil, pois, à rede já muito complexa de focos irradiantes, superpõem um segundo. Aquele que poderia reconhecer cada verso de Lucrécio, por exemplo, irá necessariamente buscar mais ou menos, no curso de sua leitura, recolocá-los na obra original, tal como se lembra deles e consequentemente, cada citação vai reenviar aos versos que a precedem e a sucedem nas páginas dos *Ensaios*, onde são citados" (p. 117).

[58] LA BOÉTIE, *op. cit.*, p. 17.

[59] "Não podemos nos contemplar a nós mesmos a partir de nós mesmos [...] Assim como quando queremos contemplar nosso rosto, o fazemos olhando num espelho, assim também quando nos queremos conhecer a nós mesmos, nós nos conhecemos olhando em um amigo. Pois o amigo, dizemos, é um outro nós mesmos" (Aristóteles 1213a, 15-25). "Aquele que considera um amigo verdadeiro, nele vê como sua própria imagem" (*Verum enim amicum qui intuetur tamquam exemplar aliquod intuetur sui.* Cícero *De Amicitia*, VII, 23).

Fraterno,[60] como "boa mãe", nos lembra Lucrécio, e como "ministra de Deus", nos envia aos estoicos.

A segunda menção ao espelho retoma o *espelho dos príncipes*, porém às avessas. Os tiranos deveriam ler o *Hierão* de Xenofonte, "historiador grave e de primeira linha entre os gregos"[61], para que, pondo-o diante dos olhos, "o tivessem usado como espelho". Se o fizessem, impossível não se envergonharem, reconhecendo "suas manchas" e "suas verrugas". Conservando a noção de semelhança, La Boétie passa do espelho da natureza ao da arte, reenviando o tirano à imagem gravada num livro. Todavia, a imagem de Hierão, escrita, não rompe a imitação e sim a reafirma. Que o espelho seja um escrito, não há de surpreender, pois o mundo, jogo da *amicitia* e da *convenientia*, da *sympathia* e da *antypathia*, *é* feito de semelhanças secretas conduzidas à visibilidade tanto pelas marcas naturais quanto pelas marcas da escritura, as primeiras pedindo *divinatio* e as segundas, *eruditio*.[62] Estando numa relação de analogia com a natureza, a linguagem diz as coisas e é imagem delas, noutra ordem. Enviar o tirano ao espelho escrito redobra o espelhamento: a política espelha o livro e este espelha aquela. Porém, a passagem do espelho natural ao da arte introduz duas modificações na imagem: o livro de Xenofonte não se oferece como espelho das virtudes e sim como espelho dos vícios; e a figura refletida não é a de um outro no qual "quase nos reconhecemos", mas a do próprio tirano – *suas* manchas e verrugas. Mais do que imitação, há identificação entre o leitor tirano e sua tirania. Ele *se vê* no espelho.

60 "É evidente que a natureza formando da mesma matéria e pelo mesmo princípio, dois, três, e vários irmãos, não os separou para fazê-los viver em guerra, mas para se entreajudarem com maior facilidade. Esses gigantes de três corpos e de cem mãos, se jamais existiram, tendo todos os seus membros unidos, não podiam agir separadamente uns dos outros. Mas os irmãos podem habitar e viajar juntos, administrar os negócios públicos e cultivar a terra em comum, quando entretêm o sentimento da amizade e de benevolência que a natureza neles colocou. Se o destruírem, se assemelharão a pés que tentassem mutuamente se suplantar, ou a dedos que se entrelaçariam um no outro e se deslocariam, forçando a natureza" (Plutarco *Moralia*. *op. cit.*, T. VI, p. 252). A mãe natureza gera irmãos, e não monstros, gera seres separados que têm sentimentos em comum, e não quimeras.

61 LA BOÉTIE, *op. cit.*, p. 26.

62 *Idem, ibidem.*

A terceira referência, agora ao espelho da história, é indireta, porquanto oferecida através dos exemplos: Atenas liberada dos tiranos ou lutando contra a Pérsia, Veneza opondo-se ao império do Grande Turco, os embaixadores espartanos enfrentando o rei da Pérsia, os amigos (Harmódio e Aristogitão; Bruto, Cássio e Casco), os tiranos travestidos em magos e deuses (Pirro, os reis egípcios, medas e persas, Vespasiano, Alexandre, os reis franceses), as artimanhas legais para "bestializar os súditos" (Ciro e os Lídios, o "pão e circo" e os tribunos da plebe, em Roma, os formulários jurídicos lidos por Longa, procurador e arauto do rei francês, para justificar impostos e taxas régios), a adulação dos reis pelos escritores e poetas da Pléiade, o arbítrio assassino dos césares (Júlio César, Nero) e a astúcia "daquele a quem chamam grão-senhor", o Grande Turco que proíbe os livros, impede os sábios e dispersa os amigos. Se, no caso da amizade, a semelhança é natural e, no caso do *Hierão*, a semelhança é fabricada, no caso dos exemplos a imitação conduz à relação do autor do *Discurso* com o tempo. O curioso aqui não é tanto a invocação do passado, como se a diferença dos tempos não contasse, mas a mescla das alusões ao passado e das referências ao presente – Longa e a Pléiade na celebração dos "reis taumaturgos".[63] O espelho exemplar parece varrer o tempo, neutralizar passado e presente, quase abolir a história. Como se não bastasse, La Boétie oferece ainda um outro tipo de exemplo: as feras lutando para preservar a liberdade, o elefante a romper o marfim como resgate da vida livre, os animais protestando contra a domesticação forçada, os dois cães de Licurgo.[64] Assim, não apenas o tempo parece indiferenciado; também parece não haver diferença entre homens e animais. Mais do que imitação, há indiferenciação.

[63] BLOCH, Marc. *Les Rois Thaumaturges*. Montreal: Bellarmin, 1963.

[64] Trata-se de uma narrativa retomada com frequência nos escritos de ética e política: Licurgo possuía dois cães irmãos inicialmente criados e alimentados da mesma maneira, porém, após certo tempo, um deles foi educado para ser doméstico, e outro, para viver livre pelos campos para caçar. Para provar que a educação ou o costume mudam a natureza, certa vez Licurgo os colocou diante de um prato de sopa e de uma lebre; o doméstico dirigiu-se para a sopa, e o caçador, para a lebre. Com isso, escreve La Boétie, Licurgo quis provar aos espartanos que suas leis e sua educação eram tão boas que "cada um deles preferiria morrer mil mortes a reconhecer outro senhor que não a lei e a razão", p. 21.

Resta um último espelho, prezado pela tradição: o príncipe como espelho para a sociedade. Como La Boétie o apresenta? Iniciando-se no olhar adulador do tiranete voltado para agradar o tirano, de quem é imitação, prosseguindo na subserviência e petulância dos tiranetes imitados por seus sequazes, a relação especular alcança o ponto mais baixo da sociedade onde cada qual, mais miserável e mais infeliz do que o outro, espezinha os que julga estarem abaixo dele, e cada um, como o tirano, faz "sua vontade contar por razão". Qual imenso Narciso, servidão e tirania se espelham varrendo a sociedade de ponta a ponta. Espelhamento perverso, pois, se a natureza nos fez "todos uns" e a tirania nos põe "todos um", é porque o nome de Um destrói cada um na e pela identificação fantástica da sociedade consigo mesma.

Esse último espelhamento não transtorna a tradição do *speculum*? À primeira vista, o *Discurso* nos faria pensar em Plutarco:[65] sendo o governante paradigma para a sociedade (donde a exigência de que ele seja virtuoso), a existência de um tirano torna impossível à sociedade não se espelhar nele e não imitá-lo. Entretanto, a descrição de La Boétie não é essa. Não nos mostra a sociedade espelhando o tirano, mas espelhando-se a si mesma. Com isso, a ideia de paradigma se estilhaça, estilhaçando-se exatamente no instante em que a sociedade, tornando-se assustadoramente autárquica, alcança o ponto máximo da heteronomia. Estamos perante uma *sociedade tirânica.*

Se a última referência ao espelho anula a noção de paradigma, podemos indagar se com ela o *Discurso da servidão voluntária* não teria efetuado um salto para além do campo e do saber fundados na semelhança, se a dificuldade para compreendermos a gênese da servidão voluntária não estaria intimamente ligada a essa ruptura e se não seria por intermédio do último espelhamento que nos seria dado um indício para regressarmos aos anteriores indagando, agora, se o reconhecimento natural dos amigos, a identificação do tirano com sua imagem e a indiferenciação dos tempos, dos homens e dos animais não possuiriam um sentido secreto que a imitação não pode desvendar.

[65] *Moralia, Ad principem ineruditum. Op. cit., loc. cit.*

A natureza nos fez "todos uns", e a sociedade nos torna "todos um". Essa diferença não imprime secreta torção no pensamento da semelhança? A afinidade e a concordância que a natureza espalhou pelo mundo, a simpatia entre os amigos e a antipatia pelos inimigos poderiam dar conta da divisão que antecede os movimentos da imitação e que os determina? Em outras palavras, poderiam explicar a cisão entre liberdade e desejo de servir? A diferença entre "todos uns" e "todos um" poderia ser abrigada no interior desse "jogo (da aproximação e da dispersão) pelo qual o mundo permanece idêntico, as semelhanças continuam a ser o que são e a ajuntar" para que "o mesmo permaneça o mesmo e aferrolhado sobre si"?[66] Essa descrição não convém muito mais ao *Discours à la Reyne*, de Ronsard, do que ao *Discurso da servidão voluntária*, de La Boétie? Não é Ronsard, esplendor da Pléiade, quem, imitando Virgílio nas *Geórgicas*, lamenta a perda da identidade?[67] Não é para ele que o tiranicídio, a guerra civil, a sedição e a revolta são doença e deformidade? Não é ele quem, à maneira de Aldrovandi,[68] vê na ameaça ao poder da rainha o monstro que separa os semelhantes e reúne os contrários, destruindo a coerência orgânica da sociedade? Para La Boétie, ao contrário, a doença mortal do corpo político, essa monstruosidade de mil olhos, mil mãos, mil ouvidos e mil pés, esse "vício infeliz", esse "infortúnio e mau encontro", não decorre exatamente de um processo universal de identificação, desse espelhamento do mesmo no mesmo, "aferrolhado sobre si"?

Se o século XVI "coloca no mesmo plano magia e erudição",[69] pois conhecer é interpretar, e a interpretação se realiza pela *divinatio* e pela *eruditio*, repetição comentada dos livros dos antigos, onde colocar o *Discurso da servidão voluntária*, que localiza na magia do nome do Um e na devoção aos reis magos e ao passado um dos mais poderosos instrumentos da dominação?

Quando nos acercamos um pouco mais do texto de La Boétie, notamos que a imitação se realiza de modo peculiar: é contrafação.

[66] FOUCAULT, Michel. *Op. cit.*, p. 40.

[67] Nota complementar, ver p. 95.

[68] FOUCAULT, Michel. *Op. cit.*, p. 47.

[69] FOUCAULT, Michel. *Op. cit.*, p. 47.

A adulação ao tirano é contrafação da amizade, e sua marca, a imitação levada ao paroxismo.[70]

> Pois em verdade o que é aproximar-se do tirano senão recuar mais sua liberdade e, por assim dizer, apertar com as duas mãos e abraçar a servidão? [...] o tirano vê os que lhe são próximos trapaceando e mendigando seu favor; não só é preciso que façam o que diz, mas que pensem o que quer e amiúde, para satisfazê-lo, que ainda antecipem seu pensamento. Para eles não basta obedecê-lo, também é preciso agradá-lo, é preciso que se arrebentem, que se atormentem, que se matem de trabalhar nos negócios dele; e já que se aprazem com o prazer dele, que deixam seu gosto pelo dele, que forçam sua compleição, que despem seu natural, é preciso que estejam atentos às palavras dele, à voz dele, aos sinais dele e aos olhos dele; que não tenham olho, pé, mão, que tudo esteja alerta para espiar as vontades dele e descobrir seus pensamentos.[71]

"É isso viver?", indaga La Boétie, "há no mundo algo menos suportável do que isso, não digo para um homem de coração, não digo para um bem-nascido, mas para um que tenha bom senso ou nada mais do que a face de homem?".

A persuasão é contrafação do pensamento e da comunicação, e sua marca, a emulação das paixões do ouvinte, um falar "conformando as palavras mais ao tempo do que à verdade", um proclamar formulários que, para perpetrar o mal público, fazem passar "algumas palavras bonitas" sobre o bem comum, o título de Tribuno da Plebe de que se apossam os que pretendem, distribuindo favores, assegurar-se "de que o povo confiaria neles, como se deles devesse ouvir o nome e não, ao contrário, sentir-lhe os efeitos".

O costume é contrafação da natureza; o adestramento, contrafação da educação; o hábito, contrafação da memória, sendo suas marcas a repetição e a assimilação.

[70] Sobre a figura do adulador que se aproveita das características peculiares da amizade fundada em natureza (semelhança, comunidade de disposições, costumes e caracteres, benevolência, boa-fé, comunidade de pensamentos, reciprocidade) para mimá-la e pervertê-la pela dissimulação, veja-se: PLUTARCO. De como distinguir um amigo de um adulador. In: *Moralia. Op. cit.*, t. I, p. 243-337; CÍCERO. *De amicitia. Op. cit.*, XVI, 97-99.

[71] LA BOÉTIE, *op. cit.*, p. 33.

> Mas o costume, que por certo tem em todas as coisas um grande poder sobre nós, não possui em lugar nenhum virtude tão grande quanto a seguinte: ensinar-nos a servir – e como se diz de Mitridates, que se habituou a tomar veneno – para que aprendamos a engolir e não achar amarga a peçonha da servidão [...] porém, *maldita seja a natureza se se deve confessar que tem em nós menos poder do que o costume –, pois, por melhor que seja, o natural se perde se não é cultivado, e o alimento sempre nos conforma à sua maneira* [...] Portanto, digamos então que ao homem todas as coisas lhe são como que naturais; nelas se cria e se acostuma [...] assim, a primeira razão da servidão voluntária é o costume – como os mais bravos "*courtaus*" que no início mordem o freio e depois o descuram [...] dizem que sempre foram súditos, que seus pais viveram assim e pensam que são obrigados a suportar o mal [...]; se os bichos sempre feitos para o serviço do homem só conseguem acostumar-se a servir com o protesto de um desejo contrário – que mau encontro foi esse que pôde desnaturar tanto o homem, o único nascido de verdade para viver francamente, e fazê-lo perder a lembrança de seu primeiro ser e o desejo de retomá-lo?[72]

Assim, a doença é a contrafação da saúde, e sua marca, o concurso dos semelhantes. Se nos bichos servir é costume adquirido sob o protesto de um desejo, se sob esse aspecto permanecem conformes à espontaneidade natural da cura pelos contrários, somente um "vício infeliz", um "mau encontro" há de explicar por que esse caminho é interrompido no caso dos homens, quando, ao surgir o tirano, "toda a escória do reino [...] os que são manchados por ambição ardente e notável avareza, reúnem-se à sua volta e o apoiam [...] para serem eles mesmos tiranetes sob o grande tirano". O mau encontro, essa atração dos semelhantes, dos que "nascem servos e são criados (*nourris*) como tais", que se acostumaram, com o veneno porque o assimilaram, dos tiranos "amamentados no leite da tirania", dos que "se tornam covardes e efeminados", "disso sei maravilhosamente", escreve La Boétie, "graças a Hipócrates, o grande pai da Medicina, que esteve atento e assim o disse em um dos livros que estabelece das doenças".[73]

[72] LA BOÉTIE, *op. cit.*, p. 22-23. Grifos meus, MC.

[73] *Idem, ibidem*, p. 25.

A conspiração é contrafação da companhia, a cumplicidade, contrafação da amizade, e sua marca, o assemelhar-se em crueldade.[74] "Entre os maus, quando se juntam, há conspiração, não uma companhia; eles não se entreamam, porém se entretemem; não são amigos, porém cúmplices".[75]

A unidade é contrafação da igualdade, e sua marca é a indiferenciação. "Se em todas as coisas mostrou [a natureza] que não queria fazer-nos todos unidos, mas todos uns – não se deve duvidar de que sejamos todos naturalmente livres, pois somos todos companheiros; e não pode cair no entendimento de ninguém que a natureza tenha posto algum em servidão, tendo-nos posto todos em companhia."[76]

O arbítrio é contrafação da liberdade, a segurança miserável, contrafação da paz e sua marca, a analogia: o rebanho que pasta junto, mas não vive junto, como escreveu Aristóteles,[77] rebanho tangido pelo medo, pela solidão, e não Cidade, barbárie e solidão, como escreverá Espinosa.[78] "Não ter nenhum inimigo aberto nem amigo certo, tendo sempre o rosto sorridente e o coração transido; não poder ser alegre e não ousar ser triste."[79] E o corpo político, contrafação da política, tem por marca a identificação.

O mundo descrito pelo Discurso é efetivamente o da mimésis, porém como ilusão e feitiço. Para o povo, "teatros, jogos, farsas, espetáculos, gladiadores, bichos estranhos, medalhas, quadros [...] atrativos para adormecer [...] coluna como ao pai do povo [...] mascaravam-se e fingiam-se de mágicos [...] enfeites de estandartes como flores-de-lis,

[74] No *Trésor des sentences du XVI*e *siècle*, Gabriel Meurier recolhe a seguinte quadrinha: "*Corbeaux avec corbeaux / Ne se crèvent jamais les yeux / Non plus que les brigands grands maux / Ne se font, l'un l'autre, mieux*". Como os corvos, a corja se ajunta à maneira dos corsários de que fala La Boétie. E de Étienne Pasquier, recolhe-se o provérbio: "*Qui est avec les loups, il faut hurler*". Ou ainda: "*Selon la jambe la saigné*", e "*Qui suit les poules apprend à gratter la terre*" (*apud* ARLAND, Marcel. In: *La Prose Française*. Paris: Stock, 1951).

[75] LA BOÉTIE, *op. cit.*, p. 36.

[76] *Idem, ibidem*, p. 17.

[77] ARISTÓTELES. *Ética a Nicômaco*, IX, 1170b, 11-14.

[78] ESPINOSA. *Tratactus politicus*, cap. VI, § 4. Nesse texto, a referência à diferença de natureza entre a paz e ausência de guerra é feita por meio do exemplo do reino do Grande Turco.

[79] LA BOÉTIE, *op. cit.*, p. 34.

a âmbula e auriflama"[80]. Do lado dos grandes, servir para ter bens, como se sob um tirano alguém pudesse ter algo de seu. Entretanto, nos enganaríamos se aí víssemos traços de platonismo, pois a imitação que percorre a sociedade política se produz a si mesma, não é degradação do paradigma na cópia e desta no simulacro. Mau encontro, a política descrita por La Boétie não se explica pelo exercício da força nem pela presença da covardia; seu mistério reside nessa ausência de constrangimento, no fato de que a violência não é causa da servidão voluntária, mas seu efeito. A tirania não é perversão de um regime político legítimo, não só porque o regime de que seria cópia ou simulacro, a monarquia, não se distingue dela, mas também e sobretudo porque a mola propulsora de sua instauração é o desejo de servir. Causa eficiente da servidão, o desejo servil produz o modelo, em vez de imitá-lo.[81] Que haja móbeis para esse desejo, La Boétie não o nega, pelo contrário, os descreve – "querem servir para ter bens". Todavia, os motivos não operam como causas eficientes ou finais, mas como preenchimento ilusório da causa desejante.

O que tornou a servidão voluntária incompreensível para os contemporâneos de La Boétie (não sendo casual sua inserção nos panfletos tiranicidas) e para os pósteros (não sendo acidental a apropriação militante da obra nem o vitupério conservador a ela endereçado) é justamente a impossibilidade de tomá-la como ilusão *involuntária* ou como *imitação* mal sucedida. Todas as contrafações descritas não são o insucesso da cópia ou do simulacro, mas criação efetiva de uma realidade positiva e idêntica a si mesma, um mau encontro desejado. Justamente por esse motivo, aquilo que deveria operar como paradigma, como "bom modelo" perdido em cada uma e em todas as contrafações, não é posto como positividade

[80] LA BOÉTIE, *op. cit.*, p. 28-29.

[81] A definição do desejo como causa eficiente e não final é feita por Espinosa no prefácio à Parte IV da *Ética*, na qual o filósofo critica as noções de modelo, exemplo e paradigma, demonstrando que estes são frutos ou efeitos do desejo e não suas causas. A imitação, para Espinosa, proveniente da memória e da comparação entre semelhanças imaginativas, é a presença sub-reptícia da religião e da teologia na filosofia. Sobre a crítica da imitação em Espinosa, veja-se: CHAUI, Marilena. Servidão e liberdade. In: *Desejo, paixão e ação na ética de Espinosa*. São Paulo: Companhia das Letras, 2011. Ainda sobre o caráter puramente eficiente e não final da causa, veja-se: GOLDSCHMIDT, Victor. *Le système stoïcien*. *Op. cit.*, especialmente p. 149-151.

a ser resgatada: a natureza se faz costume, o costume se faz memória, a memória se faz repetição, a repetição se faz analogia, e a analogia, identificação. A servidão voluntária não percorre um caminho, trabalha para traçá-lo. Não havendo paradigma a recuperar nem positividade a restaurar, compreende-se que o avesso da contrafação servil não seja uma realidade determinada, um regresso à "boa mãe" natureza, mas atividade de pura negação: não servir. Por isso, a liberdade é profundamente enigmática: "só a liberdade os homens não desejam; ao que parece não por outra razão senão que, se a desejassem, tê-la-iam; como se recusassem a fazer essa bela aquisição só porque é demasiado fácil".

III

Por duas vezes La Boétie declara não pretender discutir questões controvertidas entre os filósofos. Por duas vezes oferece resposta para elas. Na primeira – é a monarquia república? – a resposta vem sob a forma de pergunta: poderia ser público um regime no qual tudo é de um? Na segunda – é a liberdade natural? – a resposta é pronta: sem dúvida nascemos livres e servos de ninguém.

A primeira resposta é curiosa, pois onde se esperaria ler que a monarquia é *poder* de um só, afirmação a mais clássica possível, lê-se que nela *tudo* é de um. A segunda, inconcebível num contexto cristão e particularmente no huguenote, não é problemática em si mesma. Se a natureza é "boa mãe", "ministra de Deus e governante dos homens", a liberdade só pode ser natural, pois a bondade da natureza nos faz de mesma forma e na mesma fôrma, todos iguais e companheiros. Uma secreta articulação prende as duas respostas. A natureza, *ratio* e *proportio*. nos faz servos de ninguém. Como, então, tudo pode ter-se tornado de um? De onde veio a desproporção? Que mau encontro foi esse? Mau encontro: numa expressão que lembra a definição aristotélica da fortuna ou da contingência como encontro inesperado de séries causais independentes[82], La Boétie indica que a servidão voluntária, contingência

[82] De fato, como explica Aristóteles na *Física*, a contingência não é um acontecimento sem causa, mas se refere àquele produzido pelo encontro acidental de duas séries de acontecimentos independentes, produzindo um acontecimento imprevisto. É assim que o primeiro nome da contingência é *encontro* e *encontro inesperado*.

pura, poderia jamais ter acontecido. Seu acontecer é fruto de um mau encontro e, por isso, é acontecimento que a natureza, sempre necessária e jamais contingente, nega ter produzido; e que a língua não pode nomear porque vontade e liberdade nos são naturais, sempre foram conceitos indiscerníveis, e o que é "por natureza" não pode ser "por constrangimento", servidão e vontade não podendo andar juntas. Em suma, servidão voluntária é um *oximoro*.

O vínculo imemorial entre vontade e liberdade leva o agostinismo e, juntamente com ele, a Reforma à suposição de uma liberdade desnaturada, perda da "imagem e semelhança" com Deus, porque predestinada ao pecado. É servo arbítrio. Essa assimilação da liberdade pela servidão, aparentemente endossada pela expressão "servidão voluntária", é, no entanto, o que o *Discurso* irá desmanchar. A pergunta de La Boétie não é cristã: como a liberdade se torna escrava? Sua questão é inédita: como a vontade pode engendrar liberdade *e* servidão?

A ideia de mau encontro é decisiva. Não tanto porque, à maneira estoica (distinguindo concordância e contrariedade) ou à maneira lucreciana (distinguindo coordenação e disjunção), La Boétie possa deslocar a discussão do plano teológico para repô-la no metafísico, mas porque, com ela, a diferença entre liberdade e desejo de servir pode ser delineada. Sendo seu próprio bem, a liberdade não se distingue do desejo de liberdade. Idênticos, nada se interpõe entre eles, mediação alguma é necessária para efetuá-los, bastando desejar ser livre para ser "servo de ninguém". A imanência da liberdade a si mesma indica onde se encontra o risco de perdê-la: quando posta em relação com algo de outro, uma exterioridade oferecida como sua finalidade. Separada de si mesma, a vontade se deixa atrair por uma alteridade que a faz esquecer que o desejo de liberdade é apenas o desejo de não servir. Servidão voluntária é mau encontro porque o desejo de servir precisa de mediação para se cumprir, pois nela desejo e desejado são termos separados: "querem servir para ter bens". O tirano quer ter homens; o povo, pão e circo e segurança miserável; os grandes querem ter mando e parte nos espólios. O desejo de posse, a heteronomia do desejo que se realiza apenas pelo que ele não é, a necessidade de encontrar o que possa preenchê-lo, *eis o mau encontro*. Cindida em desejo autônomo (que não se distingue do desejado) e desejo heterônomo (que é outro que o desejado), a vontade engendra a ilusão de liberdade como poder de mando e posse. *Tudo é de um*: desejo de comandar e de possuir o que se comanda são a mola, a força e o segredo da tirania.

A lição que o tirano ensina aos demais e que todos aprendem é fazer "sua vontade contar como razão". A vontade servil, lote igualmente repartido entre tiranos e tiranizados, reaparece, desta feita, não mais como heteronomia apenas, mas como seu efeito, isto é, como puro arbítrio. E quem o escreve é o jovem jurista que sabe que o fundamento jurídico do poder foi formulado pela *Lex Regia Romana*: "o que apraz ao rei tem força de lei" porque o rei "traz a lei em seu peito" ("*leges in scrinio pectoris suo habet*").

Entre a afirmação inicial do *Discurso* – "tudo é de um" – e essa outra, final – "sua vontade contar como razão" – intercalam-se as análises da gênese e mantimento da servidão voluntária do lado do povo e do lado dos grandes e a da indiferenciação dos regimes políticos:

> Há três tipos de tiranos: uns obtêm o reino por eleição do povo; outros, pela força das armas; outros por sucessão de sua raça. Como se sabe bem, os que o adquiriram pelo direito de guerra comportam-se no reino como se estivessem em terra conquistada. Comumente, os que nascem reis não são melhores, pois tendo nascido e sido criados no seio da tirania sugam a natureza de tirano com o leite, e agem com os povos a eles submetidos como com seus servos hereditários [...] tratando o reino como à sua herança. Parece-me que aquele a quem o povo deu o Estado deveria ser mais suportável e creio que o seria; mas assim que se vê elevado acima dos outros, decide não sair mais; comumente ele age para passar a seus filhos o poderio que o povo lhe outorgou [...] Assim, para dizer a verdade, vejo que existe entre eles alguma diferença [...] porém, se diversos são os meios de chegar aos reinados, quase sempre é semelhante a maneira de reinar.[83]

Acompanhando o movimento que conduz da análise da gênese e mantimento da servidão voluntária à da indiferenciação dos regimes políticos, notaremos que duas histórias são narradas: uma, sem tempo e lugar, narra a criação da política como poder separado do social e encarnado no corpo do governante; a outra rememora o presente.

[83] LA BOÉTIE, *op. cit.*, p. 19.

À primeira vista, a argumentação de La Boétie parece muito próxima do costumeiro. Por um lado, parece conservar o argumento republicano contra a monarquia e, por outro, parece manter o argumento cristão, segundo o qual um rei se faz tirano quando pratica injúrias contra os súditos.[84] Que injúria será maior do que tratar concidadãos como coisas, touros a domar, presas a segurar, escravos e herança a esbanjar?

O núcleo da argumentação de La Boétie, porém, se concentra não na diferença entre o bom e o mau poder, mas na gênese do *Imperium,* no infortúnio e na insensatez dos que, admirados com suas qualidades efetivamente excepcionais, elevaram um homem acima dos demais, deixaram-no tomar o título de capitão, depois de rei e senhor. Esse gesto de elevação, pelo qual um indivíduo é eleito para dirigir os demais, colocando-se fora e acima da comunidade de onde saiu, é a definição jurídica do rei cristão, *a nemini judicatur* (ninguém pode julgá-lo), solidária com sua definição de "portador da lei em seu peito" e, portanto, *legibus solutus* (não submetido à lei). No mundo cristão, trono e majestade figuram a separação do rei e a divisão entre a sociedade e o poder político, tornando o governante inalcançável ao julgamento dos súditos porque, pela unção e coroação, recebe de Deus a elevação, ainda que tenha chegado ao poder sob a forma da eleição pelo povo ou pelos pares. O essencial é que ele não foi por eles *investido* no poder e não pode por eles ser julgado.[85] Essa figura separada, *rex legibus solutus*, lança uma luz sobre a afirmação de La Boétie a respeito da vontade tirânica-servil. Se, como escreve Plutarco, "é coisa muito perigosa querer aquilo que não se deve fazer quando se pode fazer

[84] Nota complementar, ver p. 96.

[85] Veja-se: ULMANN, Walter. *Medieval Political Thought.* London: Penguin Books, 1970; *The Medieval Idea of Law,* Cambridge Press, 1952; COCHRANE, Norris. *Op. cit.*; AUBERT, Jean Marie. *Le Droit Romain dans l'oeuvre de St. Augustin.* Paris: Vrin, 1955; ARQUILLIÈRE, H. X. *L'Augustinisme Politique.* Paris: Vrin, 1972; GILSON, Étienne. *Le Thomisme.* Paris: Vrin, 1965; GILBY, Thomas. *Aquinas' Principality and Polity.* London: Longamn Green, 1955; Calvino, veja-se nota 41; Melanchton, veja-se nota 41; GELDER, Roland Van. *Two Reformations. Op. cit.*; LUTERO. *Sincère admonestation à tous les chrétiens afin qu'ils se gardent de toute émeute et de toute révolte.* Paris: Aubier Montaigne, 1973; *De l'autorité temporelle et dans quelle mesure on lui doit obédience.* Paris: Aubier-Montaigne, 1973; *Exhortation à la Paix.* Paris: Aubier-Montaigne, 1973.

tudo o que se quer",[86] o início do *Discurso*, opondo La Boétie e Ulisses, acrescenta: "Mas, para falar com conhecimento de causa, é um extremo infortúnio estar sujeito a um senhor, o qual nunca se pode certificar que seja bom, pois está sempre em seu poderio ser mau quando quiser". Maldade que não é falta de virtude para o bom governo, como julgaria Plutarco, mas simplesmente carregar o título de senhor. Consuma-se a ruptura do *Discurso* com a tradição clássica e a cristã.

A construção cristã da ideia de *Imperium* possui um traço único e inédito. Devendo conciliar a diferença entre o natural e o divino e a presença do divino na figura ungida e coroada do rei, o pensamento político cristão cria "os dois corpos do rei",[87] figuração inicialmente cristocêntrica, a seguir, teocêntrica e, por fim, juricêntrica. Para dar ao *Imperium* a marca decisiva de sua extranaturalidade, ou seja, perpetuidade, ubiquidade e invisibilidade, uma questão precisa ser resolvida: como dar ao corpo físico, natural, visível, finito e mortal do rei as marcas do *Imperium*? A resposta será a construção do *corpo político* do rei.

Na perspectiva cristocêntrica, o rei é *persona geminata* ou *mixta* que imita a natureza dupla de Cristo, homem e Deus. *Christomimétes*, o rei, por seu corpo físico, imita a humanidade de Cristo e, pela graça divina, seu corpo místico-político imita a divindade do Senhor. Por

[86] PLUTARCO. *Moralia, Ad principum ineruditio. Op. cit.*, p. 216.

[87] As considerações a seguir foram retiradas da obra de Ernst Kantorowicz, *The King's Two Bodies* (*op. cit.*). Dois pontos, entre outros vale a pena mencionar aqui. Analisando os procedimentos jurídicos que garantirão a inalienabilidade e a imprescritibilidade dos domínios patrimoniais convertidos em bens públicos, Kantorowicz observa que a cláusula jurídica "o tempo não diminui a injúria" é fundamental para definir o crime de lesa-majestade concernente aos bens régios e à pessoa pública do rei. Curiosamente, La Boétie emprega essa mesma cláusula, porém em sentido oposto, isto é, para referir-se à injúria praticada contra o povo pela realeza. O tempo de servidão e o hábito de servir, diz ele, não diminuem a injúria. E, se nos lembrarmos do papel que Claude Seyssel atribuíra ao costume como "freio" da tirania, avaliaremos melhor o impacto da posição de La Boétie. O outro ponto, no qual La Boétie também reverte a cláusula jurídica contra a realeza que a produziu para garantir-se, diz respeito à imagem da Fênix, isto é, como veremos a seguir, à imagem da continuidade e perpetuidade do rei. A Fênix simboliza a imortalidade e a sucessão régias porque, nela e na realeza, pai e filho possuem a mesma ideia (*eídos*) e a mesma forma (*morphé*). La Boétie transferirá do mito e do campo jurídico-político para a natureza, a criação de seres de mesma forma e mesmo padrão, provas da liberdade, da igualdade e da amizade.

intermédio da unção, da consagração e da coroação, a liturgia transmuta o corpo físico visível em corpo político invisível, perpétuo, contínuo, que desconhece doença, senilidade e morte, ubíquo e indestrutível. *Rex Dei Gratia*, o rei litúrgico, humano por natureza e divino pela graça, realiza a mimésis que não é apenas a da cópia, mas também a da encarnação ou incorporação, pois é *Imago Christi*. Duplo, o rei litúrgico é "*major et minor se ipso*", maior do que seu corpo físico e menor do que seu corpo deificado. Enquanto maior, cria a lei; enquanto menor, submete-se a ela. Tirano será, pois, aquele que recusar a menoridade de sua maioridade. Porém, não devendo ser imitado, o tirano deve ser obedecido, porque seu corpo foi investido por Deus, pois, de acordo com a teologia política, os bons reis devem ser venerados e imitados; os perversos, devem ser venerados, jamais imitados. A obediência obrigatória ao *Imperium* não exige, e sim exclui, no caso da tirania, a imitação do rei como espelho. Eternizado pela graça, tudo o que é do rei é eternizado com ele e sua figura tanto quanto seus *regalia* serão iconograficamente representados com o "halo da perpetuidade".

A unção e a consagração de Carlos Magno como *Rector Europae* e como *Imperator* inicia a transferência jurídica do rei cristocêntrico para o rei teocêntrico. Agora o rei não é mais imitação de Cristo (*Christomimétes*), mas figuração terrena de Deus (*Imago Dei*), e não é rei apenas por graça divina, mas por direito divino. De rei litúrgico, torna-se rei jurídico[88].

A fundamentação jurídica ganha solidez com a passagem do rei para *Imago Aequitatis*, imagem da Justiça, e seu corpo é agora duplicado em pessoa privada e pessoa pública, sua vontade sendo a *res publica*. Por sua vontade, o rei é *legibus solutus*, ou maior do que a lei, pois é imagem da Justiça, mas simultaneamente sua vontade é *serva aequitatis*, ou menor do que a Justiça. Essa peculiar relação do "*major*" e do "*minor*" faz do rei pai e filho da Justiça e desta, mãe e filha do rei. Como pai, sua vontade subordina a lei; como filho, subordina-se à Justiça. É porque depende inteiramente de sua vontade submeter-se ou não à lei, que o príncipe precisa ser instruído para que sua vontade

[88] Juridicamente, invoca-se a Bíblia, Provérbios 80 – "Todo poder vem do Alto. Por mim reinam os reis e os príncipes fazem leis justas" – e São Paulo: não obedecemos a César, e sim ao poder que Deus lhe deu.

seja submetida à razão, que não é dele, mas razão pública. Como "lei viva" (*lex animata*), o rei é órgão da lei, seu criador e seu instrumento, e a lei é o "príncipe inanimado". Donde a inversão da afirmação de Aristóteles, que dissera ser melhor ser governado por uma boa lei do que por um bom rei, com o adágio: "é melhor ser governado por um bom rei do que por uma boa lei".

Se o problema inicial da construção do corpo do rei atendia à necessidade de conciliar natureza e divindade, à medida que essa elaboração se consolida, um novo problema precisa ser resolvido. Enquanto o rei é feudal, o tempo régio se mede por sua vida e pela de seu patrimônio, porém, tornando-se rei nacional e rei fiscal, seu tempo já não poderá ser confundido com o da vida de seu corpo físico e com a duração de seu patrimônio. Passando do *dominium* para o *Imperium,* a continuidade (ou o "halo da perpetuidade") encontrará, agora, um recurso jurídico ímpar.

Aristóteles dissera que a justiça é "um hábito que nunca morre". Interpretada platonicamente pelos teólogos juristas cristãos, essa afirmação se transforma em "a Justiça nunca morre". Sendo imagem da Justiça, o rei se torna, por incorporação mimética, imortal. O halo da perpetuidade que o recobre, recobrirá também tudo o que é seu: coroa, bens patrimoniais (que se tornam públicos, inalienáveis e imprescritíveis), fisco (*sanctissimus et sacratissimus, Christus fiscus*), pátria (o território nacional), dignidade (o ofício), majestade (*Imperium*) e dinastia. Cada um desses elementos é definido como *persona ficta* (pessoa fictícia) e, nessa qualidade, "nunca morre". A relação do rei com suas *personae fictae* é a do *matrimonium morale et politicus* (o que é simbolizado pela entrega do anel durante a cerimônia da coroação), ou seja, o rei é esposo da coroa, dos bens públicos, do fisco, da pátria, da dignidade, da majestade e da dinastia, com os quais forma o corpo político e místico do reino do qual é a cabeça, e cujos membros são o povo. Esposo da pátria e do povo, pai e filho da Justiça, o rei está em toda parte, pois as principais características das *personae fictae* são a ubiquidade e a imortalidade. O fisco está em toda parte, como o povo, e ambos "nunca morrem". Um movimento de personificação das "esposas" do rei e de seus "filhos" culminará, no século XVI, com a imagem da *France Eternelle.* Simultaneamente, há uma santificação do rei e de suas *personae fictae,* e como rei "nobílimo e santíssimo", protetor do povo e da Igreja, manifesta sua santidade operando milagres e expulsando demônios. Torna-se rei taumaturgo.

Dois símbolos cristalizam a imortalidade e ubiquidade do corpo político do rei, a partir do século XVI: a imagem, cultivada na França sobretudo, da Fênix (o rei será dito Fênix; seu primogênito, "*petit Phénix*") e a cerimônia fúnebre. Presente em todas as efígies e moedas do século XVI francês, a Fênix possui duas características principais: a imortalidade num tempo contínuo e a absoluta singularidade, pois só há uma Fênix de cada vez. É um indivíduo que contém o gênero, porque, sendo hermafrodita, é herdeira de si mesma e nela nascimento e morte coincidem. Eis por que, ao lamento "*Le roi est mort*" segue-se o grito triunfal "*Vive le Roi*", pois o corpo político do rei nunca morre. Filosoficamente interpretada, a Fênix significa que a forma do gerado é a mesma que a do gerador e, juridicamente, garante a dinastia. Não sendo apenas o rei, mas todo o seu corpo político, a Fênix incorpora o povo, a pátria e seus símbolos, cantados com entusiasmo pelos escritores e poetas da Pléiade: a bandeira, a flor-de-lis, a âmbula e a auriflama, que, como ela, "nunca morrem". O funeral, por seu turno, celebra a vitória do corpo político do rei sobre a morte. O corpo físico do rei, paramentado com os *regalia*, é posto para veneração pública durante dez dias, sendo, em seguida desnudado, posto num caixão e guardado fora da vista de todos, enquanto os *regalia* são transferidos para sua imagem em efígie e cerimônias sucessivas (missas, bênçãos, ceias, discursos) são realizadas em sua homenagem, comemorando sua eternidade. A bandeira, que "nunca morre", é hasteada tão logo a morte seja anunciada; o herdeiro não deve vestir luto nem participar das cerimônias e do cortejo, pois, como o rei "nunca morre", o novo rei nada tem a chorar. Os magistrados, em contraponto ao clero enlutado que lamenta a morte do corpo natural, vestem-se de púrpura e dourado, porque, como partes do corpo político, "nunca morrem". O cortejo fúnebre, escondendo o corpo físico do rei, normalmente visível, sobrepõe ao caixão a efígie paramentada, seu corpo político normalmente invisível, para que o povo saiba que o rei "nunca morre". Enterrado o corpo físico, a efígie permanece visível, deitada sobre o túmulo, para que "do leito do rei erga-se o leito da Justiça".

Eis o mundo teológico-político europeu enfrentado pelo *Discurso da servidão voluntária*. Tudo é de um, escreve La Boétie. Como não o seria se o rei é marido do fisco e da pátria, pai e filho do povo e da Justiça? Como não lhe entregariam todos os seus bens, família e vida, como não aceitariam todas as misérias e desditas depois que lhe deram o título de senhor? Como, indaga La Boétie, poderiam esperar "ter algo de seu sob um tirano" e "querer fazer com que os bens sejam deles" se não se lembram de que "são eles que lhe dão força para tirar tudo de todos e não deixar nada que seja de alguém"? Como, senão por desmemória, alguém poderia esperar que não tratasse os súditos como coisas, pois que são *regalias* suas? Como não seria objeto de temor e de devoção (e não apenas da arraia miúda, mas do clero, dos magistrados e dos grandes) se é santíssimo e se "nunca morre"? Como a Pléiade não cantaria a flor-de-lis, a âmbula e a auriflama, se a França é "*éternelle*"? Como imaginar que isso aconteceria apenas em terras longínquas e "quem não o visse diria ser inventado e achado"? Pirro, Alexandre, Vespasiano e os reis de França, como distingui-los? Como tentar diferenciar monarquia e tirania pelos critérios da legalidade e da legitimidade, se a tirania é obra e glória dos juristas e teólogos? Como recorrer ao socorro da legalidade num universo gerado pelo matrimônio do rei e da lei? Como não falar em *mau encontro*? Como não perceber o corpo monstruoso nesse matrimônio infeliz, se todos os corpos foram incorporados ao corpo político? Não é a própria ideia de corpo político que está em causa?

> Pobres e miseráveis povos insensatos, nações obstinadas em vosso mal e cegas ao vosso bem. Deixais levar, à vossa frente, o mais belo e o mais claro de vossa renda, pilhar vossos campos, roubar vossas casas e despojá-las dos móveis antigos e paternos, viveis de tal modo que não podeis vos gabar de que algo seja vosso; e pareceria ser agora uma grande fortuna para vós conservar a meias vossas famílias e vossas vidas vis; e todo esse estrago, esse infortúnio, essa ruína vos advém não dos inimigos, mas do inimigo, e daquele que engrandeceis, por quem ides valorosamente à guerra, para a grandeza de quem não vos recusais a apresentar vossa pessoa à morte.[89]

Para La Boétie, a não cegueira para o processo de incorporação é o que diferencia o "todos unidos" dos "alguns" que conservam e

[89] LA BOÉTIE, *op. cit.*, p. 15-16.

cultivam sua livre natureza, que são capazes de ver para frente e para trás e "rememoram as coisas passadas para julgar as do tempo vindouro e para medir as presentes", médicos sem remédios para essa doença mortal e para os quais "a servidão não é do seu gosto, por mais que esteja vestida". Para estes, o corpo paramentado do rei e de sua efígie não estão nus?

O contradiscurso de La Boétie se elabora, assim, pela desconstrução interna do discurso teológico-político que põe e conserva a tirania. Poderia La Boétie conservar as ideias de bom modelo e de imitação como remédios contra um poder que é *Christomimétes, Imago Dei* e *Imago Aequitatis*? Não é a imitação o coroamento de Um? Não é a contrafação o mau encontro que se faz a si mesmo, sem modelo? Quando La Boétie fala em ferida mortal ou em doença mortal, não está a dizer que o corpo político-místico do rei e do povo só na imaginação e no infortúnio "nunca morrem"?

O que é, efetivamente, o corpo político do detentor do poder?

> Aquele vos domina tanto só tem dois olhos, só tem duas mãos, só tem um corpo e não tem outra coisa do que o que tem menor homem do grande e infinito número de vossas cidades, senão a vantagem que lhe dais para destruir-vos. De onde tirou tantos olhos com os quais vos espia, se não os colocais a serviço dele? Como tem tantas mãos para golpear-vos, se não as toma de vós? Os pés com que espezinha vossas cidades, de onde lhe vem senão dos vossos? Como ele tem algum poder sobre vós, senão por vós? [90]

Diante desse corpo monstruoso erguido pela cumplicidade entre tirano e tiranizados, estes também tiranetes em seus próprios domínios, a indagação se volta para uma única questão: é possível recuperar a autonomia do desejo, isto é, reencontrar o momento originário em que desejo e desejado eram o mesmo, em que bens, posses e poderes não determinassem o desejar? Isso só será possível com a redescoberta da diferença ontológica entre o desejo de servir ("servem para ter bens") e o desejo de liberdade, pois esta não se distingue nem se separa do ato mesmo de desejá-la. É essa diferença que La Boétie desdobra em duas passagens decisivas.

[90] LA BOÉTIE, *op. cit.*, p. 16.

A primeira conclui o movimento de descrição do corpo político enquanto monstruosidade gerada pela doação de mil olhos para espionar, mil mãos para golpear, mil pés para espezinhar:

> Decidi não mais servir e sereis livres; não pretendo que o empurreis ou sacudais, somente não mais o sustentai, e o vereis como um grande colosso, de quem se subtraiu a base, se desmanchar com seu próprio peso e se rebentar.[91]

A segunda, recorre à natureza e à conjectura de "gente novinha" que, sem mesmo conhecer o nome da liberdade, a preferiria em lugar de servir:

> A propósito, se porventura nascesse hoje alguma gente novinha, nem acostumada à sujeição nem atraída pela liberdade, que de uma e de outra nem mesmo o nome soubesse, se lhe propusessem ser servos ou viver livres, com que leis concordaria? Não há dúvida de que prefeririam somente à razão obedecer do que a um homem servir [...][92]

IV.

> *É certamente por isso que o tirano nunca é amado nem ama: a amizade é um nome sagrado, é uma coisa santa; ela nunca se entrega senão entre pessoas de bem e só se deixa apanhar por mútua estima; se mantém não tanto através de benefícios como por meio de uma vida boa; o que torna um amigo seguro do outro é o conhecimento que tem de sua integridade; as garantias que tem são sua bondade natural, a fé e a constância. Não pode haver amizade onde está a crueldade, onde está a deslealdade, onde está a injustiça [...]*
>
> Discurso da servidão voluntária

Talvez agora se torne mais clara a curiosa leitura do *Hierão* por La Boétie. Ele recomenda aos tiranos que leiam o livro de Xenofonte, porém, ao lhes dizer o que ali encontrarão, percebe-se que lhes

[91] LA BOÉTIE, *op. cit.*, p. 16.

[92] *Idem, ibidem*, p. 17.

recomenda apenas a primeira parte do diálogo, a "patologia".[93] Em contrapartida, o *Discurso* lê Xenofonte por inteiro.

À primeira vista, La Boétie parece seguir Xenofonte: a mesma descrição da infelicidade do tirano como aquele que não pode amar nem ser amado, do crescimento da pobreza dos súditos à medida que o tirano enriquece, da diferença entre os guerreiros lutando pela liberdade, e os comandados para o bem do capitão-tirano. A mesma descrição da mesquinhez de seu ser: se, em Xenofonte, o tirano é um pobre diabo que vê menos, ouve menos, anda menos do que os outros, não confia nos próximos, teme o espaço aberto e o fechado, o sono e a vigília, a guerra e a paz, no *Discurso*, é apresentado como homúnculo, covarde e efeminado, nem Hércules, nem Sansão, jamais guerreiro, mas amante do pó dos torneios, acanhado junto às mulheres, e que não deveria causar medo, pois está só, nem fazer mal, pois seu corpo é igual ao do menor do reino, antes um nome do que um homem.

Todavia, enquanto Xenofonte deixa que Hierão se mostre infeliz e desamparado, La Boétie descreve as consequências do medo e da solidão do tirano: a covardia que, dirá Montaigne, "é a mãe da crueldade". É que, entre a descrição do tirano sem amores e a de seus assassinatos, La Boétie intercala uma passagem inexistente em Xenofonte: como aqueles que do tirano se aproximam poderiam esperar melhor de quem "não tivesse companheiro algum, mas fosse de todos senhor"? É a referência quase invisível à amizade que faz a diferença entre a descrição de La Boétie e a de Xenofonte.

Entretanto, este é apenas um indício da reviravolta operada pelo *Discurso* ao reescrever o *Hierão*, e as alterações sofridas pelo texto de Xenofonte no de La Boétie são compreensíveis somente à luz da servidão voluntária: a descrição do tirano por Xenofonte é transferida por La Boétie para o povo e para os tiranetes, e os remédios propostos pelo filósofo-poeta Simônides a Hierão são exatamente o que *Discurso* apresenta como doença. Aqui é o povo que não vê, não ouve, não se move, perde todos os bens e seres amados, passa fome, tolera atrocidades. Hierão lamenta não poder sair para ver jogos e espetáculos. São eles que bestializam o povo, retruca o *Discurso*. Hierão lamenta ser

[93] É Leo Strauss quem divide o *Hierão* numa parte "patológica" e noutra, "terapêutica". Veja-se: *De la tyrannie*. Paris: Gallimard, 1954.

odiado e temido, vilipendiado, forçado a espiar, temer a rua e o palácio, andar por terra sua como em país estrangeiro, ser adulado e não amado. Não é esta a descrição dos tiranetes e sequazes, no *Discurso*? Não são eles os que vivem "sem inimigo aberto e sem amigo certo", odiados e vilipendiados pelo povo, sempre na tocaia, à espreita do olhar do senhor para agradá-lo e da fisionomia dos mais próximos para evitar serem tocaiados e emboscados? Não são eles, petulantes e arrogantes, os que têm o "coração transido"? Não se entretemem conspirando? Longe dos favoritos serem criaturas amoráveis cujo amor Hierão desejaria, são ambiciosas borboletas que se aproximam do fogo para nele se queimar, fascinados pelo brilho dos tesouros e que, incautos, não se lembram dos que foram e jamais voltaram.

Como Hierão, Simônides crê que são os guardas e as alabardas, as armas e as fortalezas os protetores do tirano. O *Discurso*, numa inversão sem precedentes, destitui a guarda real de seu posto, faz dela máscara e ilusão, transferindo a proteção do tirano aos seis, aos seiscentos e ao número infinito dos que vêm a seguir. É a sociedade o grande protetor da tirania:

> No meu juízo, muito se engana quem pensa que as alabardas, os guardas e a disposição das sentinelas protegem os tiranos. [...] Não são os bandos de gente a cavalo, não são as companhias de gente a pé, não são as armas que defendem o tirano; de imediato não se acreditaria nisso, mas é verdade. São sempre quatro ou cinco que mantêm o tirano, quatro ou cinco que lhe conservam o país inteiro em servidão. Sempre foi assim: cinco ou seis obtiveram o ouvido do tirano [...] Esses seis têm seiscentos que crescem embaixo deles e fazem aos seus seiscentos o que os seis fazem ao tirano. [...] Grande é o séquito que vem depois e quem quiser divertir-se esvaziando essa rede não verá seis mil, mas cem mil, milhões que por essa corda agarram-se ao tirano [...] Assim o tirano subjuga os súditos uns através dos outros e é guardado por aqueles de quem deveria se guardar [...].[94]

A segunda parte do *Hierão*, a "terapêutica", se inicia quando o lamento do tirano alcança o cerne de sua desgraça. De que se queixa? De que as honras que lhe prestam, os bens que lhe dão, as guerras

[94] LA BÓETIE, *op. cit.*, p. 31-32.

em que combatem, os serviços que lhe fazem e os agrados com que o cumulam não sejam voluntários. Tendo adquirido o hábito da tirania, diz Hierão, não pode dele se desfazer. Converteu-se em natureza, e natureza infeliz. Não podendo ser abolida, cabe remediá-la, e Simônides lhe oferece remédios. A terapia deverá conseguir a servidão voluntária. Três são os medicamentos: modificar os costumes do povo para que do ódio passe ao amor pelo tirano; entregar a outros a tarefa de vigiar e punir, de cobrar o fisco e taxar, distribuir entre os próximos o encargo de fazer o mal, deixando para si apenas o que possa parecer prática do bem; transformar os mercenários em guardas dos cidadãos e protetores de suas propriedades. A cura do tirano é a doença do povo.

Ao propor remédios e considerar a mudança dos costumes um deles, Xenofonte, autor do *Econômico*, sabe, como La Boétie, seu tradutor, que "nossa natureza é assim feita que toma a feição que a criação lhe dá". Porém, o pressuposto de Xenofonte é que o povo continua desejando a liberdade, donde a necessidade de mudar-lhe os hábitos. O *Discurso da servidão voluntária* elimina essa última ilusão: a tirania não é ato de força ou violência de um homem ou de um bando de homens, mas nasce do desejo de servir e é o povo que gera seu próprio infortúnio, cúmplice dos tiranos. Doença que se propaga por contaminação, a tirania ataca a sociedade inteira. E se o segredo do costume é "ensinar-nos a servir", nenhum costume pode ser antídoto para a servidão.

A inovação do *Discurso* vai mais longe. Os remédios propostos por Xenofonte para suprir as carências do corpo físico de Hierão devem aumentar-lhe o corpo político, dando-lhe os órgãos de que não dispõe. Essa é a terapia indicada por Aristóteles para impedir a tirania:

> É preferível que a lei reine em lugar de um dos cidadãos e, segundo o mesmo princípio, é melhor que vários indivíduos detenham a autoridade, estabelecidos como "guardiães e ministros das leis", pois é necessário que haja magistrados, não é justo que um só homem tenha o poder, pelo menos quando todos os cidadãos são iguais [...] exigir que reine um só homem é acrescentar também a besta, pois o desejo cego é como um bicho e o transporte da paixão transtorna o governo, mesmo dos melhores homens; assim a lei é a razão liberada do desejo [...] Certamente também não é fácil para um só homem olhar tudo e muitas coisas; precisará de um grande

> número de magistrados instalados por ele [...] Pois todo magistrado formado pela lei julga bem e *seria estranho que um homem vivesse melhor com dois olhos e duas orelhas para julgar, dois pés e duas mãos para agir, do que muitos homens com muitos órgãos, pois hoje também os reis dão a si mesmos muitos olhos, ouvidos, mãos e pés: não associam ao governo aqueles que são amigos de seu poder e de sua pessoa?*[95]

Mas é possível ser amigo do rei? A amizade não é "nome sagrado, coisa santa" que só pode existir entre pessoas de bem? Por isso responde La Boétie:

> As próprias pessoas de bem – se é que existe alguma amada pelo tirano – por mais que sejam as primeiras em sua graça, por mais que nelas brilhem a virtude e a integridade que impõem algum respeito até aos mais malvados quando vistas de perto, as pessoas de bem, digo, aí não poderiam durar [...] E, na verdade, que amizade se pode esperar daquele que tem mesmo o coração tão duro para odiar seu reino, o qual só faz obedecê-lo?[96]

O conselho aristotélico não é exatamente aquilo que La Boétie descreveu como corpo monstruoso do tirano ou a sociedade tirânica? Fazer-se órgão do corpo do rei não é forçar a compleição, ficando atento "às palavras dele, à voz dele, aos sinais dele, aos olhos dele"? Os que vivem de seu favor não medem esforços, "não têm olho, pé, mão", senão para ficarem alertas a espiar-lhe as vontades e descobrir-lhe os pensamentos.

Seguir noite e dia pensando em aprazer a um e, no entanto, temê-lo mais que a homem no mundo, ter o olho sempre à espreita, a orelha sempre à escuta para espiar de onde virá o golpe, para descobrir as emboscadas, para sentir a fisionomia de seus companheiros, para avisar a quem o trai, rir para cada um e, no entanto, temer a todos, não ter nenhum inimigo aberto nem amigo certo, tendo sempre o rosto sorridente e o coração transido; não poder ser alegre e não ousar ser triste.[97]

"Isso é viver feliz? Chama-se a isso viver?", indaga perplexo La Boétie.

95 ARISTÓTELES. *Política*, Livro III, 1268b, 1287a, 1287b. Grifos meus, MC.

96 LA BOÉTIE, *op. cit.*, p. 33.

97 *Idem, ibidem*, p. 33.

Na verdade, Aristóteles não aconselha que o rei tenha amigos, pois isso é impossível. De fato, a última coisa que um amigo pode desejar, escreve Aristóteles,[98] é separar-se do amigo. Não apenas a separação irremediável da morte, nem aquela que a distância dos lugares impõe (ainda que "Um longo silêncio tenha posto fim a muitas amizades"), mas a separação ativamente produzida quando os amigos se esforçam para elevar um dos seus acima deles, quebrando os laços da amizade, o viver junto, a partilha dos pensamentos e a igualdade das vontades. Fundada na semelhança entre os amigos (*kai kát'omoióteta tiná*) e na relação virtuosa entre os naturalmente bons (*agathói dé eisin kat'autóus*), a amizade é destruída quando a semelhança entre pares é substituída pela hierarquia que separa superiores e inferiores. Virtude essencialmente humana, a amizade não pode existir em Deus, no rei e no tirano. A distância entre Deus e os homens e a autossuficiência divina tornam impossível qualquer relação entre eles, pois "amizade é igualdade" (*philótes ê isótes*). Quanto ao tirano, a amizade é impossível porque é tirano quem busca apenas seu próprio bem contra o dos outros, faltando-lhe

[98] As considerações que faremos a seguir encontram-se nos Livros VII, IX e X da *Ética a Nicômaco*, a partir da edição anotada e comentada de Antoine Gauthier e Jean Yves Jolif (Paris: Nawelaerts, 1959) e da edição Garnier (*op. cit.*). Omitiremos aqui a longa discussão de Aristóteles sobre as várias modalidades de amizade (por interesse, por virtude, entre iguais, entre desiguais, etc.) porque La Boétie restringe a amizade exclusivamente à relação virtuosa entre iguais que é, para Aristóteles, a amizade perfeita. Também não faremos referência à amizade entre pais e filhos, que Cícero e Montaigne excluem da amizade propriamente dita, pois esta é relação entre os que não são parentes. Omitimos essa questão porque La Boétie, em meia frase, coloca a relação entre pais e filhos como obediência natural e não busca distingui-la da amizade, visto que a esfera desta última é outra. Não desenvolvemos dois aspectos discutidos por Aristóteles (e também por Cícero e Plutarco) que são retomados por La Boétie: a amizade entre os contrários, que Platão (*Leis*, VIII) dissera ser violenta e selvagem e que, no *Discurso*, não merece o nome de amizade, pois é cumplicidade dos que se entretemem; e a longa discussão (retomada também por Cícero e Plutarco) sobre os critérios para estabelecer as relações de amizade e sobre os limites do que se pode pedir a um amigo e do que se pode conceder-lhe (aspecto retomado por Montaigne ao reproduzir uma passagem do *Laelius*). Esse segundo ponto poderia ter sido mencionado, visto que La Boétie se refere a ele rapidamente quando menciona o engano dos amigos que creem na bondade e benevolência daquele que escolheram para dirigi-los e quando se refere aos pedidos feitos pelo tirano e atendidos pelos tiranetes. Essas omissões se devem ao fato de que nos interessamos apenas pelo aspecto mimético da amizade aristotélica e sua diferença com relação à amizade em La Boétie.

a marca natural do amigo, o recíproco bem-querer. Nada havendo em comum entre governante e governados, não pode haver amizade nem justiça porque, não havendo comunidade, os governados são para o tirano como os instrumentos para o artesão, e a amizade, relação entre humanos, não existe entre estes e as coisas inanimadas. A desproporção e a dessemelhança entre Deus e os homens, entre estes e as coisas, e entre o tirano e os subjugados, ao impedirem a *omonóia* e a *isonomia,* tornam a amizade impossível por princípio. Porém, se Deus não carece dos homens, o tirano deles precisa e faz-se rodear de inferiores porque "para ficar convencido de que é o que imagina ser precisa do julgamento daqueles que o proferem" e prefere o espelho dos aduladores. Resta o rei.

Sabemos que Aristóteles, contrapondo-se a Platão, modifica o conceito de *mimésis*[99]. Em Platão, a mimese opera entre ordens de realidade diferentes – o sensível e o inteligível –,[100] e sua operação é descendente, indo do modelo inteligível à cópia sensível e desta ao simulacro; ou seja, da ordem superior se degrada na ordem inferior até desaparecer na mera simulação. Em Aristóteles, a mimese opera no interior de uma única ordem de realidade, e sua operação é ascencional, e não mais descendente: imitar é suprir uma carência e, portanto, aperfeiçoar-se. A imitação é a busca daquilo que é a marca decisiva da perfeição, isto é, a imobilidade idêntica a si do Uno ou do Divino. As coisas naturais, os humanos aí incluídos, são um composto de matéria e forma: a primeira são potencialidades que um ser deve atualizar para realizar a perfeição de sua forma; e esta é a essência perfeita ou acabada de um ser que atualizou todas as suas potencialidades. Mover-se[101] (isto é, mudar ou modificar-se) é o processo pelo qual a matéria atualiza suas potencialidade e realiza sua forma. Assim, imitando a imobilidade

[99] AUBENQUE, Pierre. *Le problème de l'être chez Aristote. Op. cit.*; *La Prudence chez Aristote.* Paris: PUF, 1963.

[100] GOLDSCHMIDT, Victor. *Le paradigme de l'action chez Platon. Op. cit., loc. cit.*

[101] Movimento, em grego *kínesis*, não significa apenas a locomoção ou mudança de lugar, mas toda modificação qualitativa e quantitativa de um ser, bem como nascer, viver e perecer. Mover-se, diz Aristóteles, é próprio do que é imperfeito, que muda em busca da perfeição. Perfeição é, portanto, imobilidade, isto é, não carecer de mudanças para ser completo e realizado. Os seres da natureza, os homens aí incluídos, se movem porque aspiram a, um dia, não mais precisar mover-se. Aspiram, portanto, imitar a perfeição do Divino.

divina, os seres se movem na esperança de, um dia, não mais precisarem mover-se. Mudam para, um dia, não mais mudar. Mas isso é impossível porque a matéria é potencialidade inesgotável que nunca se atualizará completamente. Em contrapartida, o Divino é pura forma, sem matéria e sem potencialidades e, por isso, completamente realizado em sua essência, isto é, imóvel, sem carecer de nada e de ninguém, autossuficiente e livre. Os seres humanos, como todos os seres naturais, aspiram à perfeição e imobilidade do Divino, e por esse motivo mudam sem cessar, na expectativa de atualizar todas as suas potencialidades. Assim, o movimento é mimese: pela imitação da imobilidade por meio do movimento incessante a natureza busca aproximar-se do próprio Divino.

A amizade aristotélica é um tipo de mimese.[102] Proporção, igualdade e concordância definem as condições da amizade. A desproporção e a desigualdade impedem que um humano e Deus sejam amigos. Isso não teria maiores consequências se não tocasse no próprio cerne da amizade, cuja essência é "querer o bem do amigo". Que bem maior poderíamos desejar a um amigo senão a perfeição, a identidade consigo, a imobilidade? No entanto, bem-querer é não desejar que um amigo se separe de nós pela elevação, que introduz desproporção, desigualdade e dissonância. Assim, o maior bem que posso desejar ao amigo é exatamente aquele que o destruiria como amigo. O bem-querer revela o destino trágico da amizade: não podendo desejar ao amigo o maior dos bens, isto é, ser divino, e só podendo subsistir se o "amigo permanece tal qual é", a amizade perfeita, que aspira o melhor para o amigo, aspiraria a divinizá-lo e com isso "se destruiria a si mesma".[103] Mas é justamente aqui que a mimese intervém para suprir essa imperfeição da amizade.

Não carecer de nada e de ninguém, isto é, a autossuficiência, define a autarquia ou independência do Deus. Sob certos aspectos, há também um humano que possui o mais alto grau de autossuficiência ou de autarquia possível para um ser da natureza, o sábio. Ora, se a autossuficiência é própria de Deus e do sábio, então o destino do sábio, daquele que, por ser plenamente virtuoso, é o mais apto à amizade, seria a solidão? A autossuficiência do sábio, porém, é humana e não divina e é justamente

[102] AUBENQUE, Pierre. Sur l'amitié chez Aristote. In: *La Prudence. Op. cit.*

[103] *Idem, ibidem*, p. 180.

através da amizade que sua sabedoria imita a autossuficiência divina. Contemplar-se no espelho do olhar amigo é a condição da sabedoria humana, pois somente o Deus se conhece a si mesmo sem a mediação de outro. Se o amigo é "um outro nós mesmos" e se para os homens sábios e virtuosos é impossível a autossuficiência do Deus, a amizade, suprindo a carência, imita a perfeição divina: cada amigo supre as carências dos outros e todos juntos imitam a autossuficiência e unidade do divino.

É por isso que, segundo Aristóteles, um rei pode ter amigos. Não só porque tendo mais do que os outros pode dar-lhes mais e receber menos, e, em contrapartida, deve ser mais amado por eles e amá-los menos do que o amam, como também porque, graças aos órgãos (olhos, mãos, pés, pensamentos) dos amigos "de seu poder e de sua pessoa", pode imitar a autossuficiência divina ou a unidade do Deus.

Ora, dirá La Boétie, o rei, por sua elevação e posição hierárquica não pode rodear-se de amigos, pois não há proporção nem igualdade entre eles. Ele apenas aumenta o poderio de seu corpo com mãos, olhos e pés dos que o servem. Na verdade, a recusa da posição aristotélica decorre do fato de que, afastando a imitação, o *Contra Um* desata o nó com que Aristóteles prendia a amizade à unidade. Todos *uns*, não todos *um*, escreve La Boétie.

Que a imitação foi afastada, a recusa da retórica, do corpo do rei e das consequências do *Hierão* o evidenciam, assim como o tratamento dado aos exemplos de amigos que lutaram pela liberdade contra a tirania. Os exemplos, empregados, aparentemente, com a função retórica de "indução histórica" e de "amplificação da prova"[104] e com a função médica da comparação dos casos, entretanto possuem um significado que ultrapassa esse nível retórico e médico imediato.

[104] Sobre o papel dos exemplos como indução histórica e amplificação da prova, veja-se a análise da estrutura retórica do *Discours des Sciences et des Arts* de Rousseau feita porVictor Goldschmidt (*Les principes du système de Rousseau*. Vrin, 1974, p. 19-43). Pensamos que os exemplos dos animais fazem parte da amplificação da prova (assim como Rousseau amplificou passando das ciências e artes para a botânica, La Boétie amplifica passando dos homens aos animais). Os exemplos dos animais obedecem à mesma sequência que os exemplos vindos da história, tanto assim que a luta pela liberdade, que marca os primeiros exemplos, é substituída pelo costume de servir trazido pelo adestramento, nos últimos.

Assim, Atenas aparece duas vezes logo no início do texto e, em ambas, relacionada com o número: por força da guerra, os atenienses se submeteram a um e, por virtude de sua fibra, sendo poucos, venceram inimigos que eram muitos. Ora, no primeiro exemplo, o "um" a que os atenienses se submeteram eram *trinta*, e o exemplo vem confirmar o que fora dito contra Ulisses, pois o infortúnio não é ter um ou vários senhores, mas ter senhor. "Essa ruína vos advém não *dos* inimigos, por certo, mas *do* inimigo." Em contrapartida, no exemplo seguinte, La Boétie enfatiza que não foi por terem poder que os atenienses, tão poucos, venceram muitos, mas por terem fibra para defender a liberdade. "Atenas" não é exemplo nem é um fato a imitar ou repudiar: é um símbolo. Pelo mesmo motivo, La Boétie pode apresentar Ulisses na figura do tirano e depois se referir a ele buscando ver a fumaça de sua casa, pois "Ulisses" (*Odisseos*) é, em grego, *ninguém*.

Escrevendo sobre Harmódio e Aristogitão, sobre Bruto, Cássio e Casca e sobre outros que tentaram restaurar a república romana, La Boétie afirma que, por pensarem virtuosamente, afortunadamente executaram, pois a bom querer fortuna quase nunca falha. Usando o termo "virtuosamente", as personagens são designadas como amigos, e, articulando virtude, desejo de liberdade, amizade e fortuna, o *Discurso* rompe com a concepção cristã da história, herdeira de Santo Agostinho, que, pela Providência, elimina virtude, liberdade e fortuna, e, pela caridade, elimina amizade. Os exemplos de La Boétie são contradiscurso,

Colocando na mesma sequência Pirro, os tribunos da plebe, Alexandre, Vespasiano, os reis medas, egípcios e persas e os reis de França, La Boétie não mistura apenas os tempos, mas também mitos, lendas, fatos, artimanhas legais e ardis religiosos. Os tiranos, estes sim, se imitam uns aos outros na bestialização dos súditos levados, pela superstição, à devoção de Um.[105] É o imaginário social, tecido pela mimese, pela confusão dos tempos e pela indiferenciação da lenda e da história, o que os exemplos mostram. E basta lembrar que, se La Boétie recomenda ao tirano mirar-se no espelho de Hierão, logo a seguir, dirigindo-se aos grandes, simplesmente escreve: "que se olhem a si mesmos". Já não é preciso espelho nem recorrer à mimese.

[105] Nota complementar, ver p. 98.

Explicitamente, a amizade é mencionada por La Boétie várias vezes: logo na abertura do Discurso, para lembrar que, por sua natural benevolência, ela cai no logro do tirano; a seguir, aparece na descrição da obra igualitária da natureza que nos deu o dom da fala para fortalecermos a fraternidade natural; mais tarde, na menção à astúcia do Grande Turco, que dispersa homens e proíbe a comunicação oral e escrita; mais adiante, quando, após descrever a degradação dos grandes e a solidão temerosa do tirano, distingue entre amigos e cúmplices; por fim, quando escreve que a elevação do tirano o coloca "para além dos limites da amizade".

Essas aparições da amizade estão rigorosamente distribuídas, pois as duas primeiras ocorrem antes da análise da gênese e do mantimento da servidão voluntária, enquanto as últimas sucedem essa análise e, particularmente, a do costume. Essa distribuição é essencial porque dela depende a modificação da própria amizade.

Na primeira menção, é em decorrência da amistosa benevolência para com os bons e semelhantes, dos quais nunca se espera o mal, que a infeliz obediência é engendrada. A semelhança entre a bondade natural e a astúcia interesseira faz com que não se perceba que, astutamente elevado pelos iguais, o eleito para comandar "quanto mais pilha, mais exige, e quanto mais exige, mais se lhe dão". A amizade cai em seu próprio laço e só tardiamente os servos compreendem que o menor dos males é deixar o tirano ali onde possa, quiçá, um pouco benfazer, em vez de desalojá-lo para colocá-lo onde possa sempre malfazer. Na segunda menção, a amizade natural surge em sua pureza perfeita para reavivar a memória dos que servem, como o médico que precisa da anamnese do paciente para curá-lo. Na esperança de que a recordação do "seu primeiro ser" lhes volte, viva como naqueles que poliram a natureza pelo cultivo dos livros e pela clarividência natural, a amizade é aviso e alerta.

Nesses dois primeiros momentos, que antecedem a análise do costume e do desejo de servir, La Boétie parece acreditar que basta mostrar aos homens que não sirvam a quem os tiraniza para que se libertem e o colosso se destrua. Porém, já não é sensato pregar isso a quem não reconhece o próprio mal, a quem não pode fazer a anamnese porque sucumbiu ao costume, cuja "virtude é ensinar-nos a servir". Somente após a descrição dos infortúnios do povo bestializado, iludido e que não luta porque se sabe mais fraco, e a da ambição dos grandes, que servem para mandar, iludidos por bens que não são seus, a amizade reaparece. Agora, porém, não mais como dom da natureza a *todos*, mas como virtude de *alguns*. Só então é possível avaliar a desgraça trazida pelo Grande Turco, que censura os livros e reprime a comunicação, e pela falta de janela de coração nos homens que, não podendo comunicar-se pela voz, poderiam se falar em pensamento. Só agora é possível diferenciar companhia e conluio, amizade e cumplicidade, e mostrar onde a amizade não é possível – onde estiverem injustiça, crueldade e deslealdade.

Na primeira referência, a semelhança entre benevolência e astúcia logra os amigos; nesta última, a semelhança entre os cúmplices é contrafação da amizade. Na primeira, a amizade eleva quem pode malfazer; na segunda, o conluio iguala em malquerer. Entre uma e outra referência, a natureza reúne na mesma forma e na mesma fôrma enquanto o costume, alimentando o desejo de servir, unifica todos e, pelo hábito, rouba-lhes a memória de "seu primeiro ser".

O que é, então, a amizade? Embora seu núcleo – bom natural e reciprocidade – permaneça o mesmo, sua aparição é proteiforme, podendo confundir-se com aquilo que a imita e a nega. Afinal, entre os corsários também há alguma fé na partilha do roubo porque são pares e companheiros.

À primeira vista, a amizade parece confinar-se ao momento em que a natureza, operando sozinha, cria e conserva os companheiros numa espécie de natural sociabilidade e, ao findar sua obra com o advento da sociedade política, só restam alguns que guardam na lembrança o instante anterior, como se, no presente, a amizade fosse apenas memória do que precedeu à desnaturação. Sob o efeito das ilusões necessárias que presidem a cisão da vontade (em desejo autônomo e desejo de bens) e a criação e manutenção da sociedade, parece mudar de forma (confundida com adulação e cumplicidade), de qualidade (de natural vira cultivo), de quantidade (de todos sobraram alguns), de tempo (de presente se fez memória) e de lugar (de centro da sociabilidade ruma para a periferia).

No entanto, essa aparência se dissolve tão logo se perceba que a cisão da vontade em desejo autônomo (desejar a liberdade e ser livre são o mesmo) e desejo heterônomo (ter bens e poderes) não é anterior nem posterior à sociedade, mas coincide com seu advento, pois é sua causa eficiente e seu efeito. Dissolve-se também quando se evidencia que o *Discurso* interroga a gênese de um tipo determinado de sociedade política, aquela onde o poder foi convertido em polo separado e encarnado em alguém, realização do desejo de servir. Homens desnaturados não são aqueles nascidos após o surgimento desse poder, mas aqueles que o produzem quando substituem a forma da diferença e da companhia ("todos uns") pela identificação e unidade disformes ("todos um"). Posta como acidente e mau encontro – infortúnio –, a sociedade servil não é antinatureza, porém mudança da forma natural, não como perda de um estado anterior, mas como feição que a natureza humana toma quando deseja servir e nisso se acostuma. Se para os homens tudo é "como que natural", desnaturado é simplesmente aquele cuja natureza *formou-se* no servir, pois tudo é "como que natural" significa apenas que nada é natural para os homens, senão a liberdade e que, desde sempre, à necessidade da forma natural vem sobrepor-se, com igual naturalidade, a contingência da conformação, isto é, da vontade cindida e do costume que reforça a cisão.

Supor que a amizade seria a forma da natureza humana antes da "queda" social que eleva um é esquecer que o *Discurso* narra a história da expulsão da liberdade para fora do mundo, abole a noção de paradigma e mimese e, portanto, desfaz a ilusão de um ponto temporal determinado, a partir do qual seria possível localizar a origem da sociedade e da política como bons modelos primordiais que se perderam porque não foram corretamente imitados.

É que a amizade não se encontra apenas onde La Boétie a menciona explicitamente, mas também ali onde convida o leitor a decifrá-la.

A palavra *philía* surge tardiamente na língua e no pensamento gregos[106] e deriva de uma expressão que irá, pouco a pouco, substituir sem mudar-lhe o sentido, apenas acrescentando-lhe novas determinações: *isótes philótes*, o tratado de paz entre homens e grupos que sanciona a prestação de contas recíprocas. Significa estar quites. É *isótes philótes* quem não deve coisa alguma a ninguém, nada tirou de ninguém e não deu ou recebeu mais do que o devido. É esse sentido da amizade que tacitamente orienta a quebra da servidão voluntária:

[106] As considerações sobre a expressão *Isótes Philótes* baseiam-se no estudo de Gauthier e Jolif (*op. cit.*).

> No entanto, não é preciso combater esse único tirano, não é preciso anulá-lo; ele se anula por si mesmo, contanto que o país não consinta a sua servidão; *não deve tirar-lhe coisa alguma, e sim nada lhe dar, não é preciso que o país se esforce a fazer algo para si, contanto que nada faça contra si [...] quanto [...] mais se lhes dá, quanto mais são servidos, mais se fortalecem [...] Decidi não mais servir e sereis livres; não pretendo que o empurreis ou sacudais, somente não mais o sustentai [...] O lavrador e o artesão, ainda que subjugados, ficam quites ao fazer o que lhes dizem.*[107]

Assim, desde o início, a amizade, *isótes philótes*, estava ali, ao alcance do leitor, pois é ela que introduz, pelo negativo, a servidão voluntária e a tirania. Antes de mostrar de onde vêm o desejo de servir e o tirano, La Boétie nos diz que poderiam jamais ter vindo, pois teria bastado que cada um e todos não permitissem a elevação de um e que, se, por violência, a isso tivessem sido forçados não lhe dessem mais o que não lhe é devido. Teria bastado que cada um se conservasse senhor de si e servo de ninguém para que o desejo heterônomo não pudesse advir. Donde a força do "portanto" que revela a funesta consequência do esquecimento da liberdade e do abandono da amizade: "*Portanto*, são os próprios povos que se fazem dominar, pois cessando de servir estariam quites". *Isótes philótes*, a liberdade não nos custa nada, basta desejá-la para tê-la porque fomos feitos companheiros. Por isso, nem coragem e força do tirano, nem covardia e falta de fibra dos tiranizados engendram a servidão voluntária, mas apenas o esquecimento da liberdade pelo abandono da amizade.

> Mas os médicos certamente aconselham que não se ponha a mão nas feridas incuráveis; e não sou sensato ao querer pregar isso ao povo que há muito perdeu todo conhecimento e que, por não sentir mais seu mal, bem mostra que sua doença é mortal.[108]

A medicina anterior àquela desenvolvida com "o nascimento da clínica" fundava-se na comunicação entre doente e médico, entre aquele que conhece o mal e aquele que conhece a cura. Realizando a

[107] LA BOÉTIE, *op. cit.*, p. 14-16, 33.

[108] *Idem, ibidem*, p. 16.

anamnese na companhia de um outro cuja palavra e ação respondem à sua lembrança, o doente participa da cura, trabalha em seu favor, deixando que natureza e terapeuta trabalhem também. Companheiros no caminho da restauração da saúde, que ambos conhecem, médico e doente são amigos, pois o diálogo de quem conhece e de quem reconhece é correspondência e comunicação entre quem se lembra falando e quem escutando vê o presente para conjecturar sobre o porvir. Se o povo já não reconhece seu próprio mal, se se fez incapaz de anamnese e de comunicação, para o médico que age resgatando a contingência e agarrando o tempo oportuno nada mais há a fazer, já não possui companheiro.

Isótes philótes, a amizade abre e fecha o *Discurso da servidão voluntária*. No princípio, anuncia que o desejo de servir poderia jamais ter surgido; no final, que os limites da amizade foram ultrapassados quando alguém recebeu o título de senhor. Perdida a medida, perde-se a proporção, e perdida a proporção vem a doença que, em grego, se diz: *monarchie*.[109]

A amizade, escreve Lefort, nos ensina a dimensão política da leitura. Diremos também que a leitura da obra de La Boétie nos ensina a dimensão política da amizade, recusa do servir.

A natureza nos põe no aberto, em plena liberdade; somos nós mesmos que nos pomos no fechado, nos carregamos de cadeias e nos aprisionamos no pequeno canto que escolhemos por morada.

Plutarco

As puras amizades que fazemos suplantam aquelas
que nos unem pela comunicação do clima e do sangue.
A Natureza nos põe no mundo livres e sem cadeias;
somos nós mesmos que nos aprisionamos nos lugares.

Montaigne

[109] "É a antiga teoria de Alcméon de Crotona, segundo a qual o império exclusivo (*monarchie*) de uma só força no organismo é a causa das doenças, enquanto o equilíbrio (*isomerie*) é a causa da saúde" (JAEGER, Werner. *Paideia*. *Op. cit.*, p. 803).

Notas complementares

[11] "Contemplando o trabalho de um pintor que tinha em casa, tive vontade de ver como procedia. Escolheu primeiro o melhor lugar no centro de cada parede para pintar um tema com toda habilidade de que era capaz. Em seguida encheu os vazios em volta com arabescos, pinturas fantasistas que só agradam pela variedade e pela originalidade. O mesmo ocorre neste livro, composto unicamente de assuntos estranhos, fora do que se vê comumente, formado de pedaços juntados, sem caráter definido, sem ordem, sem lógica e que só se adaptam por acaso uns aos outros: 'o corpo de uma bela mulher com uma cauda de peixe' (Horácio). Quanto ao segundo ponto, fiz, pois, como o pintor, mas em relação à outra parte do trabalho, a melhor, hesito. Meu talento não vai tão longe e não ouso empreender uma obra rica, polida e constituída pela obediência às regras da arte. Eis por que me veio à ideia tomar de empréstimo a Étienne de La Boétie algo que honrará, em suma, o restante. É um ensaio a que deu o título de "Servidão voluntária", mas que outros, ignorando-o, batizaram mais tarde, e com razão, 'Contra Um'" (*Essais. Op. cit., loc. cit.*, p. 197-198; *Ensaios. Op. cit., loc. cit.*, p. 95. Usamos aqui a tradução de Sérgio Milliet). Em seu livro *Essai sur les essais* (Paris: Gallimard, 1968), Michel Butor considera o livro primeiro dos *Essais* um "monumento a La Boétie, seu *túmulo*", e analisa a composição projetada por Montaigne como um "enquadramento maneirista" da obra de La Boétie, que seria ladeada pelos "grotescos' do ensaio sobre os canibais, de um lado e do outro, pelos "arabescos" do ensaio sobre a amizade (enquadramento cujo sentido Pierre Clastres nos mostrou, em "Liberdade, Mau Encontro, Inominável". In: LA BOÉTIE, É. de. *Discurso da servidão voluntária, op. cit.*). Butor observa que, no correr do livro primeiro, tendo a pintura maneirista por modelo, a referência de Montaigne aos monstros (a sereia de Horácio e vários outros "*grotesques*"), isto é, aos seus próprios textos (sem ordem, sem lógica, ao acaso), é acompanhada de reflexões sobre a feitura dos *Essais*, e boa parte das citações antigas são tiradas das "Regras de Casamento" de Plutarco, traduzidas por La Boétie. Assim, este último preside não só o arranjo dos ensaios do primeiro livro, mas também se conserva presente na escritura de Montaigne.

[14] "A natureza parece muito particularmente interessada em implantar em nós a necessidade das relações de amizade, e Aristóteles afirma que os bons legisladores se preocupam mais com essas relações do que com a justiça" (Essais. *Op. cit., loc. cit.*, p. 199; Ensaios. *Op. cit., loc. cit.* p. 96). "*Omnino amicitiae corrobatis jam confirmatisque ingeniis et aetatibus, judicandae sunt*" (CÍCERO. De Amicitia, XX. *Essais. Op. cit., loc. cit.*, p. 203). "A amizade atinge sua irradiação total na maturidade da idade e do espírito" (CÍCERO. Ensaios. *Op. cit., loc. cit.*, p. 98). "Efetivamente, em tudo lhes sendo comum, vontade, pensamento, maneira de ver, bens, mulheres, filhos, honra e até a vida, e em procurando ser apenas uma alma em dois corpos, na expressão muito certa de Aristóteles" (Essais. *Op. cit., loc. cit.* p. 206; Ensaios. *Op. cit., loc. cit.*, p. 99). A referência a Menandro e a Quílon, cuja fonte não é mencionada por Montaigne, encontra-se em: PLUTARCO. *Moralia, oeuvres morales de plutarque*. Paris: Théophile Barrois Libraire, 1783, T.I., *Sur le grande Nombre des amis*, respectivamente p. 431 e 442. A frase de Quílon encontra-se também no *De amicitia* de Cícero. A descrição da amizade como relação virtuosa e comunhão de

espírito, vontade e bens encontra-se na *Ética a Nicômaco*, Livros VIII e IX, no *De amicitia* e no *Do amor*, de Plutarco. Este último texto fora traduzido por La Boétie (veja-se: LA BOÉTIE, Étienne de. *Oeuvres complètes*. Editadas por P. Bonnefon e M. Villey. Bordeaux-Paris, 1892). A lamentação pela morte do amigo, que fecha o texto de Montaigne, encontra-se na abertura do *De amicitia*, no relato da morte de Cipião por seu amigo Lélio (o nome do diálogo de Cícero é, aliás, *Laelius*), porém com uma diferença fundamental: enquanto Lélio julga que o mal lhe veio e não ao amigo e conclui que não deve chorar sua morte porque é "afligir-se com seu próprio mal, amando a si mesmo e não ao amigo", Montaigne, citando Horácio, escreve: "Por que se envergonhar? Por que deixar de chorar tão querida alma?", numa crítica ao estoicismo ciceroniano. Enfim, encontramos na *Ética a Nicômaco*, no *Lélio* e no *Do número de amigos* a ideia de que a amizade verdadeira só pode existir entre poucos, frequentemente entre dois, pois se funda na intimidade ou no "viver junto".

[17] A mesma ideia é desenvolvida por Espinosa no *Tratado teológico-político*, tomando como referência a revolução inglesa de 1648 e concluindo que é mais fácil derrubar o tirano que a causa da tirania. "Tem-se ocasião de ver um povo mudar de tirano, mas não se desembaraçar da tirania, nem substituir a monarquia por um regime diferente. Dessa tragédia, o povo inglês deu uma recente ilustração. Depois de haver buscado razões jurídicas com as quais pretendia suprimir o monarca, talvez chegasse a imaginar que teria mudado realmente a forma do governo. E, no entanto, à custa de muito derramamento de sangue, conseguiu apenas *saudar* com *outro nome o novo monarca (como se tudo se resumisse em um nome)* [...] A história de Roma confirma minha tese: com a maior facilidade os romanos matavam seus reis e não tinham o menor respeito pela autoridade régia, mas o único resultado a que chegaram foi o de conseguirem *ter vários tiranos em lugar de um*; os novos senhores, usando as guerras internas e externas conseguiram manter os súditos na mais lamentável situação até que o poder político ficasse concentrado nas mãos de um só, cujo nome simplesmente foi mudado. Como na Inglaterra" (Tratactus Theologico-Politicus. In: *Opera quotquot reperta sunt.* Ed. Van Vloten e Land, Haia: Martin Nijhoff, 1923, cap. XVIII, p. 263, T. II. Grifos meus, MC). Espinosa não menciona La Boétie. Provavelmente porque ambos se inspiraram no mesmo historiador, isto é, Tácito, citado por ambos.

[19] Para a representação humanista de Veneza, veja-se: LEFORT, Claude. *Le travail de l'Oeuvre-Machiavel.* Paris: Gallimard, 1972; SKINNER, Quentin. *The Foundations of Modern Political Thought.* London: Cambridge University Press, New York, 1978, T. I., especialmente capítulo 6 "The Survival of Republican Values". "Nos vários centros em que as ideias republicanas continuaram a ser discutidas e celebradas através da Renascença, aquele que mais permaneceu devotado aos valores de independência e autogoverno foi Veneza. Enquanto o resto da Itália sucumbira à regra dos '*Signori*', os vênetos nunca abriram mão de suas liberdades tradicionais. Continuaram com a constituição que haviam estabelecido desde 1297, que consistia em três elementos principais: o '*Consiglio Grande*', responsável pela nomeação da maioria dos oficiais da cidade; o Senado, que controlava os negócios externos e financeiros; e o '*Dodge*', que com seu conselho constituía a cabeça eleita do governo. É verdade que, quando esse rígido sistema oligárquico foi imposto pela primeira vez, provocou muitas revoltas populares, mas que logo

foram contidas com o estabelecimento do Conselho dos Dez, um comitê secreto e permanente de segurança pública e, a partir de 1335, não houve mais distúrbios. Veneza estabeleceu-se num ininterrupto período de liberdade e segurança que fazia a inveja de toda a Itália, recebendo o título de Sereníssima [...] Foi, porém, no início do século XVI que o milagre da permanência da constituição de Veneza tornou-se objeto de interesse geral [...] O tratado mais interessante sobre o assunto foi escrito por Donato Giannotti, 'Diálogo sobre a república dos Vênetos'. Amigo de Maquiavel e fervente republicano [...] descreve o caráter da evolução de Veneza argumentando que a combinação de liberdade e segurança obtida pelos vênetos poderia ser atribuída a duas causas principais. A primeira, o equilíbrio da regra do um, alguns e muitos que permitia combinar a regra do '*Dodge*' com a do Senado e a do '*Consiglio Grande*'. A segunda, um elaborado sistema de votação e escolha empregado para fazer com que cada magistrado escolhido para cada e todo assunto trabalhasse no sentido do bem comum evitando toda medida que conduzisse ao surgimento de facções" (p. 139-141). A imagem da Sereníssima nunca iludiu Maquiavel, muito próximo de Veneza para ficar com sua representação. No século XVII, Espinosa dirá que Veneza tem a aparência da aristocracia, mas é realmente uma oligarquia. O elogio de Veneza por La Boétie, no confronto com o Grande Turco, leva a supor que na França a imagem republicana conservava-se viva.

22 As *Vindiciae contra Tyrannos* foram atribuídas inicialmente a Languet, mas são de Du Plessis Mornay. Usando a autoridade da Bíblia e particularmente a do Antigo Testamento (a história de Elias e Achab e a eleição de Saul), o livro defende o direito de resistência contra reis injustos e heréticos e propõe o tiranicídio. A *Franco-Galliae*, de Hotman, foi composta logo após a noite de São Bartolomeu. Traça uma história da França a partir da Gália e do reino Franco que representam a liberdade inicial da nação, perdida com a romanização, "essa doença contagiosa". Histórica, jurídica e teológica, a *Franco-Galliae* discute sobretudo a legitimidade da autoridade régia, mantendo-a submetida à Lei e ao Parlamento, numa linhagem constitucionalista que se inicia com Bartolo de Perugia e Marsiglio de Pádua, mas passa por transformações sob o "*mos gallicus*", como veremos mais adiante. Para as obras dos *monarkhomákhai*, entre as quais também devem ser incluídas as católicas da Santa Liga, veja-se: FIGGIS. *Political Thought... Op. cit.* "Não podemos realmente separar os princípios dos '*Ligueurs*' e os dos huguenotes. Ambos se dedicam à causa da liberdade. Ambos pensam a política e a sociedade na base de um contrato e combatem a noção de poder absoluto, que só cabe para Deus. Ambos desenvolvem os argumentos numa linha religiosa e tratam a heresia combinada com a persuasão como tirania. Os '*Ligueurs*' tratam o Estado nacional como parte de um todo maior, e nisso se encontra sua principal diferença com relação aos huguenotes que pedem a príncipes estrangeiros que os ajudem em sua causa religiosa, sem respeitar a fronteira nacional [...] Para os dois partidos, a política é pensada em termos teocráticos – uma *Politices Christiana* que todos procuram. A noção de utilidade não é suficiente para justificar a insurreição. O direito a ela tem que ser provado. Donde o caráter predominantemente legal dos argumentos. Cada panfletista procura provar que *seu* partido é *de jure* o que pode resistir a um outro cuja ação usurpa o poder de que legalmente já não está revestido. É esse o ânimo de '*Ligueurs*' e hugenotes contra a monarquia absoluta" (p. 188-189). Ainda sobre a literatura tiranicida, veja-se: JASZI, Oscar; LEWIS, John D. *Against the*

Tyrant: The Tradition and Theory of Tyrannicide. Glencoe, Illinois: The Free Press, 1957, especialmente *The Development of the Theory of Tyrannicide to 1660.* "Era uma tradição medieval justificar o tiranicídio do injusto, isto é, do governante que quebra a lei divina, mas La Boétie, cuja doutrina, embora não violenta, era muito mais radical, vai mais profundamente ao problema. Pois, enquanto o assassinato do tirano é um ato isolado e individual em um sistema político existente, a desobediência civil da massa, sendo um ato direto de grande parte da massa do povo, é muito mais revolucionária na transformação da própria sociedade. É mais profundo teoricamente também porque o poder permanece popular e dependente do consentimento popular e, assim, o remédio contra a tirania só pode estar em retirar tal consentimento [...] Quando mostra a expansão do poder tirânico pelo suporte dos tiranetes, La Boétie toca num ponto essencial da tirania que os escritores antigos negligenciaram e que os contemporâneos frequentemente negligenciam também" (p. 42-43, 56). É difícil imaginar o *Discurso da servidão voluntária* na companhia dessa literatura teológica e jurídica que marcou as teorias da resistência no século XVI, como veremos mais adiante. Grande parte dos historiadores tenderam a separar La Boétie e os *monarkhomákhai*, porém de maneira curiosa: fazendo de La Boétie um leal monarquista (Bonnefon e Villey, por exemplo, vão nessa direção). Seja como for, entretanto, será através dos panfletos que o *Discurso* será divulgado e lido e, nas palavras de Michelet, "Bíblia ou Antiguidade, Bruto contra César, Elias contra Achab, pouco importava o caminho. Por um ou por outro, os homens caminhavam e o livrinho heroico de La Boétie foi a bíblia republicana do tempo. Seu espírito corria por toda parte" (Guerres de Religion. In: *Histoire de la France.* Paris: Calmann-Lévy, 1898, t. XI).

[24] Pouco antes de ser impresso pelos revolucionários, num livro intitulado *Mélanges tirés d'une grande Bibliothèque*, de 1781, De Paulmy tecia considerações sobre o *Contra Um:* "É obra de um jovem que tinha espírito e muita leitura, que escrevia bem para seu tempo, mas raciocinava mal. Podem-se fazer os mesmos elogios e as mesmas censuras àqueles que, em nossos dias, sustentam os paradoxos filosóficos e políticos sobre a igualdade de condições, o despotismo, etc." (citado por: BONNEFON, P. *Montaigne et ses amis. Op. cit.*, p. 170). É possível que De Paulmy, sem o querer, tenha chamado a atenção para o *Discurso*, pois este será reimpresso em 1789 e em 1790, sob os auspícios da revolução. O texto de 1789 tinha como título: *Discours de Marius, plébeien et consul, traduit en prose et en vers français du latin de Salluste; suivi du Discours d'Étienne de La Boétie, ami de Montaigne, et conseiller du Parlement de Bordeaux, sur la Servitude Volontaire, traduit du français d'autrefois en français d'aujourd'hui, par L'Ingénu, soldat dans le régiment de Navarre.* A edição de 1790 trazia o título: *L'Ami de la Révolution ou Philippiques dediées aux représentants de la nation, aux gardes nationales et à tous français.* Esse título, que é de Marat, já nos indica o destino do texto, no qual a marca retórica de gênero epidítico e deliberativo predomina e La Boétie se arrisca a aparecer como tribuno do povo.

[35] É por sua "conformidade ao tempo mais do que à verdade" que a retórica pode persuadir, pois, como diziam os pitagóricos, o *kairós* pede primeiro que se conheçam quantas espécies de alma há para saber qual o discurso adequado a cada uma delas. Ou, como escrevem Perelman e Olbrechts-Tyteca, o discurso argumentativo endereçado ao "auditório particular" tem maior força persuasiva do que o dirigido ao "auditório universal"; este deve receber um discurso mais próximo da

objetividade ou da verdade e aquele pode ouvir o que lhe concerne mais imediatamente. A conformidade ao tempo é necessária porque "o conhecimento daqueles que nos propomos a ganhar é uma condição prévia de toda argumentação eficaz" (PERELMAN, C.; OLBRECHTS-TYTECA. *Traité de l'argumentation*. T. I., p. 26, § 4. Paris: Presses Universitaires de France, 1958). Para a teoria do auditório em conformidade com o tempo e o lugar, veja-se: PRADO, Bento. *Lecture de Rousseau*, parte 5, Vers le Centre Rhétorique. *Discurso*, São Paulo, n. 3, ano III, 1973. Também: FORTES, Luis Roberto Salinas. *Rousseau, da teoria à prática*. São Paulo: Ática, 1976. A preocupação em adaptar-se ao ouvinte para persuadi-lo decorre do fato, longamente examinado por Aristóteles, de ser a retórica uma arte que lida com o verossímil e não com o necessário, portanto com aquilo que pode ou não ser ou acontecer, não sendo, porém, absolutamente contingente, uma vez que a contingência está tão fora do alcance dos homens como a necessidade. A retórica trata daquilo que pode ser objeto de deliberação, conselho, julgamento e avaliação, operando no plano da inteligência (produção e compreensão de argumentos, os entimemas) e no da vontade, pois o verossímil só passa à realidade se os homens quiserem agir, pensar, julgar e avaliar de uma maneira determinada. Definindo a retórica como técnica ou arte "para discernir os meios de persuadir a propósito de cada questão" (*Arte Retórica,* I, 1, 4), Aristóteles considera que "o papel da retórica se cifra em distinguir o que é verdadeiramente susceptível de persuadir do que só o é em aparência" (*Idem, ibidem*). Para tanto, é mister considerar os três fatores fundamentais do discurso retórico: quem fala (o orador, cujo *éthos* será decisivo para a obtenção da confiança do público), do que se fala (o que será objeto de deliberação, conselho, julgamento, elogio ou vitupério e que deve ser verossímil ou provável, e não simplesmente aparentar sê-lo, pois a simples aparência não produz persuasão) e a quem se fala (o *páthos* do ouvinte, cuja disposição e cujas paixões são decisivas para a persuasão). É o ouvinte quem determina a estrutura do discurso e seu resultado positivo ou negativo, pois não basta obter sua adesão, mas ainda é preciso convencê-lo. O orador deve parecer prudente, benevolente e virtuoso, assumir disposições que percebe existirem no público, e Aristóteles dá enorme importância ao exórdio ou prelúdio justamente porque nele "o orador tentará dar a conhecer sua competência, sua imparcialidade, sua honestidade [...] pois é sobretudo à gente honesta que o público dá atenção" (*Idem, ibidem*, Livro III, 14, 7). Se essa condição é mais importante no gênero deliberativo, onde a argumentação visa a aconselhar e precisa captar a confiança do ouvinte, no caso do gênero judiciário é mais importante a disposição do auditório "porque os fatos não se revelam através do mesmo prisma, consoante se ama ou odeia, se está irado ou em inteira calma" (*Idem, ibidem*, Livro II, 1, 1). Assim, ao lado da "ordem" e "disposição" dos entimemas, cujas fontes devem ser as melhores para que se extraiam opiniões, premissas e exemplos úteis à questão e à prova, cumpre também não esquecer que "a arte retórica tem por objetivo um juízo – com efeito, julgam-se os conselhos e a decisão de um tribunal e igualmente um juízo – e é absolutamente necessário não ter só em vista os meios de tornar o discurso demonstrativo e persuasivo, requer-se ainda que o orador mostre possuir certas disposições e as inspire ao juiz" (*Idem, ibidem*). O esforço de Aristóteles consiste em matizar uma oposição que percorre a história da retórica grega: a psicagogia pitagórica e gorgiana, de um lado, e a verdadeira retórica, isto é, a dialética platônica, de outro. Para Górgias, a retórica trabalha com a *peithó* (persuasão) e a *apáte* (sedução), provocando, por enfeitiçamento, uma "doce doença" que arrasta a alma do ouvinte, "Pois os encantos inspirados por meio das palavras se fazem indutores de prazer e deportadores da pena; porque a força do encanto, somada à opinião da alma (*dóxei tés psykhés*) fascinou assim como persuadiu e o transformou em feitiço [...] A mesma razão (*tón aúton dé lógon*) tem tanto a força da palavra ante a disposição da alma como a disposição dos remédios ante a natureza dos corpos, pois assim como alguns remédios expulsam do corpo alguns humores, e outros expulsam outros, uns acalmam a doença, e outros a vida, assim também as palavras. Umas afligem, outras alegram, outras espantam, outras transportam os ouvintes até o valor e outras, com uma certa má persuasão, remediaram e encantaram a alma" (Elénes Enkómion, 10, 14. In: *Górgias-Fragmentos*. México: Bibliotheca Scriptorum Graecorum et Romanorum Mexicana, 1980, p. 13-14). Exatamente contra isso se coloca Platão no *Eutidemo* (a retórica como violência e mentira porque enfeitiçamento do ouvinte), no *Górgias* (a retórica como *kolakéia*, contrafação ou adulação da arte de administrar a justiça, persuasão obtida por incompetentes, isto é, *didaskaliké*) e no *Fedro* (a verdadeira retórica ou dialética oposta à falsa retórica ou sofística enquanto máscara, veneno, morte, culinária e cosmético). Para a retórica platônica veja-se: DERRIDA, Jacques. La Pharmacie de Platon. *Tel Quel*, n. 32-33, 1968; GOLDSCHMIDT, Victor. *Essai sur le Cratyle de Platon*. Paris: Champion, 1940; e *Le paradigme dans la dialectique platonicienne*. Paris: PUF, 1947. Dando igual papel ao raciocínio e à vontade, definindo a retórica como arte de discernimento que separa o que é realmente verossímil, justo, bom, agradável, do que só aparenta sê-lo, equilibrando o *éthos* do orador e o *páthos* do ouvinte, Aristóteles procura conciliar *tekhné* e *peithó*, arte e psicagogia. Tendência semelhante encontramos no *Brutus* de Cícero, embora este insista muito mais que Aristóteles sobre a capacidade persuasiva do orador, sobre sua habilidade disciplinada para agradar, comover e convencer. O elemento mais eficaz da oratória é "*incitare animas*" (Brutus, LXXIX, 274) e sua finalidade maior é "*fidem facit oratio*" (*Idem, ibidem*, XLIX, 185). O tema da conformidade ao tempo e, portanto, ao saber e disposição do ouvinte e às exigências de uma deliberação ou de um julgamento é amplamente desenvolvido no *Prós Nikóklea* de Isócrates, porém, com traços novos e decisivos para a modificação do papel da retórica na Idade Média e no humanismo renascentista. Com efeito, Isócrates deslocará o ouvinte da multidão reunida para um único indivíduo e, em seguida, fará desse único o governante (a intenção de Isócrates dirigindo-se a Nicócles é semelhante à de Platão dirigindo-se a Dion de Siracusa ou à de Simônides dirigindo-se a Hierão, em Xenofonte). Esse deslocamento implica a distinção entre persuadir e convencer – a convicção nos vem de uma discussão interior, enquanto a persuasão nos vem da palavra de outrem (esse tema foi discutido por Bento Prado Júnior em sua aula de livre-docência, em 1965, no Departamento de Filosofia da USP). "Os argumentos pelos quais convencemos os outros quando falamos são os mesmos que usamos quando refletimos; chamamos 'oradores' aqueles que são capazes de falar diante da multidão e consideramos como bom conselho aqueles que podem entreter-se consigo mesmos sobre os negócios e da maneira mais judiciosa. Para caracterizar esse poder, veremos que nada do que se faz com a inteligência existe sem o concurso da palavra: a palavra é o guia de nossas ações como de nossos pensamentos; recorre-se a ela tanto quanto mais inteligência se tem [...] De minha parte, acolho favoravelmente todos os discursos que possam nos prestar serviço" (*Nikoklés* III, § 8-10). A noção de palavra útil e conselheira conduz a retórica à pedagogia do governante. "Os mestres que educam os particulares prestam serviço apenas a seus alunos, mas alguém que se voltasse para a virtude dos senhores da multidão prestaria serviço ao mesmo tempo a uns e a outros, aos que detêm o poder e aos que estão sob sua autoridade; daria mais solidez aos primeiros, mais doçura às práticas governamentais às quais os outros estão submetidos" *(Prós Nikóklea,* § 8).

Dando à retórica uma finalidade político-pedagógica voltada para o governante e não mais para as assembleias e tribunais, Isócrates prepara um gênero literário que percorrerá a Idade Média (por exemplo, São Tomás de Aquino e o *De regno sive de regimine principum*) e chegará aos humanistas (por exemplo, o *Instituto Christiani Principi* de Erasmo ou o *De educatione principum* de Johann Sturm), isto é, o *Speculum principum*. "Com a chegada dos '*Signori*', um novo estilo de teoria política começou a se desenvolver, um estilo de panegírico, nos quais eram persuadidos a aparecer como portadores da unidade e da paz" (SKINNER, Quentin. *The Foundations... Op. cit.*, v. I, p. 25). Como observam Pereleman e Tyteca (*op. cit.*), o gênero epidíctico, aparentemente reduzido a exercício escolar, era um dos mais importantes na retórica, tanto greco-romana quanto humanista, porque reforça uma disposição para agir pelo aumento da adesão aos valores elogiados pelo discurso epidíctico cuja finalidade é aumentar a intensidade da adesão a certos valores contra outros. "O orador procura criar uma comunhão à volta de certos valores reconhecidos pelo auditório, servindo-se dos meios de que dispõe a retórica para amplificar e valorizar" (PERELMAN; TYTECA. *Op. cit.*, T. I, parte 1, § 11, p. 67). A "conformidade ao tempo" significa, afinal, partir de e chegar a uma cumplicidade com o auditório. Por isso, "esforços foram feitos para resistir à chegada dos '*Signori*' com o desenvolvimento de outras ideologias políticas destinadas a enfatizar as virtudes cívicas da vida republicana [...] Havia, na verdade, duas tradições diferentes de análise política disponíveis para os protagonistas do governo republicano. Uma se desenvolvera com o estudo da retórica, cujo maior foco se encontrava na educação, juntamente com o direito e a medicina, nas universidades italianas [...], a outra emergia do estudo da filosofia escolástica [...] O principal professor de retórica de Bolonha, Adalberto de Samaria, parece ter sido o primeiro a descrever-se a si mesmo como '*dictator*' ou instrutor na *Ars dictaminis* [...] Por meio desses modelos ou "*formulae*", os "*dictatores*" passaram da ideia de que simplesmente inculcavam regras retóricas formais à convicção de que estavam conscientes dos negócios legais, sociais e políticos [...] Essa tendência dos "*dictatores*" a usar suas "*formulae*" como veículos para oferecer conselhos sobre a vida da cidade tornou-se altamente desenvolvida [...] Combinando a *Ars arengendi* com a *Ars Dictaminis*, a autoimagem dos retóricos começou a assumir um caráter ainda mais político [...] O efeito foi o surgimento de dois novos gêneros de pensamento social e político. O primeiro foi um novo estilo de crônica da cidade [...], uma forma de historiografia cívica [...] O segundo foi o livro de conselhos, escrito para guiar o poder e os magistrados da cidade [...] Abandonando a posição de meros instrutores da arte retórica, os retóricos passavam a se apresentar diretamente como naturais conselheiros políticos dos governantes e das cidades [...] No final do *trecento*, entretanto, uma grande modificação ocorre [...] estava em curso um desenvolvimento não anacrônico do estilo clássico [...] e o mesmo ocorreu com o arranjo que os humanistas fizeram da antiga retórica e da filosofia no curso dos séculos seguintes [...] O texto mais estudado passou a ser o *Orator* de Cícero [...]; de acordo com seus princípios educacionais, o lugar central é dado à unificação da sabedoria com a eloquência, ambas indispensáveis para o condutor dos negócios públicos [...] Daí em diante, tornou-se inquestionável que a retórica e a filosofia deveriam ser olhadas como as chaves das disciplinas culturais [...] Em uma geração, a crença na importância da retórica tornou-se um artigo de fé e definição característica do humanismo" (SKINNER, Quentin. *Op. cit.*, p. 26-31, 33, 86-88). Nessa perspectiva, torna-se mais claro porque La Boétie decide não ocupar a posição de conselheiro (do povo e, muito menos, dos reis) e torna-se compreensível a estranha invocação a Longa sobre os formulários e "certas passagens de que se poderiam servir bastante sutilmente", uma vez que "hoje não fazem mal algum, mesmo importante, sem antes fazer passar algumas palavras bonitas sobre o bem público e a tranquilidade geral". Eis por que, como escreve Lefort, La Boétie passa da palavra eloquente para o silêncio da escrita. Em suma, La Boétie não adere ao ideal do homem político traçado por Quintiliano: "pois o homem verdadeiramente civil e apto a administrar os negócios públicos e privados, que possa governar com conselhos as cidades, consolidá-las com as leis, purificá-las com os tribunais, não pode, por certo, ser outro senão o orador" (*apud* PLEBE, Armando. *Breve história da retórica antiga.* São Paulo: Edusp, 1978, p. 73). Contra a ideia ciceroniana, desenvolvida no "Brutus", de que a palavra eloquente deve instruir, agradar e comover (LXXIX, 276 *quae orator efficere deberet, ut doceret, ut delectaret, ut moveret*), La Boétie deixa entrever a identidade profunda entre essa persuasão e a violenta figura do Um.

40 "Deveríamos fazer o elogio dos homens que se tornaram grandes em nosso tempo; desse modo, os oradores capazes de celebrar seus feitos apresentariam discursos diante de um auditório que conheceria os fatos narrados; teriam a verdade; além disso, os jovens seriam levados às boas ações por um zelo mais forte sabendo que receberiam os maiores elogios como recompensa de atos que os fariam a si próprios melhores" (ISÓCRATES. *Evagoras*, IX, 5. Paris: Les Belles Lettres, 1956, p. 82). "É belo tratar de um assunto até agora negligenciado [...] Em primeiro lugar convém examinar qual é a tarefa do rei [...] É um fato da experiência que a potência da realeza depende da educação que lhe foi dada. Não há um atleta para quem fortificar o corpo seja uma obrigação maior do que para um rei fortificar a alma, pois os prêmios oferecidos nos jogos nada são em comparação com aquele pelo qual lutas cotidianamente [...] Aprecia um bom conselheiro, favorece os espíritos esclarecidos capazes de ver mais longe que os outros. Lembra-te de que um bom conselheiro é o mais útil dos bens, o mais digno de um tirano (*agathós khresimótaton kai tyrannikótaton apánton tón ktemáton estín*). Pensa que aqueles que darão à realeza grandeza, melhores serão para te oferecer e à tua inteligência o melhor cultivo" (ISÓCRATES. *Prós Nikóklea* II, 11, II, 53, Les Belles Lettres. *Op. cit.*, p. 100-111). "Benévola Tranquilidade, filha da Justiça / que engrandeces as cidades / que guardas as chaves soberanas de conselhos e guerras / Em tudo cai bem a medida / conhecer a ocasião é o que há de melhor" (PÍNDARO, VIII *Pítica*, XIII, 67-68 *apud* PEREIRA, Maria Helena da Rocha. In: *Estudos de história da cultura clássica.* Lisboa: Fundação Gulbenkian, 1970). No início do poema, Píndaro apresenta o cânone das virtudes cardeais do governante: justiça, coragem, prudência e reflexão. Dedicada a Hierão de Siracusa, a VIII *Pítica* se inicia com uma ode em cujo final o motivo da obra se apresenta: "Espero que mais doce te será ainda / celebrar tua

vitória no carro veloz, indo à colina de Cronos / eminente, encontrar o caminho de teu encômio" (109-111, *apud* PEREIRA, Maria Helena da Rocha. *Op. cit.*, p. 173). Todavia, mais importantes na construção do espelho das virtudes é o final da V *Pítica*, justamente conhecida como "espelho do príncipe": A felicidade é o primeiro prêmio; a seguir, a boa fama / Homem que encontrou e ganhou ambas recebe a coroa suprema" (V *Pítica*, 99, 100, *apud* BOWRA, C. M. *Greek Lyryc Poetry, from Alcman to Simonides*. Oxford: Clarendon Press, 1961, p. 145). Na II *Pítica*, também dedicada a Hierão, este é chamado "Primeiro dos príncipes, tu que comandas tantas cidades ameadas e um povo armado" e "Celebrar a tua virtude / para mim é embarcar em navio coroado de flores", sendo então enumeradas as virtudes do tirano: firmeza da alma, justiça, coragem e verdade. "Dirige teu povo como leme da justiça / forja tua linguagem na bigorna da verdade" (BOWRA, p. 146-147). Veja-se ainda: JAEGER, Werner. *Paideia. Op. cit.*, Livro II, parte 2, cap. "La fe aristocratica de Pindaro", p. 196-211. E ainda: BONNARD, André. *Civilização grega*. Lisboa: Estúdios Cor, 1968, T. I. De Antígona e Sócrates, cap. V, "Píndaro, príncipe dos poetas e poeta dos príncipes", particularmente p. 167-172, onde o autor analisa a segunda *Olímpica*, cujos traços reaparecerão em Ronsard.

"Refletimos um dia no grande número de estados populares que sucumbem ao poder dos partidos, no grande número de partidos, no grande número de monarquias e de oligarquias que sucumbem ao poder de partidos democráticos e também no grande número de reis que, tendo usurpado o poder, foram imediatamente privados dele, outros enquanto o ocuparam foram objeto de admiração por sua sabedoria e felicidade [...] Embebidos nesses pensamentos, observamos que mais prontamente obedecem os animais a seus pastores do que os homens aos seus chefes [...] Que fazem os homens? Esses contra ninguém mais facilmente se levantam do que contra aquele em quem reconhecem a pretensão de governá-los. Portanto deduzimos dessas reflexões que mais facilidade têm os homens em governar os animais do que os próprios homens. Mas, depois que nos recordamos que existiu um persa chamado Ciro, que soube conservar sujeitos ao seu domínio muitos homens, muitas cidades, muitas nações, fomos obrigados a mudar de opinião e a pensar que não é impossível nem difícil governar os homens, desde que para isso se tenha suficiente capacidade. De fato, víamos que de bom grado se sujeitavam ao domínio de Ciro povos que viviam afastados de seu reino, distantes de muitos dias e meses, povos que nunca o tinham visto e povos que nem mesmo esperança tinham de poder vê-lo; contudo obedeciam-lhe prontamente" (XENOFONTE. *Ciropedia*, São Paulo: col. Clássicos Jackson, 1964, p. 5-6). Impossível não reconhecer as palavras do *Discurso*: "tantos homens, tantos burgos, tantas cidades, tantas nações, tantos povos", e o fascínio do rei jamais visto, que subjuga por seu nome. Não será casual que La Boétie cite o *Hierão*, e apenas sua primeira parte. De Ciro, deixará a Heródoto a narração.

Em Roma, dois momentos principais do gênero espelho: o *De Officiis*, o *De Inventione* e o *Brutus*, de Cícero, voltados mais para a formação do homem cívico, senador ou cônsul, e sobretudo orador, e o *De clementia*, de Sêneca, endereçado a Nero, na qualidade de juiz. No *Brutus* (especialmente LXXXI, 281, 282, LXXXVI, 268 e XCVI, 331), o vínculo entre as virtudes cívicas, a república e a oratória são indissolúveis, indo marcar toda a fase inicial do espelho dos humanistas cívicos. No *De Officiis* (cap. 23, 26, 27, 29, 30, 31 e 42 do Livro I), é traçado o perfil do cidadão virtuoso: prudência, fortaleza e justiça, portanto, domínio racional das paixões e, sobretudo, (cap. 17) o amor à pátria como condição *sine qua non* das virtudes. Mas é no Livro II que as qualidades políticas são referidas aos governantes. Quem governa deve ser amado e jamais odiado, e suas virtudes, indispensáveis ao bom governo do bem público, são magnanimidade, temperança, prudência e justiça. Além da ideia (retomada no *De república*) de que o governante que não pode imitar a ferocidade do leão nem a astúcia da raposa, Cícero desenvolve a teoria sobre as causas da sedição: de um lado, as fortunas excessivas (tema que fará carreira entre os humanistas) e, de outro lado, o desejo da glória, que leva à realeza e daí à tirania. O equilíbrio entre a temperança e a liberalidade é o suporte da paz pública. A respeito dessas ideias de Cícero e a "economia política" subjacente, veja-se: VEYNE, Paul. *Le ain et le cirque (sociologie historique d'un pluralisme politique).* Paris: Seuil, 1976, cap. III "L'Oligarchie Republicaine à Rome". Ainda do mesmo autor e no mesmo livro, cap. IV, "L'Empereur et sa capitale", uma análise do *De Clementia.* Também para uma análise do *De officiis* e do *De clementia*: CECHRANE. *Christianity and Classical Culture.* Oxford: Clarendon Press, 1977, especialmente cap. IV, "Regnum Caesaris Regnum Diaboli", cap. V, "The Republic" e cap. XI, "Nostra Philosophia: The Discovery of Personality".

"É por isso que é tão difícil dar conselhos aos príncipes sobre a maneira como devem governar. Temem que a razão, exercendo seu império sobre eles e submetendo-os às regras do dever, diminua seu poderio [...] A maioria dos príncipes e dos grandes, por um efeito de sua ignorância, imitam os escultores desastrados que creem que seus colossos parecerão mais fortes e maiores porque separam bem suas pernas [...] Os reis se afiguram assim a grandeza e majestade de seu posto [...] Um príncipe deve começar a reinar sobre si mesmo, regular perfeitamente seus costumes para servir de modelo aos seus súditos. Se não sabe se conduzir e se governar, se está na ignorância e na desordem, como poderá educar os outros, governá-los, instruí-los, mantê-los na ordem? [...] Será a lei, como diz Píndaro, o rei dos mortais e dos próprios imortais. E essa lei não é como aquela que se grava na madeira, mas a própria razão, que vive no fundo do coração, vigilante, fazendo com que nem por um instante ele fique sem senhor [...] E a filosofia que forma nos reis essa disposição" (PLUTARCO. De principum ineruditio. In: *Moralia. Op. cit.*, t. 10, p. 204, 207, 214).

[41] Para a retomada do espelho dos príncipes durante a Idade Média, veja-se, além de Cochrane (*op. cit.*): BIGONGIARI, Dina. *The Political Ideas of St. Thomas Aquinas.* New York: Hafner Press, 1953, especialmente p. 11-24, da Introdução, onde o autor analisa o *De regimine principum*, isto é, o *speculum* de São Tomás; sobretudo Ernst Kantorowicz, *The King's Two Bodies* (cap. IV "Law-Centered Kingship", § 2 Frederick, The Second, p. 97-143), onde o autor analisa o *Liber Augustalis*, coleção das constituições sicilianas publicadas por Frederico II na qualidade de imperador. O imperador é *pater legis*, a Justiça, *mater iuris*, e o *ius*, *minister vel filius Justitiae*, noção inspirada nas *Églogas* de Virgílio "e em outras fontes clássicas ocasionalmente usadas pelos juristas" (p. 101). O ponto alto da análise desse *speculum* medieval ou da produção jurídico-teológica da própria ideia de bom governo encarnado no bom governante, isto é, em suas virtudes, encontra-se na análise do *Templum Iustitiae*, prólogo do livro do jurista Placentino, *Quaestiones de iuris subtilitatibus*, e na análise iconográfica do afresco de Ambrogio Lorenzetti no Palazzo Pubblico de

Siena, o *Buon Governo*. Justiça, concórdia, caridade, fé e esperança formam a rede das virtudes governamentais. E na análise iconográfica do Evangelho do imperador Henrique II, justiça, piedade, sapiência e prudência formam o quadrilátero das virtudes do governante.

No início da Renascença italiana, seguindo a linha aberta por Bartolo de Perugia, mas especialmente por Marsiglio de Pádua (*Le défenseur de la paix*. Paris: Vrin, 1968) a questão do bom governo começa a deslocar-se da figura do governante para a qualidade das instituições. Partindo da afirmação de Bartolo de que a *Lex Regia* romana é uma invenção para figurar o momento em que o povo romano transferiu ao rei o poder, Marsiglio desenvolve, na perspectiva conciliarista, uma visão populista do poder, segundo a qual, o poder nasce com a lei e esta do legislador, sendo o legislador "o povo ou a parte hegemônica do povo" (parte I, cap. 12, p. 109-116). Causa eficiente da lei, o legislador passa a ser o portador e o guardião das virtudes, a principal delas a de descobrir e abortar as causas de sedição. Nessa medida, o bom legislador é aquele que possui a capacidade para detectar os vícios políticos e suprimi-los. Reconduzindo a discussão para o campo da "*podestà*", no início do *trecento*, um escrito anônimo, *O olho do pastor* (*apud* SKINNER, Q. *Op cit.*, t. 1., p. 33), transfere as virtudes do legislador de Marsiglio novamente para o príncipe, e as virtudes cardeais agora são: magnanimidade (vinda do *De clementia*), prudência, temperança e justiça (vindas da Bíblia e do *De inventione*, de Cícero). Esse jogo entre as virtudes institucionais e as do príncipe percorrerá toda a Renascença italiana cívica e a cristã do restante da Europa. Assim, enquanto Mussato (De Gestis Italicorum post mortem Henrici VII Caesaris Historia. In: *Scritti Storici*. Milano: Ludovico Muratori, 1900) traça uma história das instituições italianas na atualidade, enfatizando o risco das facções causadas pelos grupos de "*signori*" que aspiram pelo poder, pelo crescimento das riquezas privadas, pela "ambição letal" dos "*popolani*" e pela posse hereditária dos cargos públicos, não deixa, simultaneamente, de escrever um *speculum* para a "*podestà*", estimulando o senso de justiça e, retomando *O olho do pastor*, cita Cícero: "a máxima virtude no governante é a clemência e a piedade", que farão uma "*signoria*" sempre amada e jamais temerosa. É preciso não nos esquecermos de que os clássicos latinos, os medievais e os humanistas conservarão sempre a imagem de Hierão como modelo cujas marcas são: nunca ser amado nem amar, e viver no medo. A tendência inicial do humanismo cívico será a de substituir a virtude do príncipe pela verdade da história. Collucio Salutati, com seu *Tratado sobre a Tirania* (in: EMERTON, Ephraim. *Humanism and Tyranny*. Cambridge: Cambridge Press, 1925), e Francesco Guicciardini, com sua *História da Itália* (tradução de Sidney Alexander. New York: The Free Press, 1969), procuram na imagem de Roma, ora republicana, ora imperial, o modelo para a república florentina. As virtudes, agora, serão: honra, glória e fama; o príncipe virtuoso é sobretudo um chefe; e o bom governo é o que aumenta as riquezas e a prosperidade. Magnânimo, liberal, honesto e útil são as qualidades do bom poder. Esse mesmo esforço aparece nos juristas historiadores franceses, com o ideal da "história perfeita" da França, mas agora para justificar as instituições monárquicas. A crítica global do *speculum*, seja como espelho do príncipe, seja como espelho da história, e, portanto, a crítica da ideia mesma de bom governo será feita por Maquiavel. Veja-se: LEFORT, Claude. *Le travail de l'oeuvre, Machiavel*. Paris: Gallimard, Paris, 1972. Lefort examina a desmontagem das virtudes ciceronianas do príncipe e a desmontagem da história florentina em busca da "*unione*" como salvação da república, e nos dois casos, a crítica maquiaveliana da ideia de imitação do "bom poder". Em contrapartida, o humanismo cristão, com *L'institution du prince*, de Guillaume Budé (Paris: Bibliothèque G. Budé, 1968, reimpressão) e a *Educação do príncipe Cristão*, de Erasmo (tradução inglesa de Lester K. Born. New York: The Free Press, 1965), consuma o *speculum*. O gênero se espalha por toda a Europa e adquire novas ramificações, pois se estende para a educação dos nobres, dos jovens, das crianças. É de Erasmo um *Traité de la civilité puérile* (editado por Philippe Ariès. Paris: Ramsay, 1977). E de Erasmo um conjunto de *Banquets* ou *Colloques* (*Cinq Banquets*. Paris: Vrin, 1981), onde há, no *Banquete Profano* (p. 42-58), uma longa discussão sobre a culinária e a dieta, lembrando as contrafações da retórica e da medicina criticadas por Platão como simulacros ou imitações perversas, além de um *Banquete disparatado* (p. 131-138), onde há uma divertida discussão sobre a tentativa frustrada de quem deseja, mas não consegue imitar um bom banquete.

A ideia geral dessas *Educações* de príncipes é que a manutenção da monarquia depende de que se possa obedecer a um rei virtuoso e que a virtude lhe deve ser ensinada. Numa palavra, o *speculum* pretende impedir a tirania. O humanista se apresenta na qualidade de conselheiro e pedagogo do rei e dos súditos. Por outro lado, "os humanistas se viam a si mesmos essencialmente como conselheiros cuja atenção estava voltada para injustiças específicas. Todos eles se voltavam para isso. Guevara, por exemplo, raramente apresenta soluções para uma reforma social, embora faça muito humor com as extravagâncias dos aristocratas que pretendem conservar a sociedade. Budé apresenta seus conselhos a Francisco I, mas não chega a formular sua proposta sob a forma de um programa de soluções para todas as dificuldades constitucionais que aponta. Entretanto, era uma característica dos humanistas pensar em si mesmos não apenas como meros conselheiros dos príncipes, mas também como *médicos do corpo político*. E, quando adotam esse ponto de vista, sua análise é a mais acurada possível, pois pretendem exibir sua capacidade para *diagnosticar as doenças da sociedade*" (SKINNER, Q. *Op. cit.*, t. 1., p. 221-222. Grifos meus, MC). Moralistas, conselheiros, pedagogos e médicos, os humanistas cívicos e cristãos unificam retórica, medicina e história.

Sobre a eleição de Esparta e do reino de Israel pelos protestantes, veja-se: BARON, Hans. Calvinism and Republicanism and its Historical-Roots. In: *Studies on Church History*, v. VIII, n. 3, 1939; FIGGIS. *Political Thougth from Gerson to Grotius. Op. cit.*; BAINTON, Roland. *The Reformation of the Sixteenth Century*. Boston: Beacon Press, 1956; GELDER, Enno Van. *The Two Reformation in the 16th century*. Haia: Martinus Nijoff, 1964. O autor examina também a ausência de um modelo político para os anabatistas, embora estes se refiram a Israel; CHAUI, Marilena de Souza. *A nervura do real, Espinosa e a questão da liberdade*. Tese de livre-docência, USP, São Paulo, 1977, mimeo; BUCER, Martin. *Commentaries on the Book of Judges*. Haia: Martinus Nijoff, 1933; CALVIN, Jean. *Commentaires sur le Nouveau Testament*, t. IV, *Épître aux Romains*. Genebra: Labor et Fides, 1960; CALVIN, Jean. *Institution de la Réligion Chrétienne*. Genebra: Labor et Fides, 1958, Livro V, cap. IV-V. A escolha de Esparta e de Israel, além de ser o modo de recusar o imperialismo romano (pagão e cristão), é sobretudo essencial para o desenvolvimento das teorias do direito de resistência. Na teoria da resistência, Bucer e Calvino desenvolvem a ideia de que podem resistir aqueles que também estão investidos de poder, apresentando a teoria dos "magistrados inferiores", cujo modelo são os éforos espartanos. Melanchton (*Prolegomènes au Traité de Cicéron sur l'Obligation Morale.* Genebra: Labor et Fides, 1965) retoma essa teoria, a ela acrescenta o reino de Saul e o ofício do magistrado romano e propõe uma organização política que combine esses elementos, o que realmente será tentado em Genebra.

[43] A principal técnica, no caso das línguas, para o ensino da imitação era a "dupla tradução", isto é, aprendia-se o grego traduzindo-o para o latim e fazendo nova versão, e o mesmo com o latim, que era traduzido para o grego e vertido deste para aquele, e o mesmo com as línguas nacionais, aprendidas por tradução e versão no grego e no latim. A esse respeito veja-se: MILER, William E. The Double Translation in Humanistic Education. In: *Studies in the Renaissance*, 1958, p. 163-174, v. X. "A Imitação é a faculdade de expressar vivamente e perfeitamente através do exemplo. Seu sentido é amplo e estreito, dependendo de que se refira à natureza ou à arte [...] Em sentido estreito, imitação é apenas o modo de aprender línguas; especificamente é a observação de técnicas, abstraindo os princípios da linguagem por meio de comparação dos métodos de imitação de outros por Cícero e a imitação de Cícero e de outros pelo uso de seus princípios [...] A dupla tradução era considerada um meio para que os jovens estudantes se aproximassem de métodos imitativos mais avançados" (p. 164-165). Em seguida o autor descreve como eram as aulas de imitação por dupla tradução e seus efeitos. Veja-se também: CHAMARD, Henri. *Histoire de la Pléiade.* Paris: Henri Didier, 1939. "Os alunos de Coqueret lhe devem ainda uma outra ideia. Visto que o exemplo dos latinos atestava luminosamente que haviam suavizado sua língua e criado sua literatura sob a influência da Grécia, isso mostrava que uma língua pobre e indígena poderia enriquecer-se, adquirir qualidades de arte que antes lhe faltavam. E que uma língua podia crescer do contato com uma outra, assim como podia nascer uma literatura, tomando-lhe pensamentos novos e assuntos de inspiração [...] Dorat os familiarizava com esse princípio da imitação (a dupla tradução) do qual já havia saído uma literatura antiga..." (p. 104-105). No *Brutus* narrando seu aprendizado de oratória, Cícero o descreve, entre outras coisas; como uso da técnica de dupla tradução com o grego. "Compunha declamações (como se diz hoje) frequentemente [...] fazia esses exercícios muitas vezes em latim, mas frequentemente em grego, porque o grego, mais rico em efeitos de estilo, acostumava-me a procedimentos oratórios aplicáveis ao latim, e também porque os melhores professores de retórica grega não poderiam se eu não falasse sua língua, corrigir-me nem dar-me preceitos" (*Brutus*, XC, 310. Paris: Les Belles Lettres, 1931, p. 114). Também veja-se: *Pedagogues et juristes au XVIe siècle.* Congrès du Centre d'Etudes Superieurs de la Renaissance de Tours, été 1960. Paris: Vrin, 1963.

Para a imitação como procedimento literário no século XVI francês, veja-se: RAYMOND, M. *La poésie française et le maniérisme (1546-1610).* Genebra: Droz; Paris: Minard, 1971; *Renaissance, Maniérisme, Barroque.* Paris: Vrin, 1972; MORÇAY, Raoul; MÜLLER, Armand. *La Renaissance.* Paris: Del Duca, 1960; WEBER, Henri. *La création poétique au XVI siècle en France.* Paris: Libraire Nizet, 1956, T. II; CHAMARD, H. *Histoire de la Pléiade. Op. cit.*; DUBOIS, Claude Gilbert. *Le maniérisme.* Paris: PUF, 1979; BUTOR, M. *Essai sur les Essais. Op. cit.*,; SCHMIDT, Albert Marie. *Études sur le XVI siècle.* Paris: Albin Michel, 1967. Para o papel do espelho como aparelho de multiplicação e de deformação das imagens, particularmente como dessubstancialização do real e como labirinto, como magia e sobretudo como reprodução do engendramento biológico, veja-se Dubois. Para o papel da teoria da imitação de Quintiliano na redação da *Déffense et ilustration de la langue françoyse*, veja-se Chamard. Para os procedimentos imitativos de personificação das instituições e da própria França, veja-se Weber. Para a escolha dos antigos como a imitar e recusa de imitar os nacionais e os contemporâneos, veja-se Morçay e Müller. Para a relação entre a imitação poética e a crítica do protestantismo, veja-se Schmidt. Para a figura do rei, como pai e pelicano, imitação do matrimônio e da alimentação, veja-se Raymond. Em linhas gerais, a imitação referida ao espelho pretende reproduzir (duplicar), deformar (modificar a perspectiva *naturalis*), multiplicar (o engendramento biológico), iludir (os efeitos óticos da parecença), subverter (passando finalmente "através do espelho", isto é, da mimese para a fantasia) e complicar pela multiplicação dos próprios espelhos (labirinto). Para a rima como espelho, veja-se Dubois. Para a imitação artística em geral: SPTIZER, Leo. *Linguistics and Literary History*. Princeton, 1948; PANOFSKY, E. *Essais d'Iconologie*. Paris: Gallimard, 1967. Quanto à imitação religiosa, do lado protestante prevalece a concepção agostiniana e platônica do humano como degradação do divino (cidade dos homens injustos e fratricida e cidade de Deus, reino da justiça e da caridade) e do modelo humano (o homem feito à imagem e semelhança de Deus e a queda), sendo remediada por um lado, pela *Ecclesia* como *congregatio fidelium* e, portanto, pela unidade na fé e na caridade como corpo místico e imitação da cidade de Deus na terra, e, por outro lado, pela graça santificante que resgata a natureza, serva. Também é imitativa a noção de predestinação, na medida em que é versão cristã da eleição do povo de Israel, agora transferida para o indivíduo. Do lado católico prevalece a concepção tomista e aristotélica do humano como perfectibilidade (a graça apenas como auxílio à natureza) que, pela atualização das potências naturais, imita a perfeição divina. Por outro lado, não está ausente nas versões protestantes e católicas a ideia estoica da imitação como cooperação com o divino e a "Imitação de Cristo", espelho das virtudes cristãs, convida a essa mimese. Do lado jesuístico, os "Exercícios" disciplinadores e purificadores são o que está ao alcance do homem para imitar a natureza divina do Cristo encarnado, imitando mais o Calvário que a Aleluia. Fundamentalmente, a imitação religiosa se move no terreno da cópia malsucedida (o servo arbítrio como insucesso do livre-arbítrio), da natureza e da graça (corpo carnal e corpo místico), da restauração do povo eleito, imitando suas instituições, e da cópia como movimento de aperfeiçoamento rumo ao modelo inalcançável. Ter alma e corpo já é imitação, pois é reproduzir a imagem de Cristo ou sua dupla natureza. Imitação vai de par com purificação. As práticas comunitárias dos anabatistas pretendem imitar a vida dos primeiros cristãos. A liturgia da comunhão, à maneira neoplatônica, imita a última Ceia, na qual, por seu turno, a imitação se realiza como encarnação e transubstanciação, uma vez que o pão e o vinho serão carne e sangue do Cristo. Evidentemente, essa dimensão religiosa será determinante na produção da imitação política, o que veremos mais adiante quando nos referirmos ao corpo do rei. Vem da imitação religiosa o duplo sentido da imitação: como repetição e como encarnação ou reprodução.

[45] La Boétie traduziu de Plutarco: *Do amor, das regras do casamento*, cuja primeira reedição foi feita em 1868 por Reinhold Dezeimeris ("Remarques et corrections d'Estienne de La Boétie sur le traité de Plutarque intitulé Eroticus", Société des

Bibliophiles de Guyenne), e de Xenofonte traduziu o *Econômico*, dando-lhe o título de *La menasgérie*. As traduções se encontram em *Oeuvres Complètes d'Étienne de La Boétie* (organizada por P. Bonnefon e M. Villey. *Op. cit.*). As referências a Plutarco, durante o *Discurso* também são traduções de La Boétie. *La Ménasgerie* foi muito lida durante o período em que Michel de L'Hôpital foi chanceler, quando o interesse pela economia doméstica e sobretudo pelo cultivo da terra aparece na França. Que disso resultou a "*gabelle*", é uma hipótese a levantar... Um estudo do *Econômico* é feito por Paul Veyne em *Le pain et le cirque*... (*Op. cit.*, cap. II, "L'évergétisme grec"). Desse tratado, podemos supor que La Boétie retirou as referências ao cultivo das árvores e cuidados com as sementes, referências metafóricas à educação como cultivo, ou imitação da natureza e da arte agrícola pela arte de ensinar e criar. "A agricultura é um ofício bom e tão doce para o homem que basta vê-la e escutá-la: logo vos conta todos os seus segredos. Ela mesma nos dá inúmeras lições de como tratá-la. Assim a vinha, subindo pelas árvores, quando encontra uma em suas vizinhanças, nos ensina a lhe dar um suporte; desdobrando seus ramos, quando os bagos ainda estão novos, nos ensina a sombrear as partes expostas ao sol durante essa estação; e quando chega o momento em que, por efeito do sol, os cachos suavizam deixando cair as folhas, ela nos avisa para colocá-la a descoberto para apressar a maturação do fruto; enfim, quando sua fecundidade nos mostra as uvas maduras, aqui, outras verdes, acolá, nos convida a colhê-las como se colhem os figos, à medida que se inflam de suco" (XIX, 17-19). É possível também, embora no sentido oposto, que desse tratado venham as descrições de La Boétie sobre o adestramento dos animais e dos servos. "Quanto aos animais, há dois meios para ensiná-los a obedecer: quando tentam rebelar-se, a punição; quando obedecem de bom grado, a recompensa [...] É assim que os cachorrinhos, tão inferiores ao homem em inteligência e linguagem, aprendem pelos mesmos meios a correr à volta, dar cambalhotas e muitas outras coisas. Quando obedecem, que se lhes dê algo de que precisam; quando são negligentes, que se os puna. Para os homens, *a palavra basta para torná-los obedientes*, desde que se mostre que é de seu interesse obedecer. Quanto aos escravos, a educação que parece boa para os animais, também é muito eficaz para forçá-los a obedecer. Adulando sua gulodice por algum suplemento do que gostam, pode-se obter muito deles. Mesmo os que são de um natural generoso, são aguilhoados pelos louvores; *alguns têm tanta fome de louvor como outros de comida e bebida*. Tais são os meios que emprego para tornar meus servidores dóceis" (XIII, 6, 8-10. Grifos meus, MC). Enfim, é possível que venha do texto de Xenofonte, mas sob a forma da ironia, a imagem do rei. "Se a vista do senhor os comove, inspira a cada um ardor, emulação, desejo de consideração, fonte de bem para cada um, direi que este tem alguma coisa do caráter régio. E isso é o ponto capital em toda obra feita pelos homens [...] Não pretendo que se chegue a isso de um só lance, mas ao contrário, para aí chegar é preciso instrução, grandes dons naturais e, sobretudo, inspiração do alto. Pois, com efeito, não posso crer que *o poder para obter uma obediência voluntária seja coisa puramente humana: é um dom do céu, dado apenas aos homens de sabedoria acabada. Quanto a comandar os súditos contra a vontade deles, os deuses assim agraciam àqueles que julgam dignos de viver como Tântalo, eternamente atormentado no inferno, com medo de morrer duas vezes*" (XXI, 11. Grifos meus, MC).

[46] Sobre o "*mos gallicus*", veja-se MAFFEI, Domenico. Les Debuts de l'activité de Budé, Alciat et Zase. In: *Juristes et pédagogues. Op. cit.*, p. 23-29; THIEME, Hans. Les leçons de Zasius. In: *Juristes et pédagogues. Op. cit.*, p. 31-47; THIEME, Hans. L'Oeuvre juridique de Zasius. In: *Juristes et pédagogues. Op. cit.*, p. 39-47; ABBONDANZA, R. Premières considérations sur la méthodologie d'Alciat. In: *Juristes et pedagogues. Op. cit.*, p. 107-117; REULOS, Michel. L'Importance des praticiens dans l'humanisme juridique. In: *Juristes et Pédagogues. Op. cit.*, p. 119-133; HUPPERT, George Huppert. *L'idée d'histoire parfaite.* Paris: Flammarion, 1973; KELLEY, Donald R. *Foundations of Modern Historical Scholarship.* New York, 1970; KELLEY, Donald R. Legal Humanism and the Sense of History. *Studies in the Renaissance*, n. 13, p. 184-199, 1966; Historia Integra: François Baudouin and his conception of History. *Journal of the History of Ideas*, n. 25, p. 35-57, 1964; Budé and the First Historical School of Law. *American Historical Review*, n. 72, p. 807-834, 1967. Tendo o *mos gallicus* recebido, no que concerne ao modo de encarar a história, grande influência dos historiadores cívicos italianos, veja-se: FERGUSON, W. K. *The Renaissance in Historical Thought.* Cambridge: Cambridge Press, 1948; BARON, Hans. Moot Problems of Renaissance Interpretation: an Answer to W. K. Ferguson. *The Journal of the History of Ideas*, n. 19, p. 217-253, 1961; *Humanistic and Political Literature in Florence and Venice.* Cambridge: Cambridge Press, 1955. Para observações gerais sobre o *mos gallicus* veja-se: SKINNER, Q. *Op. cit.*, T. I, p. 201-208; MESNARD, P. *Op. cit.*, capítulos sobre Poste, Hotman e Bodin; R. Morçay e A. Müller. *Op. cit.*, capítulo sobre Budé, p. 102-133.

Reagindo ao *mos itallicus* de Bartolo (fundado na comparação entre o Direito Romano, os costumes e a jurisprudência), os juristas franceses, seguindo Alciato, Budé e Lorenzo Valla, atacam os "*glossatores*", estudam criticamente o Direito Romano (para concluir que ele não existe, mas é uma ficção histórica) e pela filologia tornam-se capazes de determinar data, composição original e deturpações dessa ficção jurídica e dos demais códigos. Aliando filologia, conhecimento do grego, do latim, do hebraico e do francês, e conhecimento da história, inauguram não só um novo modo de estudar e interpretar as leis, mas ainda a história e a historiografia nacional, opondo-se às crônicas medievais, à lenda troiana da origem francesa e às gestas sobre os reis de França, particularmente Carlos Magno. Juristas, filólogos, lógicos e poetas, todos os participantes do "*mos gallicus*" fazem sua a afirmação de Alciato: "a história é ciência certíssima". Pasquier, Vignier e Bodin são movidos pelo desejo de escrever uma "história íntegra" ou "história perfeita" que seria o desenvolvimento da própria civilização, substituindo a crônica medieval e mesmo a história patriótica dos italianos. Trabalhavam com a "verificação dos fatos", isto é, com o estudo exaustivo das fontes originais e autênticas, com a preocupação pela exatidão e pela explicação "total" (isto é, cada acontecimento deveria ser explicado em todas as suas dimensões: econômicas, políticas, jurídicas, religiosas, culturais), e sobretudo com uma visão inteiramente dessacralizada do passado (a história da guerra de Cem Anos menciona Joana D'Arc como um episódio militar apenas). Essa maneira de trabalhar terá enorme influência sobre a ideia de imitação: o estudo da história, da gramática e da filologia traz o sentimento da diferença e da singularidade e, com isso, imitar passará a ser "fazer à maneira de", emular e jamais copiar. Essa ideia aparecerá na *Déffense et ilustration de la langue françoyse* de du Bellay e nas profissões de fé da nova poesia, por Ronsard.

[47] Sobre a Pléiade, antiga "Brigade", veja-se nota 43. Cremos que a apresentação mais condensada (mas completa) dos procedimentos da Pléiade encontra-se em Dubois (*op. cit.*), onde são analisados os procedimentos imitativos (a imitação como assimilação e alimentação; os antigos como "sangue e alimento"), retóricos (reforço formal que corresponderia ao papel do desenho na pintura), o privilégio da curva (dissimulação e intriga), o significado da rima (parecença e encobrimento), e os recursos de descentramento (a derivação ou linha serpentina, as "cercanias" como o adjetivo, o alongamento e o alargamento sob forma de pirâmide, coroa de flores e tocha), e a arte *à la loupe*, microscópica e enredada sobre si mesma. Quanto às intenções políticas da Pléiade, Weber e Chamard salientam o nacionalismo patriótico (de que a *Déffense* de du Bellay, as odes pindáricas de Ronsard e seu *Discours à la Reyne* são exemplos claros), a defesa da poesia como arte divinamente inspirada e delírio profético que fará do poeta arauto do rei e defensor da pátria (*pro patria mori*), diferente do historiador que se contenta com o relato imparcial dos fatos, pois o poeta sempre toma partido. "*Aussi diray-je bien* [...] *que la France, soit en repos, ou en guerre, est de long intervale à preferer à l'Italie, serve maintenant et mercenaire de ceux au quelz elle soulloit commander* [...] *je suis content que ces félicitez nous soient communes avecques autres nations, principalement l'Italie: mais quand à la piété, religion, integrité de meurs, magnanimité de couraiges et toutes ces vertuz rares et antiques (qui est la vraye et solide louange) la France a tousjours obtenu sans controverse le premier lieu*" (DU BELLAY. *Déffense*..., *apud* CHAMAERD. *Op. cit.*, p. 166. "*O Roi par destin ordonné / Pour commander seul à la France / Certénement Dieu t'a donné / Ce double honneur des ton enfance* [...] *Toi, Roi des peuples, environne / Toi, seigneur de mainte cite / Qui courbe sous ta couronne. Des long tens tu fus honoré / Comme seul prince decore / Des biens et des vertus ensemble*" (RONSARD. *Ode de la paix*, *apud* CHAMARD. *Op. cit.*, p. 344. Grifos meus, MC).

[48] A relação entre política e medicina não é nova. A *métis* grega, inteligência prática e astuta, mimética, caracterizada pela acuidade e rapidez do golpe de vista e sobretudo pela capacidade de agarrar o *kairós*, encontra-se "na habilidade do político, o homem que sabe no tempo mais curto ter a opinião mais justa sobre as perspectivas mais longas [...] o médico, o sofista, o estratego, três tipos de homens com *métis*, frequentemente assimilados no pensamento da Grécia ao piloto conduzindo corretamente o navio através da borrasca [...] Platão e Aristóteles discernem duas qualidades maiores [...] para provar que a *métis* atua obliquamente, vai diretamente ao fim pelo caminho mais curto, isto é, pelo desvio. A primeira dessas qualidades põe à luz a relação necessária entre a mobilidade da inteligência e sua rapidez de ação: é a *agkhínoia*, finura de espírito [...] De seu lado, Aristóteles sublinha que essa forma de inteligência atua no 'tempo muito curto para ser observado', *áskeptos*, um instante tão fugitivo que escapa à atenção daquele que está de tocaia, *skopós* [...] No discurso dos filósofos em torno da acuidade intelectual, a *agkhínoia* é inseparável de uma outra qualidade de inteligência que Aristóteles também atribui à parteira 'que nunca se engana sobre o alvo a atingir'. Sob sua forma positiva é a justeza do golpe de vista, *eustokhía* [...] Desse saber conjectural, coextensivo ao conjunto das atividades presididas pela *métis*, dois exemplos nos permitirão definir as modalidades: a medicina e a política. Dois domínios que para o pensamento grego são estreitamente solidários e que são objeto de reflexão prolongada e de conceptualização desde o século V." (DETIENNE, Marcel; VERNANT, Jean-Pierre. *Les ruses de*

l'intelligence: La mètis des Grecs. Paris: Flammarion, 1974, p. 292-296). Os autores analisam a relação interna entre a medicina e a doença como força polimorfa e ondulante, levando o *Tratado das epidemias* a apresentar uma "lista impressionante" de tudo quanto deve ocupar a atenção do médico: a natureza humana em geral, a natureza particular de cada pessoa, a doença, o doente, as substâncias administradas, a constituição geral da atmosfera, as constituições particulares segundo a diversidade do céu e do lugar, aquele que administra e aquele que ingere as substâncias, os hábitos, os regimes ou dietas, as formas de existência de cada pessoa, suas ocupações habituais, idade, palavras que diz, o silêncio, os pensamentos, sono, insônia, sonhos, os paroxismos, urina, vômito, escarro, suor, resfriamento, calor ou febre, os gestos desordenados, comichões, arrepios, tosse, soluço, gases, espirro, desmaio, hemorragias, hemorroidas, a natureza das doenças que se sucedem umas às outras. A doença, movente e proteiforme, exige que o médico seja tão polimorfo quanto ela. A prática médica deve agir rápida e seguramente, e a arte médica é "arte de medida fugitiva, *oligókairos*". A atuação é sempre pontual, não sendo possível tomar ao meio-dia uma providência que só pode ser tomada à meia-noite. Para agarrar esse *kairós* fugidio e essa metamorfose incessante, o médico deve compreender que, sob o devir incessante, a doença possui regularidade e ritmo próprio, o que permite atacá-la no momento da crise, dia (ou dias) em que a arte pode triunfar contra as forças hostis. A arte do prognóstico (observação do presente, comparação com o passado e conclusões sobre o caminho que a doença fará) se alia à arte da conjectura, único meio de encontrar a medida (*stikházesthai métrou tinós*) num domínio onde não há número nem peso para um cálculo exato. O critério é o *orthón*, o correto. O médico só empreende o que é possível e abandona o que não o é, só se dedica ao que pode reparar. Mesmo porque, como escreve W. Jaeger (*Paideia. Op. cit.*), a saúde sendo proporção (*isomerie*) e a doença desproporção (*monarchie*), o médico deve ajudar a natureza à reparação (no sentido jurídico do termo), isto é, à compensação que restaure o equilíbrio. Se, como diz o aforisma 2 de Hipócrates, a medicina é a arte de curar pelos contrários, seguindo o caminho espontâneo da natureza, o médico, pela atuação dos contrários (tanto a dieta, quanto o remédio ou a sangria, ou a punção) restaura a proporção. Vernant observa que o político, homem prudente (*phrónimos*), possui os mesmos traços que o médico, tal como Temístocles aparece em Heródoto, Tucídides ou Plutarco: agilidade do golpe de vista, presteza para agir no tempo oportuno, capacidade para prever, e, como diz Aristóteles, inteligência para adivinhar as semelhanças entre coisas aparentemente profundamente diferentes. O prudente é capaz de enxergar para frente e para trás e enxergar mais claramente, mais longe ou na mais longa perspectiva. Se Platão pretendeu substituir, no caso do político, a *métis* pela ciência da política, foi por temer as vizinhanças de sua figura e a do sofista, mas ao fazê-lo não abandonou a relação entre o político e o médico. Aristóteles, ainda que temeroso daquela vizinhança, mantém o político enquanto prudente por excelência.

Ao lado do político e do piloto, também o historiador poderia ser comparado ao médico. Quando lemos a *Guerra do Peloponeso*, vemos Tucídides empregar todos os recursos do médico: a observação direta do que os homens realmente dizem e fazem (*logói kai érga*) que lhe permite, por exemplo, desacreditar que tivesse havido trégua entre atenienses e espartanos, apesar de um tratado, desfazer relatos antigos a partir da comparação seja de documentos diversos, seja com fatos presentes que permitam inferir corretamente os passados; a explicação globalizante de cada acontecimento onde atuam homens, condições atmosféricas, condições geográficas, condições de vida, meios naturais e artificiais para a guerra ou a paz, de modo a estabelecer regularidades dos comportamentos e das situações, não sendo casual a contagem do tempo segundo o verão e o inverno; na alternância das estações, da seca e da cheia, da colheita e da fome, a guerra é relatada ela também como alternância das alianças e defecções, das perdas e vitórias; a descrição da peste e da guerra obedecem praticamente aos mesmos padrões, a convulsão natural e a humana sendo semelhantes; a luta dos contrários, *isa prós isa*, ou compensação, e a *boétai*, ou reparação, fazem o ritmo da história.

La Boétie recusou-se a ocupar o lugar do retórico. Em contrapartida, sua definição dos que não se deixam arrastar pelo desejo de servir lembra o prudente: são os que veem mais longe e mais claramente do que os outros, que veem para frente e para trás, os que não perderam a memória de seu ser natural e ainda o cultivaram pelo estudo, e são os que não se deixam enganar por feitiços, porque percebem semelhanças entre coisas aparentemente diferentes. Como todo humanista, emprega as metáforas médicas, mas, assim como não ocupou o lugar de quem "prega ao povo", não proporá remédios. Aparentemente teria recusado a posição de "médico do corpo político". Todavia, se nos reportarmos às quatro ocasiões em que as metáforas médicas intervêm no *Discurso*, notaremos que é por ser médico que ele não é "insensato de pregar isso ao povo", ou seja, a recuperação da liberdade, a reparação do desequilíbrio engendrado pela servidão voluntária. Afirma que o mal de que padece a sociedade é mortal porque o povo já nem reconhece que está doente (o médico só faz o possível e abandona quando percebe que nada há a fazer). É depois dessa afirmação que melhor se esclarece a frase anterior, isto é, não ser insensato (para ser prudente) de pregar aos "povos insensatos". A segunda referência à medicina já não concerne ao povo, mas aos grandes, tomados de avareza e de ambição. Aqui, La Boétie fala na propagação da doença ou no processo de contaminação, quando uma parte bichada recebe o "socorro" das partes igualmente estragadas. Se a cura se faz por ação espontânea dos contrários ou pelo médico auxiliando a natureza, as partes bichadas que acorrem para aquela que adoeceu lhe são semelhantes e, longe de repararem o mal, só podem agravá-lo. Eis por que, nesse momento, intervém a figura de Hipócrates, que aconselha não tocar em feridas incuráveis. A terceira referência introduz novamente Hipócrates com quem La Boétie teria aprendido ("disso sei maravilhosamente") quais os caminhos que enfraquecem ainda mais o corpo doente, isto é, o percurso inevitável da enfermidade. Novamente aqui a ideia de ausência de reparação é apresentada, mas novamente às avessas, pois a ação do tirano para afrouxar ainda mais os súditos é como sangria feita em quem tem hemorragia. A quarta referência é indireta: concerne à diferença dos costumes dos que não cederam à servidão voluntária e dos que a ela cederam, à criação diferente (La Boétie usa o verbo *nourrir* e o particípio *nourris*) dos que são alimentados na lembrança da liberdade e dos que são amamentados no leite da tirania. Eis por que Hipócrates aparece, numa última vez, não como médico, mas como médico-político: recusa-se a servir aqueles que querem da Grécia se servir.

[54] O grande turco é uma construção semiverídica e ideológica. Por um lado, efetivamente os sultões rodeavam toda a Europa cristã, e seu império (a Porta) era uma ameaça real aos senhores europeus. Todavia, essa ameaça é representada

ideologicamente, na medida em que a diferença entre o império otomano e os reinos europeus é descrita como diferença entre tirania e liberdade, crueldade e justiça, fratricídio e caridade. O grande turco figura, no pensamento católico, o outro e o "fora". Com o protestantismo, essa representação sofre uma alteração. Em virtude de *Romanos* 13 ("Todo poder vem do Alto") e de *Provérbios* 80 ("Por mim reinam os reis"), os protestantes não encontram meios para justificar a resistência ao poder dos reis católicos. Precisam, então, forjar uma teoria da obediência ao rei injusto, o que é feito por dois procedimentos: o primeiro, jurídico, consiste em distinguir a obediência ao ofício do rei e à pessoa do rei (obedece-se a César, mas não a Calígula ou a Nero); o segundo, teológico, consiste em figurar o injusto como "flagelo de Deus". Na qualidade de castigo divino, o rei tirano deve ser obedecido (obedece-se a Deus e não ao tirano). Ora, todos os exemplos bíblicos de "flagelos" os localizam no "Oriente" e, no presente, o exemplo vivo do flagelo oriental é o grande turco. Este, agora, figura simultaneamente o "fora" e o "dentro", pois todo tirano é um Grande Turco.

[55] Veremos adiante que a dúvida de Cícero e a de La Boétie não se confundem. Cícero considera a monarquia um péssimo regime político que leva à tirania porque o rei tende a se perpetuar no poder e, assim fazendo, perde gradualmente as virtudes indispensáveis para o bom governo (Livro II, 34, p. 156-157). O risco da passagem da monarquia como república para a tirania decorre, portanto, do jogo das instituições e das paixões do rei, de sorte que, por hipótese ou *de jure*, a monarquia é república e, *de facto*, tirania. O que não é a posição de La Boétie, embora ele formule inicialmente a questão em linguagem quase ciceroniana.

Pelo contrário, a posição de Tácito (*Anais*, Livro I) é inteiramente esposada por La Boétie. "Tudo quanto se escreveu no governo de Tibério, de Cláudio, de Caio e de Nero é mentiroso em consequência do medo; e o que depois da morte deles se publicou tem o mesmo caráter, por estarem os ódios ainda muito recentes. Lembrei-me, pois, dizer pouco de Augusto e só os últimos acontecimentos de sua vida; e continuar logo com os de Tibério e seus sucessores, sem ódio nem afeição, porque nenhum motivo tenho para isso. Com a morte de Bruto e Cássio, desapareceram as forças da República [...] No interior tudo estava sossegado; e os magistrados conservavam ainda os mesmos nomes; porém gente mais nova já era nascida depois da vitória de Actium; quase todos os velhos eram do tempo das guerras civis; e quão poucos havia já que tivessem visto a Republica? [...] Perdida a igualdade, já se não atendia senão à vontade do príncipe, e apesar disso viviam todos satisfeitos" (TÁCITO. *Anais*, Livro 1, 1, 3 e 4, São Paulo, 1964, p. 3-5. Coleção Clássicos Jackson).

[67] A análise do *Discours à la Reyne* se encontra em: WEBER, Henri. *La création poétique au XVIe siècle en France. Op. cit.*, T. II, cap. 7, "Les Discours de Ronsard", p. 559-600. O tema é a Discórdia, efeito do monstro Opinião ("*Ce monstre arme le fils contre son propre père / et le frère (ó malheur) arme contre son frère* [...] / *La femme ne veut plus son mary recognoistre / Les enfants sans raison disputent de la foy / Et tout à l'abandon va sans ordre et sans loy*"). A desordem não se limita à família, mas atravessa toda a sociedade, os ofícios e os trabalhos ("*Au vice desreiglé la licence est permise*"), alcança a natureza e o estado ("*Ont sans-dessoubs le monde renversé*"). A guerra, a fome, a peste, a inversão dos fins e dos meios, metamorfoses, os espíritos cegos, como os companheiros de Ulisses enfeitiçados por Circe, são os frutos desse "*monstre emplumé* [...] *elle a la bouche grande et cent langues dedans / sa poitrine est de*

plomb, ses prompts et ardans", cujos companheiros são o erro, o orgulho e a mania. Essa descrição, que Weber mostra muito dever a Virgílio (*Geórgicas*), apresenta o caos (a inversão do real como inversão da ordem natural e divina) como resultado da perda da unidade social pelo enfraquecimento do poder da rainha e conclui pela necessidade de restauração desse poder como regresso à concórdia e à razão e, portanto, à justiça. A monstruosidade de opinião vem da composição heteróclita de seu ser (carne, vidro, chumbo, fogo, ar, plumas) que se transmite por contaminação, tornando todos os seres heteróclitos ou quiméricos (no sentido espinosano, isto é, do ser que se destrói a si mesmo porque é uma contradição viva).

[84] O *Imperium* é o poder de fazer a lei, e é *Imperator* o legislador. Durante a Idade Média e o Renascimento, a discussão política será teológica e jurídica e perseguirá uma única questão: quem tem poder para fazer a lei? Dessa resposta dependerá a definição do regime político legítimo e do bom governo, assim como a determinação das causas e formas da tirania como ilegitimidade porque ilegalidade. Humanistas e reformadores, malgrado profundas divergências, se distribuem em duas grandes linhas de pensamento. Numa delas, a fonte da lei é o povo, o bom governo é autogoverno ou liberdade, seu suporte é a justiça, seu alvo a autopreservação e seus inimigos são a desigualdade das riquezas, a centralização dos postos de mando, a perpetuidade dos cargos e o exército mercenário, pois cada qual produz o inimigo principal da república, qual seja, as facções, causas de sedição, causa de tirania. Noutra linha, a paz é privilegiada face à liberdade, a segurança exige que o governo seja de um só ainda que assessorado pelo bom conselho (os parlamentos), e os riscos maiores são a riqueza (que afrouxa os costumes), a descentralização (que afrouxa o poder), o consenso (que afrouxa a lei) e o exército mercenário (que afrouxa a coragem), pois todos eles são facções, sedições e tirania. A discordância fundamental evidentemente concerne à fonte do *Imperium*. Para uns, o poder se origina da natureza, para outros vem diretamente de Deus; alguns o consideram vindo de Deus, mas pela mediação da natureza e, nesse caso, surgindo por consenso, por contrato, por delegação ou por alienação. Numa perspectiva teocrática, a discussão gira em torno de saber a quem Deus concedeu o poder: diretamente ao rei ou diretamente ao povo? Numa perspectiva laica, a discussão pretende resolver se o governo mais natural é o republicano ou monárquico. E entre as duas perspectivas instala-se a divergência fundamental: o *Imperium* é "poder ordenado" ou é "poder eleito"? Transfere-se de Deus ao papa e deste ao rei, ou nasce com o povo que pode ou não delegá-lo ou aliená-lo aos governantes? O *Imperium* é representante de Deus ou representação dos homens? O pressuposto das posições monarquistas é o de que a política é uma comunidade (*congregatio* e *universitas*) destinada ao bem comum (seja como remédio para as falhas da Cidade dos Homens, seja como caminho de perfectibilidade, tudo dependendo de que se opte por Agostinho ou por Tomás de Aquino). O primeiro traço da tirania será, portanto, o fracasso da *universitas*. Donde a crítica dos católicos aos protestantes que, concebendo a igreja como *congregatio fidelium*, a colocam fora da *universitas*, mas em seu interior. E a crítica protestante aos católicos que concebem a igreja como corpo visível e instituição governamental, disputando o poder com a *universitas*. Problema que ressurge também na definição da relação do próprio governante com a comunidade: é o rei *major universitas* e *major singulis* (superior ao todo e às partes), ou é *minor universitas* e *major singulis*? Discussão que tende a ser resolvida

pela distinção entre o *officium* (*major universitas et singulis*) e a *persona* (*minor universitas et singulis*). Se o poder, direta ou indiretamente, vier de Deus, sendo, portanto, ordenado imediatamente por Deus, ou mediatamente pela eleição, será tirano quem, ocupando um ofício divino, governar contra as leis de Deus. Se a fonte do poder for a natureza, da qual nascem o consenso, o consentimento e o contrato, será tirano quem governar contra a lei natural. Se a origem do poder for uma convenção ou um pacto dos governados com o governante sob a lei, será tirano quem governar contra a lei civil. E em todos esses casos, será aquele que ocupar o ofício público usando-o como propriedade particular, de sorte que seu poder é arbitrário porque exclusivamente pessoal. Se a lei quebrada for divina, o tirano é o herético; se lei natural, o injusto; se a lei civil, o usurpador. Nos três casos, sua ação é injúria à *universitas*. O que separará católicos e protestantes é a localização do tirano, pois para os segundos é tirânico o regime que os primeiros fundamentam como legítimo. Todavia, a simples localização da tirania não resolve o principal problema protestante, qual seja, o do direito à resistência e de deposição. Com efeito, o pensamento protestante é teocrático e, em decorrência de *Romanos* 13 e de *Provérbios* 81, a origem divina do poder torna impossível legitimar a resistência e a deposição. A questão se resume em saber como lutar contra a tirania sem lutar contra Deus. A resposta de Lutero é conhecida: deve-se resistir *in foro* íntimo e obedecer *in foro* externo, pois o tirano é um flagelo de Deus merecido pelos homens em decorrência de seus pecados, e não aceitar o castigo é desobedecer a Deus. O massacre dos camponeses e dos anabatistas é, pois, guerra santa e justa. Todavia, a partir do momento em que a ameaça de massacre atinge os príncipes, os juristas alemães produzirão teorias do direito à resistência. Uma delas, de Hesse, declara que tem poder todo aquele que foi investido num ofício público e, portanto, os magistrados têm poder e nessa qualidade podem depor o governante tirânico. Reformulada por Calvino e Melanchton, essa teoria será conhecida como a dos "magistrados inferiores" que determina quem pode residir, eliminando do campo político todos os não investidos publicamente. A segunda teoria, da Saxônia, declara que, segundo a Bíblia, Deus fez um pacto com o povo e que este foi assim investido de poder tendo o direito de destituir o governante ilegítimo, quando herege e injurioso. Essa teoria, desenvolvida sobretudo pelos protestantes escoceses, será recebida com entusiasmo pela Contrarreforma, que a transformará em teoria do direito à vida ou à autopreservação. Nessas teorias, combinam-se outras de proveniências diversas: a do direito privado ou subjetivo, dos ockamistas, a do direito objetivo e a do contrato. A proteção protestante contra a tirania, opera três deslocamentos: (1) a educação do rei passa da filosofia e da história para a educação religiosa, visto que a verdade é *ex sola Scriptura*; (2) restauração de uma política profética de cunho hebraico, onde os anciãos da *congregatio*, na qualidade de novos profetas, elegem o rei; (3) subordinação da lei civil à revelação. Se os protestantes foram forçados a tais inovações, não menos forçados a inovar foram os juristas e teólogos católicos. Para estes, uma vez que é preciso rechaçar o agostinismo protestante, a perspectiva tomista é adotada, e a fonte da vida política é a natureza. Ora, se em estado de natureza os homens são livres e iguais, como explicar a origem da obediência civil? A solução é um retorno disfarçado ao agostinismo: por natureza os homens são potencialmente políticos, mas também são viciosos, e a liberdade natural descamba para a injúria mútua se não for controlada pela lei civil. Sendo racionais, os homens decidem consentir no poder civil e por um contrato criam a sociedade. Essa razão natural é indispensável, na medida em que sem ela não há como dar caráter obrigatório a um pacto formado antes da lei civil. Uma vez definida a origem livre e racional da obediência, a tirania será a quebra do pacto tanto pelo povo (anarquia) quanto pelo rei (autocracia). Prevalece, porém, de ambos os lados, a teoria da origem divina do poder, cuja acomodação se realiza pela fórmula: "*rex populo faciente et Deo inspirante*". O povo faz o rei (*maiestas personalis*) e Deus faz o *imperium* (*maiestas realis*). Assim, mesmo quando se adota a perspectiva eletiva, Deus continua como origem do poder. Donde uma outra discussão, cujo desenvolvimento culmina no absolutismo: é o rei maior ou menor do que a lei? É *legibus solutus* ou *legibus alligatus*? Se for maior do que a lei, porque esta é produto de sua vontade, como impedir a tirania? Se for menor do que a lei, vindo esta de Deus ou do "bom conselho", será tirano quem substituir a lei por sua vontade pessoal. Ora, as teorias cristãs não podem conceber o rei como menor do que a lei, pois nesse caso, ele não teria o imperium. A solução consistirá em definir o rei como maior e menor do que lei: maior porque seu criador e não submetido a ela, menor porque sua vontade, guiada por sua razão, o leva a aceitar o caráter diretivo da lei. Não sendo coagido pela lei, pode ser dirigido por ela. Essa definição da duplicidade da vontade régia, leva Claude Seyssel a desenvolver a teoria dos "freios" à vontade do rei. São eles "*la police*", "*la justice*" e "*la religion*". A política significa que o rei está subordinado à lei da inalienabilidade do patrimônio régio e à Lei Sálica, que não pode alterar os costumes, isto é, as relações hierárquicas fundadas em direitos e obrigações e que o rei não pode agir sem o "bom conselho". A justiça significa que as cortes é que devem administrar o *jus*, que, sendo este imperecível, os magistrados são perpétuos e não podem ser mudados pelo rei e que têm o direito de convocá-lo a prestar contas de seus atos. A religião, porém, significa que o rei é "espelho da Justiça" e "*lex animata*", ou Deus corporificado. A figura do rei como *Imago Justitiae Dei* permitirá aos juristas absolutistas, como De Moulin, anular "*la police*" e "*la justice*" tais como Seyssel as definira: sendo o rei justo porque fonte da justiça, pode decidir, segundo lhe pareça, alienar bens régios, modificar ou não o costume, agir sem o "bom conselho", e, pelo mesmo motivo, administra a justiça e não pode ser julgado pelas cortes porque estas recebem *concessio*, mas não têm *jurisdictio*, motivo pelo qual todo e qualquer magistrado pode ser revogado pelo rei se este lhe retira a *concessio*.

[105] "Dessa causa da superstição, segue-se que os homens estão sujeitos a ela por natureza (e, digam o que disserem, não porque tenham uma ideia confusa da divindade). Segue-se também que ela deve ser profundamente variável e inconstante como o são todas as ilusões e todos os ímpetos furiosos nos quais a alma humana se deixa arrastar; e que, enfim, somente a esperança, o ódio, a ira e a fraude podem mantêla, porque não se origina da razão, mas tira toda sua eficácia dos afetos. Tão fácil é os homens sucumbirem à superstição quanto é difícil mantê-los na mesma; mais ainda, o vulgo, permanecendo sempre mísero, só encontra apaziguamento no que é novo e que ainda não o enganou. Essa inconstância foi causa de muitas guerras e tumultos atrozes e por isso, como observou notavelmente Quinto Cúrcio em seu livro (4, cap. 10), nada é mais eficaz para governar a multidão do que a superstição e por isso induz-se, sob a cor da religião, a adorar os reis como deuses, tanto quanto a execrá-los como flagelo comum ao gênero humano. Para evitar esse mal, ingente esforço é dedicado para cercar a religião com o culto e os aparatos da adoração e

transformá-la no móbil mais sólido, objeto de escrupuloso respeito para todos [...] Portanto, na verdade, o grande segredo e maior interesse da monarquia é enganar os homens e colocar sob o especioso nome de religião o medo que deve dominá-los para que combatam por sua servidão como se fosse por sua salvação e creiam honroso e não torpe derramar seu sangue e dar suas vidas para satisfazer à jactância de um único homem" (Espinosa. *Tractatus theologico-politicus*. *Op. cit.* T. II, prefácio, p. 86-87). Guardadas as devidas diferenças entre o "humanista" La Boétie e o "cartesiano" Espinosa, não podemos deixar de registrar inúmeras passagens dos textos políticos espinosanos onde ideias do *Discurso* reaparecem. Já o vimos no caso dos que lutam para derrubar o tirano sem tocar na causa da tirania. Além da passagem supracitada, há, no *Tratado teológico-político*, referência à loucura de Israel ao se dar, sem necessidade, um rei, e o comentário de Espinosa é semelhante ao de La Boétie, ambos vindos da *História*, de Tácito, quando narra a pacificação do Oriente por Vespasiano, e do Livro VIII (perdido) dos *Anais*, quando narra a ganância de Herodíades em ser rei. A descrição do Grande Turco (*Tratado teológico-político*, cap. VI, § 4) não o apresenta como flagelo nem como déspota, e sim exatamente como La Boétie, isto é, como agente de dispersão cujo reino é "servidão, barbárie e solidão", concluindo que "é, pois, a servidão e não paz, que exige que o poder esteja nas mãos de um só". Também no *Tratado teológico-político* (cap. VI, § 5) lemos: "E certamente cometem enorme engano aqueles que acreditam possível que um só tenha direito supremo sobre a Cidade [...] vem daí que, quando o povo elege um rei, este procura homens para investir no poder, conselheiros ou amigos, aos quais entrega o bem público e o seu próprio" e, dirá posteriormente, "para não ter um senhor, acaba tendo muitos". Também no *Tratado teológico-político* (cap. I-V e VII, neste último, § 27), Espinosa desenvolve a ideia de que a "natureza é a mesma em todos e comum a todos" (*una et communis omnium*), ainda que, escreve ele, muitos "recebam com riso" tal ideia. No capítulo IX desse *Tratado*, surge a pergunta pelo remédio que possa salvar uma sociedade tirânica, e a resposta é que não há remédio algum quando esse "funesto destino" cumpriu sua tarefa. A imagem dos homens servos arrastados para diferentes direções como vagas de um mar tempestuoso também aparece no *Teológico-político*, cujo método histórico é filológico e crítico e no qual os exemplos se desfazem uns aos outros enquanto fatos a imitar. Todavia, cremos ser o ponto de maior proximidade entre Espinosa e La Boétie a discussão, feita no capítulo XX do *Teológico-político*, a respeito da possibilidade de um governo perfeitamente tirânico porque obteve a obediência interior e voluntária dos súditos, conquista possível quando o poder consegue se tornar invisível e manter, de modo incrível (*incredibilibus modis*), sob seu domínio exclusivamente pela força de sua palavra, homens que não se encontram diretamente postos sob seu comando, a tal ponto que "pode-se dizer que pertencem a esse outro" (*ut merito eatenus ejus juri dici possit*). Lefort levanta a hipótese de que La Boétie tenha lido Maquiavel, embora não o mencione. Espinosa menciona elogiosamente Maquiavel várias vezes, mas não La Boétie, cuja obra não consta dos catálogos que possuímos de sua biblioteca.

Contra a servidão voluntária*

Decretado o estado de guerra na Polônia, a militarização do regime foi considerada por esmagadora maioria como o menor dos males. À primeira vista, essa opinião parecia nascer de três suposições: que os militares, sendo poloneses, evitariam o fratricídio; que as dissensões da burocracia civil no interior do partido forçavam os militares a impor disciplina na economia para erradicar as causas da crise; que a Igreja polonesa, tendo força institucional e ideológica tão grande quanto a do Estado, teria maiores chances como mediadora entre o Solidariedade e as Forças Armadas do que no caso de uma invasão.

* Originalmente publicado em: *Folha de S.Paulo*, São Paulo, 21 jan. 1982, Primeiro caderno, p. 3. O foco do texto recai sobre a série de eventos que ocorreram na Polônia entre 1980 e 1981. Em decorrência de dificuldades econômicas, em 1º de julho de 1980 o governo polonês anuncia um forte aumento no preço da carne bovina, e greves pipocam em grandes cidades industriais do país. Em 18 de agosto, no estaleiro de Gdansk, operários declaram a constituição de um sindicato autônomo, o Solidariedade, cujo porta-voz é o eletricista Lech Walesa. Após repressão, prisões e recuos do governo, o Solidariedade passa a ser o primeiro sindicato livre oficialmente reconhecido num país comunista, com cerca de 10 milhões de inscritos. A situação torna-se extremamente instável; da parte do governo e de Moscou, muitos creem que o país está à deriva e exigem o restabelecimento da ordem; da parte dos trabalhadores, uns desejam a radicalização do processo, outros pedem cautela com receio de uma intervenção soviética. Em fevereiro de 1981, o general Wojciech Jaruzelski, até então ministro da defesa, é elevado a primeiro-ministro; em 13 de dezembro ele decreta a lei marcial na Polônia, o que acarreta a prisão dos líderes do Solidariedade, o qual será proscrito no ano seguinte. (N. do Org.)

Suposições curiosas, pois caracterizadas por falta de memória: em qual experiência histórica se basearam os que as admitiram? Em que parte do mundo uma junta militar, por pertencer à mesma nação que os opositores de um regime político, foi menos violenta do que invasores? Chile, Argentina, Brasil, El Salvador, Grécia (para mencionar alguns, entre inúmeros casos) desapareceram da memória? No caso específico da Polônia, como desconsiderar a peculiaridade do nacionalismo polonês, para o qual a defesa da nação implicou sempre o repúdio ao Estado nacional, imposto, vezes sem conta, por violência vinda de fora? Quanto à disciplina econômica para solucionar a crise, não conviria indagar se a crise é econômica ou se a economia não teria sido o estopim para a eclosão de outra crise, mais profunda? Quanto à Igreja, cuja importância nem podemos avaliar, talvez convenha indagar se, de longe, não corremos o risco de tomá-la como um bloco monolítico e concordante com todas as posições conflitantes no interior do Solidariedade. Hoje mesmo, o cardeal Glemp[1] não teria declarado (a confiarmos nas precárias informações de uma imprensa sob censura) estar descontente com a intransigência e a imaturidade política de Walesa?

Todavia, se muitos consideram a militarização como o menor dos males por causa daquelas suposições, a maioria dos que adotaram essa posição não pensam dessa maneira, pois simplesmente interpretam os acontecimentos poloneses pelo prisma da geopolítica ou da Guerra Fria, além de exprimir o consenso, generalizado entre os mandantes, de que a injustiça é melhor do que a desordem, defendendo a "ordem" à custa de campos de concentração, mortes, torturas, exílios, expurgos e censura. Como seria diferente?

Reagan não deseja invadir a Nicarágua, não apoia a junta salvadorenha, não reprimiu greves? Thatcher não apresentou projeto de lei antigreve e não mantém estado de guerra permanente contra a Irlanda? Mitterrand não está amarrado à proverbial "prudência realista" do Partido Comunista Francês? Schmidt não teme o colapso da social-democracia pelo impacto do "exemplo" polonês sobre a ala esquerda

[1] Józef Glemp, à época arcebispo de Varsóvia e de Gniezno, o que lhe conferia o título de primaz da Polônia. (N. do Org.)

do Partido da Social-Democracia?[2] Afora a honrosa exceção do Partido Comunista Italiano, quem se surpreendeu com as declarações da maioria dos partidos comunistas que, por questão de princípio, sempre atacaram o Solidariedade como agente da "contrarrevolução", quando não o difamaram como agente da CIA? Quem duvidaria que os senhores do mundo, atacando hoje Jaruzelski e Moscou, não lhes dariam amanhã todo apoio se o Solidariedade vencesse a parada, prosseguindo seu caminho rumo ao socialismo? Afinal, por que os trabalhadores poloneses teriam o que é negado a todos os seus companheiros no resto do mundo?

Fala-se numa crise polonesa. Duas grandes linhas procuram demarcá-la: a do discurso conservador e a dos discursos liberal-progressista e comunista. No primeiro, como de hábito, a crise não é encarada como tal, isto é, como ponto crítico de tensões sociais a deixar expostas contradições, superáveis apenas se houver capacidade para trabalhá-las. Para o conservador, uma crise sempre vira fantasma de crise, sinônimo de caos, irracionalidade, perigo e abismo, pedindo política de "salvação", evaporada em dicotomias justificadoras de violências. Nos segundos, a crise polonesa é definida como econômica, localização que parece ter o mérito de admitir uma crise real e apontar meios para solucioná-la. Sob esse ângulo, os liberais progressistas dirão que os militares foram ofuscados pelo fantasma da crise, enquanto os comunistas dirão que a cegueira foi dos trabalhadores. Conservadorismo militar, para uns, radicalismo operário, para outros, explicariam a situação apavorante da Polônia.

Há uma crise na Polônia, e não o caos. Mas se aparece como econômica, ela é efetivamente política, desde que meditemos sobre o significado da existência de um sindicato independente num regime totalitário, pois a incompatibilidade intrínseca entre ambos determina a natureza da contradição polonesa.

Num regime totalitário, a velha metáfora do "corpo político" torna-se realidade: Estado e sociedade formam um organismo indiviso

[2] As referências são a Ronald Reagan, presidente americano entre 1981 e 1989; Margaret Thatcher, primeira-ministra britânica entre 1979 e 1990; François Mitterrand, presidente francês entre 1981 e 1995; Helmut Schmidt, chanceler alemão ocidental entre 1974 e 1982. (N. do Org.)

cujas funções e poros são preenchidos pelas células do partido (o termo "célula", como se vê, não é casual). A política totalitária opera a indiferenciação entre Estado e sociedade pelo total controle da segunda pelo primeiro através da burocracia partidária e coloca o poder como órgão separado (o termo "órgão" também não é casual) que, graças à separação, encarna a totalidade sociopolítica. Tudo quanto ocorre na sociedade (da economia à cultura) é controlado pelo poder por meio do Estado e do partido, e nada há na sociedade que controle o próprio poder. Paradoxalmente, o totalitarismo recupera o sentido medieval da palavra "representação": no pensamento político da Idade Média, representar é encarnar, no visível, um poder invisível, onipotente e onipresente graças à sua invisibilidade. Se, a partir do liberalismo, nos acostumamos com a ideia de que alguém governa porque representa (ou, como diria Cícero, se apresenta por outro e fala em seu nome), entretanto, na acepção medieval e totalitária, dá-se o contrário: alguém representa porque governa – por isso o partido é o representante do proletariado, e o Estado, representante do partido. A diferença entre os sentidos e as práticas da representação nesses dois contextos (liberal e totalitário) faz com que a luta pela participação sociopolítica não se realize da mesma maneira nos dois casos, tendendo a ser mais árdua ali onde representar signifique encarnar, porque a sacralização do poder é mais intensa. (Não custa observar, de passagem, que, nos regimes autoritários, a ideia de representação oscila sem cessar entre uma acepção e outra.)

Ninguém melhor do que o historiador polonês Bohdan Cywiński para nos esclarecer:

> O poder na Polônia não teme os extremistas nem mesmo o Solidariedade; teme a sociedade. É difícil entender isso? No meu país, toda a sociedade, através de um movimento sindical independente, se propôs a construir uma Polônia na qual os direitos fundamentais do homem fossem respeitados e fortalecidos. Estávamos lutando para que se pudesse passar de um regime totalitário a um socialista no qual o homem pudesse reaver sua dignidade [...] Não sei se no plano político o poder conseguirá vencer. De qualquer forma, a sociedade não esquecerá e não estará de acordo. Talvez deverá abaixar a cabeça, mas não se submeterá.[3]

[3] A citação provém de uma entrevista do historiador polaco publicada na *Folha de S.Paulo*, 03 jan. 1982, Primeiro caderno, p. 10. (N. do Org.)

Dado o contexto totalitário, a simples existência do Solidariedade, antes mesmo que formulasse propostas, longe de indicar obreirismo "radical", revelava a presença de uma prática social não controlada pelo partido nem pelo Estado e, por isso, uma prática política, pois desregulava as engrenagens da lógica totalitária. Compreende-se, então, por que a burocracia militar-partidária viu como *conditio sine qua non* da conservação do regime o aniquilamento daqueles que, numa sociedade socialista, seriam os cidadãos por excelência. Compreende-se também por que os conservadores viram no Solidariedade o portador do caos, obscurecendo, assim, a vidência da militarização, enquanto progressistas e parte da esquerda nele viram o agente da crise econômica, abafando, assim, sua criação histórica.

A comparação entre o período Gomulka[4] e o presente amplia a percepção da novidade histórica polonesa. Antes, os trabalhadores confiavam na revalorização do parlamento, no fortalecimento dos órgãos locais de decisão e dos conselhos de fábrica, e, embora dele desconfiassem, não puseram em questão o partido. Agora, a existência do Solidariedade, contestação viva do partido, é também negação do totalitarismo, bastando considerar o conjunto de suas propostas (sindicato livre, autogestão econômica, descentralização, participação em todos os níveis de decisão, direito à produção da cultura). Quebrando a unidade interna do partido, desacreditando um governo que já fazia concessões, o Solidariedade pôs em perigo o poder. Isso, e não supostos "radicalismos", foi o que, pela primeira vez num regime totalitário, forçou os militares a ocupar um lugar político sempre reservado à burocracia civil.

Inaugurando uma práxis norteada pela autonomia e contrária à divisão social entre dirigentes e dirigidos, os trabalhadores insistiam em dizer que não confundiam sindicato e partido e que não estavam fazendo política (afirmações que poucos entre nós compreenderam). Com isso, diziam apenas que recusavam as formas políticas existentes e o poder nelas e por elas encarnado. Se, sob muitos aspectos, a crise polonesa é interna, sob outros, ultrapassa as fronteiras da Polônia, pois

[4] Wladyslaw Gomulka foi dirigente do Partido Operário Unificado Polonês. Por sua oposição à política moscovita, ficou na prisão entre 1951 e 1954; liberto, graças à pressão dos trabalhadores foi conduzido à direção do partido em 1956, onde ficou até sua destituição em 1970. (N. do Org.)

é luta dos que, excluídos e explorados, disseram não a instituições e práticas que os forçavam à incompetência histórica. Havia, como lembram Francisco Weffort e Carlos Nelson Coutinho,[5] um anseio democrático nas ideias e na prática polonesa como busca de caminhos para o socialismo, o qual, não estando prometido a ninguém numa encruzilhada da história, se conquista na luta.

Alguns, tomando a conjuntura econômica e a geopolítica e já falando no despreparo político da "aventura" polonesa, preveem que os trabalhadores se recusarão a trabalhar, buscando apenas sobreviver e se despolitizarão. Tentemos, porém, focalizar por outro prisma a recusa do trabalho por trabalhadores.

Todos se lembram de La Boétie à procura da causa do paradoxo por ele designado como servidão voluntária. Inicialmente La Boétie oferece uma resposta espantosa: os homens desejam servir porque não amam a liberdade. Assim não fosse, como explicar que o tirano, possuidor de dois olhos, dois ouvidos, duas mãos e dois pés, apareça com dois mil olhos e dois mil ouvidos para espionar, duas mil mãos para degolar, dois mil pés para pisotear? Onde conseguiu esse "corpo" monstruoso? "De vós", escreve ele, "porque lhe dais vossos olhos e ouvidos, vossas mãos e vossos pés para que vos destrua". No entanto, essa afirmação genérica desaparece quando La Boétie dirige a atenção para a diferença entre a servidão voluntária dos dominantes e a dos dominados. Os primeiros servem a tirania porque também desejam tiranizar – cúmplices e aduladores do poder, se entredevoram, fazendo da subserviência e da arrogância molas de sua precária autoridade. Os dominados, porém, servem porque se sabem impotentes diante da força tirânica, multiplicada pelos tiranetes. Sem dúvida, diz La Boétie, não podeis combater o tirano. Mas não é preciso que luteis contra ele: basta não lhe dar o que vos pede, deixá-lo enfraquecer por falta de vosso sangue.

Se os trabalhadores poloneses recusarem o trabalho, não estarão despolitizados. Estarão contra a servidão voluntária. Somente aqueles que enxergam a história com as lentes dos dominadores ficam cegos à política dos que, abaixando a cabeça, não se submeterão.

[5] Ver COUTINHO, Carlos N. A Polônia e o futuro do comunismo, *Folha de S.Paulo*, 14 jan. 1982, Primeiro caderno, p. 3. (N. do Org.)

Ter medo deles*

Certa vez, lendo alguns de meus artigos entrevistas, Ana Helena dos Santos, senhora que vem à minha casa ajudar-me na faxina semanal, perguntou-me: "Puxa, você fala tudo! Não tem medo deles?". Pergunta terrível porque exprime o modo como a população vê o poder: anônimo ("eles"), implacável. Horror e terror.

A fala do ministro Paulo Brossard, em rede nacional de rádio e televisão, no último dia 9, é caso exemplar de como obter o "medo deles", não por meio do uso da força nua, mas pela palavra. Por isso vale a pena examinar os meios empregados pelo ministro na consecução de seus objetivos.

* Originalmente publicado em: *Folha de S.Paulo,* São Paulo, 15 set. 1986, Primeiro caderno, p. 2. O texto analisa o pronunciamento em cadeia de rádio e televisão feito em 9 de setembro de 1986 pelo então ministro da justiça Paulo Brossard. Num momento em que inúmeras categorias de trabalhadores estavam em greve (previdenciários, professores, entre outras) e em particular aguardava-se a votação de uma greve nacional por parte do sindicato dos bancários (a qual realmente se deflagra no dia 10), Brossard ameaça violentamente com a força da lei os grevistas e a CUT, acusando-os de sabotadores do Plano Cruzado (ver, a seguir, nota 4). A repercussão do pronunciamento foi imediata e variada. Havia os que temiam um endurecimento do regime, os que pediam tal endurecimento (boa parte da legislação em vigor ainda era a do regime militar, na ausência de uma nova constituição), os que defendiam os trabalhadores contra o "arrocho", os que simplesmente se diziam fartos de movimentos grevistas, etc. (N. do Org.)

A fala do ministro é uma pérola retórica.[1] Escolheu o gênero retórico *deliberativo*, que se refere ao útil, ao bem e ao futuro, o mais persuasivo dos gêneros, porque montado para oferecer-se à meditação e decisão do próprio ouvinte. O *exordium* foi um prólogo breve (como deve ser), explicando sua presença ao público e a causa que apresentaria. Seguindo de perto a *inventio* (que estabelece o argumento e a ordem de prioridade dos temas), a *dispositio* operou com a *amplificatio* (no campo das provas) e com a *persuasio*, sob a forma do *docere* (ensinar) e do *movere* (convencer e comover), com grande equilíbrio entre ambos, de maneira a fazer com que o raciocínio do ouvinte (exigido pelo ensinar) pudesse ser seguido de uma escala bem dosada de emoções (exigida pelo comover), indo da benevolência à generosidade, desta à ameaça e retornando à benevolência. A *peroratio*, finalizando o discurso, recapitulou os passos dados, refutou argumentos contrários e apontou o opositor a ser batido. Além das pausas e dos jogos fisionômicos (exigidos pela *elocutio*), o retórico trabalhou com um elemento essencial na persuasão, o *verbis in singulis*.[2] Obedecendo a preceito fundamental de Cícero e Quintiliano, decorou o discurso, em vez de lê-lo (ou, pelo menos, aparentou nada ler).

Esteve o político à altura do retórico? Não, pois isso não lhe interessava. Todavia, que enganos e deslizes cometeu o político?

1) Possuía dois objetivos: um, explícito, a ameaça aos grevistas; outro, implícito (e principal), explicar à população a ausência de Sarney num momento socialmente grave.[3] Para tanto, infantilizou os grevistas, apresentando-os como filhos rebeldes que esperam a ausência do pai para fazer estripulias, retirando deles a condição de cidadãos em gozo de direitos civis, e transformou a ausência presidencial na do pai de *Cinderela* e de *A Bela e a Fera*, saindo em busca do sustento da família. Engano seu, pois a realidade não é conto de fadas.

[1] Para a estruturação retórica dos discursos, veja-se nota 15 do ensaio "Introdução a *O direito à preguiça*", p. 181.

[2] O orador designa nominalmente aquele ou aquela que ele pretende defender publicamente. No caso, o ministro designou o presidente da república e o povo brasileiro, "ameaçados" pelos grevistas.

[3] O presidente José Sarney embarcara para os Estados Unidos em 9 de setembro, em viagem oficial de quatro dias. (N. do Org.)

2) Errou também na exibição das "provas". Seu primeiro erro foi usar antigos jornais para provar que os rebeldes estavam maquinando a rebelião havia muito tempo. Então, de duas, uma: ou o presidente da república não acredita na imprensa e por isso foi viajar risonho e franco, ou seguiu o conselho de Xenofonte ao tirano, isto é, deixar que o mal seja feito por auxiliares, preservando sua boa imagem junto ao povo. Nos dois casos, falhou o ministro na construção da imagem presidencial responsável. Falhou ainda em três pontos: (a) exibiu "provas" de que a CUT é financiada pelo exterior no mesmo dia em que o presidente negociava nossa economia com os banqueiros americanos. Ficamos elas por elas, não?; (b) ignorou um dado da experiência (Cícero e Quintiliano jamais o perdoarão) ao atribuir aos grevistas a posição de sabotadores do *cruzágio*[4] e deixar de lado o fato de que o plano de desabastecimento, o ágio, a ineficiência dos órgãos fiscalizadores e a aceitação da proposta do TRT pelos bancários (mas recusada pelos banqueiros) são de conhecimento público, falsificando, portanto, a realidade; (c) no mesmo momento em que afirmava ser o panfleto dos bancários (de alerta à população para não prejudicá-la com a greve) um estímulo à quebra dos bancos, os noticiários econômicos apresentavam os dados fornecidos pelo DIEESE sobre o lucro colossal dos bancos e análises sobre quedas nas Bolsas de Valores por falta de administração do Plano Cruzado. Novamente, falsificou a realidade. Essas três falhas roubaram-lhe a condição de magistrado com que pretendera apresentar-se, restando apenas o poder ameaçador.

Seu erro maior, porém, foi o mau uso que fez do *verbis in singulis* (Sarney e povo), pois foi obrigado a excluir do seio do povo grande parte do povo, isto é, todos os setores em greve ou preparando greves. Embalado, talvez, pela retórica dos romanos, usou a diferença política

[4] O "Cruzado", como se dizia, tivera início em fevereiro de 1986 com um pacote de medidas que tentava debelar a inflação galopante (como exemplo, o Índice Geral de Preços-IGP calculado pela Fundação Getúlio Vargas tivera um aumento de 235,1% em 1985), e um de seus pilares era o congelamento de preços de bens e serviços, de salários e da taxa de câmbio. Com o congelamento de preços e o tabelamento de alguns produtos básicos, o país enfrenta uma grave crise de abastecimento; daí já em meados do ano o Cruzado começar a ser jocosamente denominado "cruzágio": nada se conseguia comprar pelo preço oficial, ou seja, sem o pagamento de "ágio". (N. do Org.)

da antiga Roma entre *populus* (a aristocracia econômica, social e política, dotada de direitos civis) e *plebs* (a plebe, o populacho, o povão, sem direito civil algum e sem poder político). Com isso, esclareceu qual era o "povo" a que se dirigia: banqueiros, empresários privados, direções de empresas e autarquias estatais. Não tendo apresentado um único argumento dos grevistas, ainda que para refutá-lo vigorosamente, revelou que estes não contam, são mera plebe.

Um jovem filósofo, há vários séculos, dirigindo-se aos que têm "medo deles", dissera: não é preciso fazer nada contra eles, basta nada fazer *em favor* deles. Nossa subserviência os fortalece. "Deixai de servi-los e cairão por si mesmos".

Servidão voluntária ou o mau encontro*

Há momentos em que os homens são senhores de sua fortuna. O erro, meu caro Brutus, não está em nossas estrelas, mas em nós mesmos.

Shakespeare, *Júlio César*, Ato I, Cena II

I.

Teeteto cavou a terra para plantá-la. Encontrou um tesouro. Sócrates foi ao mercado comprar legumes. Encontrou Cálias, que lhe pagou uma dívida. O navio se dirigia a Egina. Encontrou uma tempestade e derivou rumo a Atenas.

Esses exemplos são clássicos na história da filosofia: são os que Aristóteles oferece quando examina as ideias de contingência e acaso. Estes, explica o filósofo, não são acontecimentos sem causa, mas produzidos pelo encontro de duas séries causais independentes cujos fins não estão relacionados. Assim, o primeiro nome da contingência e do acaso é *encontro* e *encontro inesperado*. Ou, como explica Aristóteles, a causa do acontecimento é acidental, pois produz um efeito que não estava previsto na causalidade de cada uma das séries, de tal maneira que um certo fim é realizado sem que estivesse previsto pelos agentes ou sem que estivesse presente nos meios, pois estes não visavam tal

* Texto inédito. Parcialmente publicado em: *Jornal de Resenhas*, São Paulo, n. 12, 2013, p. 12-16. (N. do Org.)

fim, e sim um outro: Teeteto foi plantar, e não buscar um tesouro; Sócrates foi comprar legumes, e não receber uma dívida; o navio se dirigia para Egina, e não para Atenas. Por que *encontro*? Porque o acontecimento não é incausado, e sim o encontro ou entrecruzamento de duas séries causais independentes. Por que *inesperado*? Porque a marca da contingência e do acaso é a indeterminação, pois tanto as causas que o produziram poderiam não ter acontecido (se Teeteto estivesse com febre, talvez não fosse plantar; se Sócrates tivesse encontrado um amigo, talvez não tivesse ido ao mercado; se a carga não estivesse embarcada, talvez o navio não saísse do porto), como também nada assegura que o fim será realizado, uma vez que a finalidade da ação decidida pelo agente nada tem a ver com o fim efetivamente acontecido (em vez de favas, Teeteto colheu um tesouro; em vez de legumes, Sócrates obteve o pagamento da dívida; em vez de chegar a Egina, o navio deu em Atenas). Por se tratar de um encontro inesperado, a contingência é o que faz acontecer algo *novo* no mundo, isto é, aquilo que a causalidade natural não faria acontecer regular e previsivelmente.

Ao contrário do acaso e da contingência, o necessário, explica Aristóteles, é o que acontece sempre e não pode deixar de acontecer exatamente tal como acontece e, em contrapartida, o impossível é o que não acontece nunca e não pode jamais acontecer – é necessário que a água umedeça, o fogo aqueça, o óleo alimente a chama, a pedra caia; é impossível que esses efeitos não se produzam e que a água se incendeie, o fogo umedeça, o verão não ocorra entre a primavera e o outono. Quando um acontecimento natural é contrário à lei da causalidade necessária, diz-se que foi produzido por uma ação ou uma causa contrária à natureza da coisa, e essa causa contrária ou contranatureza chama-se "violência". É por uma ação violenta que uma pedra irá para o alto, pois é de sua natureza vir para baixo. Necessário e impossível se referem, portanto, à ação regular e normal das causas naturais, enquanto a violência se refere à intervenção de uma causa não natural numa causalidade natural. Essa causa violenta é a técnica, isto é, a ação humana que interfere no curso natural das coisas.

À distância do acaso e da contingência e entre o necessário e o impossível, Aristóteles situa o possível, isto é, aquilo que, como o contingente e o acaso, pode ou não acontecer, mas que, diferentemente da contingência e do acaso, resultantes do mero encontro, é aquilo que acontece se houver um agente com o poder para fazê-lo acontecer. Assim, o possível é o que está em poder de um agente fazer ou não que aconteça. Esse agente pode ser a técnica, que usa as causas naturais de maneira a alterar seus resultados. Porém, em sentido forte, o agente do possível é a vontade livre como o poder para escolher entre alternativas contrárias e para deliberar sobre o sentido, o curso e a finalidade de uma ação. Embora o possível seja, como o contingente, aquilo que pode ou não acontecer, no contingente o acontecimento se dá independentemente da deliberação do agente e da finalidade que este dera à sua ação, enquanto no possível o acontecimento resulta da escolha deliberada feita pelo agente, que avalia meios e fins de sua ação. Eis por que, desde Aristóteles, aprendemos a distinguir o contingente e o possível dizendo que o primeiro não está em nosso poder e que o segundo é exatamente o que está em nosso poder. Enfim, embora a técnica e a ação livre da vontade façam ambas parte do possível, a diferença entre elas está em que o efeito da ação técnica é um objeto diferente do próprio agente, algo que existe separadamente dele como produto, enquanto na ação livre o efeito é a própria ação, é o próprio agente agindo, de sorte que não se pode separar o agente, a ação e o efeito da ação. Somente nesse segundo caso pode-se falar em ética e política, isto é, em *práxis*, ação que não se distingue e não se separa do próprio agente.

Assim, se herdamos de Aristóteles a ideia do acaso como encontro, dele também herdamos a ideia da liberdade da vontade como a ação que está em nosso poder. Por isso Aristóteles afirma que não deliberamos sobre aquilo que não temos o poder de fazer acontecer, isto é, não deliberamos sobre o necessário, o impossível e o contingente, mas somente sobre o possível. A tradição filosófica nos deixa, portanto, como herança a distinção entre o que não está em nosso poder (o acaso, o necessário e o impossível) e o que está em nosso poder (o possível). Visto que só há possível quando há deliberação e escolha, só se pode falar propriamente no possível para as ações humanas. Ora, no caso de nossas ações, o necessário e o impossível não se referem apenas ao que escapa de nosso poder porque são o que sempre tem que acontecer ou o que nunca pode acontecer – isto é, o necessário é a sequência imutável de séries causais e de séries de efeitos, e o impossível é a ausência de tais séries de causas e efeitos –, mas se referem ainda ao tempo. O passado enquanto passado é necessário, por isso não está em nosso poder, e o futuro enquanto futuro é contingente, isto é, pode ou não acontecer desta ou daquela maneira. Lemos no Livro VI da *Ética a Nicômaco*:

> O passado jamais pode ser objeto de escolha: ninguém escolhe ter havido o saque de Troia; com efeito a deliberação não se refere ao passado mas ao futuro e ao contingente, pois o passado não pode não ter sido. Agatão está certo ao escrever: "Pois há uma única coisa de que o próprio Deus está privado: fazer com que o que foi não tenha sido".

Em outras palavras, a necessidade do passado se contrapõe à possibilidade do presente, em decorrência da indeterminação do futuro. O possível está, portanto, articulado ao tempo presente como escolha que determinará o sentido do futuro que, em si mesmo, é contingente porque depende de nossa deliberação, escolha e ação. Isso significa, todavia, que, uma vez feita a escolha entre duas alternativas contrárias e realizada a ação, aquilo que era um futuro contingente se transforma num passado necessário, de tal maneira que nossa ação determina o curso do tempo. É essa passagem do contingente ao necessário por meio do possível que dá à ação humana um peso incalculável. Assim, se voltarmos aos nossos exemplos, um curso novo de acontecimentos terá lugar se Teeteto se apossar do tesouro, se Sócrates receber a dívida e se o piloto desviar o navio para Atenas, pois a escolha possível no presente produz uma ação que, tornando-se passada, também se torna necessária. Já não é mais possível a Teeteto não viver os efeitos da posse do tesouro, já não é mais possível a Sócrates não ter recebido a dívida e não há mais nenhuma possibilidade de que o navio não tenha aportado em Atenas.

Assim, a tradição filosófica não nos deixou apenas a clara distinção entre o necessário, o contingente e o possível, e, no possível, a distinção entre a técnica como ação violenta e a práxis como ação livre, mas também nos legou uma consequência difícil. De fato, quando iniciamos uma ação por vontade livre, embora de nossa perspectiva essa ação seja um possível escolhido livremente por nós, tal ação é também um acontecimento novo no mundo e, como tal, não só esse novo se tornará um fato passado necessário, que desencadeia suas próprias consequências necessárias, como também nossa ação livre poderá ser um acaso para um outro que não a esperava. Isso significa que, quando agimos por liberdade, embora nossa ação seja um possível em nós e para nós, ela pode ser, para um outro, um acontecimento inesperado, um acaso. Dessa maneira, pouco a pouco, a filosofia não só manteve a ideia aristotélica de que o acaso e a contingência não são sem causa, mas ainda foi levada a considerar que o acaso e a contingência não são apenas o efeito de um poder externo que age sobre nós, mas também efeitos de ações livres. Em outras palavras, a liberdade tem como causa nosso poder sobre o possível, mas tem como efeito fazer acontecer algo contingente para um outro, pois o outro não tem poder sobre a nossa liberdade e não tem poder sobre os efeitos de nossa liberdade. Assim, para o outro, nossa liberdade pode ter o mesmo papel, o mesmo sentido e o mesmo peso que o acaso.

Nossa liberdade causa efeitos contingentes para um outro e também produz um encontro, bom ou mau. É assim que, no caso de ir ao mercado comprar legumes e encontrar alguém que nos paga uma dívida, podemos falar no encontro de duas séries causais independentes que têm como origem a liberdade de duas pessoas que escolheram ir ao mercado e por isso se encontraram. Em outras palavras, o encontro se deu entre duas liberdades. Todavia, no caso do navio desviado de Egina para Atenas por força de uma tempestade, o encontro não seu deu entre duas liberdades, mas entre a liberdade do piloto e dos passageiros, que escolheram ir a Egina, e a causalidade necessária da Natureza, que produziu a tempestade. Nesse caso, não há encontro de duas liberdades, mas o encontro entre uma liberdade e uma necessidade. Enfim, no caso de nosso primeiro exemplo – cavar a terra para plantar e encontrar um tesouro –, também podemos falar no encontro de duas séries causais independentes, mas já não é tão evidente que devemos também pensar que fomos livres para ir cavar a terra e que foi por vontade livre que alguém escondeu um tesouro. Nesse terceiro caso, tanto ir cavar a terra para plantar quanto esconder o tesouro podem não ter sido ações livres: se eu não cavar a terra e não plantar, não terei alimento ou, se sou escrava, serei açoitada; se eu não esconder o tesouro, alguém poderá tomá-lo de mim ou terei que devolvê-lo ao verdadeiro dono e sofrerei penas da lei, se ele não for meu. Em outras palavras, embora eu seja livre para cavar a terra ou não cavá-la e para esconder ou não esconder o tesouro, já não podemos falar simplesmente numa livre decisão da vontade, pois algo impeliu e forçou minha vontade a realizar a ação: a fome, o proprietário da terra; a avareza, o medo da justiça. Assim, para dizer que uma ação é livre, é preciso que esteja inteiramente no poder do agente realizá-la ou não, e que a decisão de realizá-la ou de não realizá-la dependa exclusivamente da deliberação e da escolha feita pelo poder do agente. Nos demais casos, diremos que a vontade foi coagida numa direção em vez de outra e que a ação não é livre.

Dessa maneira, a tradição filosófica nos legou um quadro de referências com que podemos distinguir ações livres e não livres. Não são livres as ações feitas: (1) por necessidade da Natureza (contrair a pupila, sentir fome, sentir sede, ter o pulso acelerado ou retardado, nascer, viver, envelhecer, morrer); (2) por contingência ou por acaso (encontrar um tesouro, receber o pagamento de uma dívida, ir dar em Atenas quando se pretendia ir a Egina); (3) por violência técnica, quando se força uma coisa ou um agente a realizar uma operação contrária à sua natureza; (4) por violência moral e política, isto é, coação ou constrangimento da vontade sob o poder de um outro (não cavar a terra e perder o emprego ou ser açoitado; não esconder o tesouro e ser roubado ou aprisionado pelas forças da ordem). São livres as ações cuja causa se encontra apenas em nós quando está inteiramente em nosso poder escolher entre possíveis contrários ou entre alternativas igualmente possíveis. Os efeitos de uma ação são necessários quando são determinados por uma causa necessária, como é o caso da Natureza; os efeitos de uma ação são contingentes quando sua causa é contingente, por exemplo, se referem ao futuro. Mas os efeitos de uma ação livre são de dois tipos: para o agente livre, os efeitos de sua ação fazem crescer sua liberdade e são efeitos livres; porém, para um outro, os efeitos da ação de um agente livre podem ser efeitos contingentes os quais tanto podem aumentar quanto diminuir a liberdade desse outro. Para um outro, minha ação livre pode ser um bom ou um mau encontro. Mas não só isso.

Se a ação livre é aquela que torna possível um futuro contingente e, ao realizá-lo, o transforma em passado necessário, então também é efeito da liberdade a produção da necessidade nos acontecimentos humanos. Um possível livremente realizado se torna um necessário instituído. Como dissera Aristóteles, o necessário é o que não pode ser objeto de deliberação nem de escolha. No entanto, também não está em nosso poder o oposto à necessidade (natural ou histórica), isto é, a contingência ou o acaso. O agente ético e político encontra-se, portanto, encravado entre dois poderes exteriores que o determinam de maneira exatamente oposta: a necessidade o obriga a seguir leis (naturais) e regras (históricas) sobre as quais nada pode; a contingência o força em direções contrárias imprevisíveis, dando peso ao verso de Ovídio nas *Metamorfoses*: "*Video meliora proboque, deteriora sequor*" (Vejo o melhor e o aprovo; sigo o pior). Mais do que isso: no caso da ética e da política e, portanto, da história, a necessidade foi produzida pela própria ação livre do agente, que transformou um contingente num possível e, ao realizar esse possível, o transformou em necessário. Eis por que, ao descrever o agente ético e político virtuoso, isto é, livre e responsável, Aristóteles afirmará que a virtude perfeita é a prudência, e o homem perfeitamente virtuoso é o prudente, isto é, aquele que olha para frente e para trás, examina o passado e o futuro, pesa as consequências da ação porque tais consequências se tornarão necessárias e terão efeitos sobre ele e sobre os outros. O prudente é aquele que enfrenta o problema maior posto pela ação livre, isto é, a indeterminação do tempo presente, a necessidade do tempo passado e a contingência do tempo futuro.

É essa relação essencial com o tempo que leva Aristóteles, finalmente, a distinguir o acaso na Natureza e o acaso nas ações humanas. Na Natureza, o acaso é apenas o encontro acidental de séries causais independentes que produzem um fim não previsto e um acontecimento imprevisto. Nas ações humanas, porém, o acaso recebe o nome de *týche*, a *fortuna*. No Livro K da *Metafísica*, Aristóteles explica:

> Quanto ao outro ser, digo, o ser por acidente, não é necessário, mas indeterminado cujas causas são inordenadas e em número infinito. Há finalidade no que devém por natureza ou provém do pensamento. Há fortuna quando um desses acontecimentos se produz por acidente [...] A fortuna é uma causa por acidente daquele que escolhe normalmente segundo uma escolha refletida em vista de um fim. Assim, fortuna e pensamento relacionam-se com as mesmas coisas, pois a escolha não existe separada do pensamento. Mas as causas que produzem o que pode vir da fortuna são indeterminadas, donde se segue que *a fortuna é impenetrável ao cálculo do homem* (Grifos meus, MC).

Em outras palavras, enquanto no possível o número de causas é finito ou determinado – são duas alternativas contrárias que estão submetidas à deliberação do agente –, no caso da fortuna o número de causas, isto é, de alternativas, é ilimitado ou totalmente indefinido e por isso não podemos deliberar, não temos como deliberar.

O possível é o campo em que se exercem nossa vontade e nossa liberdade; a fortuna é o espaço-tempo do imprevisível, no qual as coisas nos acontecem sem que possamos ter outra atitude senão a da recepção do acontecimento que cai sobre nós. Na fortuna, somos passivos: algo nos acontece em decorrência de causas externas que não controlamos; por isso falamos em graça e em desgraça, para indicar a ação benfazeja ou malfazeja de uma potência externa que nos atinge; falamos em boa fortuna ou boa sorte e em infortúnio ou má sorte, em boa dita e desdita, em bom ou mau encontro. No possível somos ativos: algo acontece por ação de nossa liberdade como causa interna desse acontecer. Por isso falamos em virtude e vício como o que está em nosso poder, como o que dá sentido às ações de nossa vontade e de nossa liberdade. A ética e a política pertencem, assim, ao campo do possível, a Natureza, ao do necessário, e a história, porque campo de inumeráveis causalidades simultâneas, tende sempre a ser vista como o campo da fortuna, pois esta traz a marca de tudo quanto há de incontrolável e de imponderável no tempo.

Essa ideia da fortuna como senhora do tempo humano e como senhora da história encontra-se na primeira página da *História*, de Heródoto, que narra a guerra entre os gregos e os persas, e afirma que a justiça será sempre feita porque a Fortuna é a roda do tempo: os que hoje, vitoriosos, estão em cima, amanhã estarão embaixo, vencidos. O verdadeiro historiador deve, pois, narrar os feitos dos vencedores e dos vencidos, honrar ambos e fazê-los igualmente memoráveis porque o vencido de hoje será o vencedor de amanhã. Heródoto oferece, assim, a primeira concepção de uma "lei" dos feitos históricos – *isa prós isa* – tecida com os fios da contingência. Essa lei do tempo humano nos ensina que a Fortuna é uma deusa caprichosa que premia e pune sem motivo e sem razão, mas que, justa, punirá amanhã os que premiou hoje e premiará amanhã os que puniu hoje. A nós cabe apenas deixar que ela gire a roda para que a justiça seja feita.

É preciso ainda não nos esquecermos de que a fortuna não é o destino. A noção de destino é desenvolvida pelos estoicos com o conceito de providência divina (o que permitiu sua absorção posterior pelo pensamento cristão com o nome de "predestinação"). Como a fortuna, também o destino se refere às ações humanas e ao tempo, porém os estoicos afirmam que o tempo das ações humanas é tão necessário quanto o tempo da Natureza porque todos os acontecimentos são naturais e possuem causas naturais. Tudo o que existe são forças naturais que produzem acontecimentos necessários, e a sequência dos acontecimentos é racional e necessária: essa racionalidade causal necessária é o destino, ou a própria Natureza como sequência necessária de acontecimentos ou o fogo divino, Zeus como providência imanente ao universo. Distanciando-se da tradição aristotélica, os estoicos declaram que a virtude não é escolher entre possíveis contrários nem é agir contra a força das causas naturais, e sim agir de acordo com elas, querer os acontecimentos e agir em conformidade com a Natureza. É virtuoso aquele que conhece as causas necessárias de sua ação porque conhece as articulações necessárias entre seu agir e a ação do todo da Natureza, por isso diz sim ao destino. Mas, se assim é, o que há de ser a fortuna? A fortuna é o acontecimento produzido pelo encontro acidental de causas secundárias ou causas parasitárias, isto é, causas fracas e derivadas que se aproveitam da força das causas primárias ou primeiras e produzem acontecimentos contingentes. Enquanto querer o destino é a ação própria do homem virtuoso que conhece as causas necessárias de sua ação e das ações da Natureza, a fortuna é o lugar da pura paixão, isto é, o momento em que somos agidos por forças externas que nos dominam porque ignoramos suas causas e origens. Parasita, a fortuna não produz nada de seu, não tem força para fazer surgir alguma coisa nova no mundo, mas apenas se aproveita da força do destino ou da providência para distribuir bens ou tirá-los daqueles a quem os deu sem motivo. Jogo, máscara, sedução, crueldade, capricho, arbitrariedade, tirania, mescla paradoxal de desordem e justiça, a fortuna tende a aparecer dotada de duas faces: como monstro (ou contra natureza, pois seduz o agente a submeter-se a paixões que destroem sua verdadeira natureza) e como justiça cósmica (ou a ordem providencial), que detém pesos e contrapesos sobre os poderosos deste mundo – *isa prós isa*, igualadora, escreve Heródoto na abertura da *História*.

Senhora do mundo, senhora de todas as graças e senhora de todas as desgraças – "*Fortuna regina mundi*", proclamam os *Carmina Burana*. Ei-la nas palavras de Boécio, na *Consolação da Filosofia:*

> Quando, orgulhosa, ela muda o curso das coisas
> E como o Euripo tempestuoso ela gira seu fuso,
> Rebaixa impiedosamente os reis outrora temíveis.
> Enganosa, mostra a face do vencido arrastada no pó;
> Não ouve o lamento dos infelizes ou não lhes dá atenção,
> Até se ri, cruel, dos gemidos que provoca.
> Assim ela brinca, assim ela dá a prova de seu poder
> E oferece aos seus súditos um grande espetáculo: o de um homem
> Que em uma hora passa da desgraça à glória.

Graças à distinção estoica entre destino e fortuna e à distinção judaico-cristã entre providência e fortuna, consagrou-se, pouco a pouco, uma imagem da fortuna, que se cristalizou numa iconografia muito precisa: a deusa Fortuna é representada por uma jovem belíssima, de olhos vendados, que traz numa das mãos o globo e na outra uma cornucópia; tem na cintura um cinto com os signos do zodíaco; vem com um manto agitado pelo vento; tem asas nos pés e pisa sobre a roda que faz girar com os pés. Essa imagem nos oferece a volúvel e inconstante Fortuna, senhora do mundo (o globo), senhora de nossa sina (o zodíaco), dispensadora de bens (a cornucópia), agitada como a tempestade (o manto enfunado), inconstante (as asas nos pés), cega ou indiferente aos pedidos dos homens (a venda nos olhos) e justa (a roda). Todavia, há nessa imagem um aspecto de grande relevância porque nele virá se inscrever a possibilidade de uma ação ética e política capaz de vencer a própria fortuna. Trata-se das asas nos pés. Embora essas asas sirvam para assinalar que a fortuna é passageira, inconstante, caprichosa, volúvel e efêmera, essas mesmas asas indicam que ela age porque tem em seu favor o tempo que corre celeremente. Ora, esse tempo que corre velozmente não é o tempo da Natureza, pois o tempo da Natureza é repetitivo e regular; nem é o tempo do destino ou da providência, pois o tempo do destino e da providência é um tempo lento e longo de realização de um plano, que é o plano do deus ou a Providência Divina. O tempo célere e efêmero, de que se vale a fortuna, é o *kairós*: o instante oportuno ou a ocasião oportuna, isto é, aquele instante fugidio que devemos saber agarrar, se quisermos agir e se quisermos vencer a fortuna em seu próprio terreno. O *kairós* é o tempo da ação adequada, o tempo em que o médico age para agarrar a doença, em que o político age para agarrar a ocasião oportuna, em que o agente ético atua, dobrando a força das paixões. O *kairós* é o instante da iniciativa, quando o agente toma sua vida em suas mãos contra o assédio, a sedução e as ilusões da fortuna. Graças à liberdade da vontade e à racionalidade de sua natureza, o agente virtuoso é aquele que delibera no momento oportuno considerando os efeitos de sua ação, de maneira a não agir sob o impulso sedutor da fortuna que o fará, logo adiante, pagar o preço da imprudência.

Sob essa perspectiva, a Renascença definirá a virtude por sua oposição à fortuna, pensando num enfrentamento entre duas forças temporais: toma a fortuna como a força da indeterminação das situações e dos acontecimentos no ponto de partida e no de chegada, e a ela contrapõe a virtude como o poder para determinar o indeterminado, para deliberar e escolher os possíveis. Todavia, o tratamento renascentista do par fortuna/virtude produz uma mutação decisiva, algo que poderíamos designar como a dessubstancialização ou a despersonalização da fortuna, que deixa de ser a exterioridade bruta de uma força cega que se abate sobre os homens para tornar-se a indeterminação e a adversidade inscritas nos limites de nossa própria ação, aquilo que não está completamente em nosso poder, mas também não nos escapa por completo, por isso exige a ação do virtuoso. Deixando de ser um poder cego exterior aos homens, a relação entre fortuna e virtude abre a dialética entre a consciência e os acontecimentos. É dessa maneira que se dá a retomada da relação virtude-fortuna por Maquiavel, Montaigne e Bacon, em conformidade com o adágio de Plauto e Ápio Cego "*Homo faber ipsius fortunae*" (o Homem, arquiteto de sua própria fortuna), pois a fortuna adquire poder somente por nossa ignorância, incúria, inércia e imprevidência. Com essa imagem surge também a de que "o prudente dominará as estrelas" (o cinto zodiacal da Fortuna) porque "nada é impossível para a virtude". Ou, como no *Júlio César* de Shakespeare, "há momentos em que os homens são senhores de sua fortuna".

Resta ainda um último traço para completar nosso quadro. Vimos até aqui que a prudência foi prezada como a virtude capaz de não sucumbir à fortuna porque o prudente é aquele que tem os olhos voltados para o passado e para o futuro ao escolher o possível no presente. No entanto, ao lado da valorização da prudência, uma outra ideia também se desenvolveu em contraponto ao poderio da fortuna: a da amizade. Diante da fortuna como encontro que pode ser ora bom, ora mau, que pode ser boa fortuna ou infortúnio, a filosofia tematizou a amizade como o bom encontro, isto é, aquela relação entre seres livres e iguais cujas ações sejam fonte de liberdade para outros.

Por que a fortuna é poderosa? Porque pode tornar-se senhora dos acontecimentos, apoderando-se do tempo como *kairós*. Como já vimos, a fortuna não tem poder sobre o tempo da Natureza nem sobre o tempo do destino ou da providência, mas tem poder sobre o tempo de nossa ação. Porém, que significa um tempo que é apenas um instante fugaz, efêmero, no qual tudo pode ser tramado contra nós ou em nosso favor? Essa relação com o tempo como indeterminação é a marca de nossa finitude. Não somos finitos apenas porque somos mortais, somos finitos porque *sabemos* que somos mortais; não somos finitos apenas porque nosso poder é muito menor do que as forças exteriores que nos rodeiam, e sim porque *sabemos* que somos menores do que elas. À nossa finitude, a filosofia sempre contrapôs a imagem do deus eterno e perfeitamente feliz, autossuficiente, autárquico, autônomo, autodeterminado, plenamente livre. Como os homens poderiam ter uma vida que se assemelhasse à eternidade, à liberdade, à autarcia e à felicidade divinas?

Duas são as maneiras humanas de viver, julga Aristóteles, nas quais o homem se assemelha ao divino: a vida política, na qual a comunidade age em conjunto para a vida boa e feliz do todo, e por isso a *politeia* perfeita é aquela que assegura o máximo de sobrevivência, segurança, justiça e liberdade a cada um de seus membros. A comunidade política é, assim, o bom encontro de homens livres e uma das maneiras de imitar a autarcia e a autonomia do divino. Todavia, por melhor que seja a comunidade política, ela se encontra sempre sujeita à ação de comunidades estrangeiras inimigas e sobretudo sujeita à ação de inimigos internos – a guerra externa e a guerra civil indicam que a fortuna também mantém seu reinado no interior da *pólis*. Há, no entanto, uma forma superior de bom encontro, de vitória contra fortuna e de imitação da autarquia e da autonomia da divindade, a amizade, aquela relação entre os livres e iguais tecida no bem-querer e no bem-fazer em que os amigos suprem reciprocamente as limitações uns dos outros e formam uma companhia livre que imita a autossuficiência do divino e diminui os efeitos dramáticos da finitude. Diferentemente da comunidade política, a amizade não sucumbe ao poderio da fortuna; ao contrário, somente ela tem a força para impedir que a diferença de posses, fama, glória e honras divida os amigos, pois o que é de cada um é de todos, e todos agem para que cada um seja o que é e tenha o que tem. Se, pela política, nós nos humanizamos, pela amizade nós nos divinizamos. Eis por que, no *Discurso da servidão voluntária,* La Boétie afirma que a amizade é sagrada e santa.

II.

O *Discurso da servidão voluntária* poderia ser lido na chave da tradição cujo quadro esboçamos anteriormente. Ali comparecem a ideia estoica da Natureza como ministra de Deus, a fortuna como infortúnio ou mau encontro, a defesa da liberdade, o elogio da prudência e da amizade, a crítica avassaladora da tirania. No entanto, há algo no texto de La Boétie que nos impede de permanecer na chave da tradição. Esse algo se torna legível se fizermos um desvio por uma outra tradição.

Num dado instante do *Discurso*, exatamente quando formula a ideia de mau encontro que teria desnaturado o homem, fazendo-o perder a lembrança de sua liberdade natural originária, La Boétie ergue uma hipótese: a de que nascesse uma "gente toda nova, nem acostumada à sujeição nem atraída pela liberdade" e à qual se perguntasse se quereria viver como serva ou viver livre: "com que leis concordaria?", indaga La Boétie. A hipótese é evidente: La Boétie se refere à imagem dos habitantes do Novo Mundo, tradicionalmente apresentada pelos viajantes como a dos homens sem lei, sem fé e sem rei – *sans loi, sans foi et sans roi*.

Ora, essa imagem tornara-se central nas disputas europeias sobre o direito dos conquistadores. As questões mais debatidas pelos teóricos do período se referem ao direito natural, ao direito das gentes, ao direito civil, se os índios são ou não escravos naturais, se a existência de reinos, como os do México, indicam a necessidade de incluir os índios no direito das gentes e no direito civil. Em outras palavras, as discussões quinhentistas são de tipo jurídico e oscilam entre a afirmação e a negação do direito natural, do direito das gentes e do direito civil aos índios, entre a afirmação e a negação da escravidão natural dos indígenas. Pergunta-se se os indígenas são ou não bárbaros, se são ou não domináveis de direito, se precisam ou não consentir num pacto de dominação, se a guerra contra eles é ou não justa. Isso significa que a preocupação se volta para saber se há ou não um *Estado positivo indígena* e qual a relação entre indígenas e Estados europeus cristãos. Independentemente das diferenças nas posições assumidas pelos teóricos e pelos poderes europeus, uma coisa sempre foi certa: jamais os indígenas foram percebidos como alteridade. Ou melhor, quando houve essa percepção, a resposta foi o extermínio.

A peculiaridade do texto de La Boétie está, antes de tudo, em não propor a questão do "selvagem", isto é, de um outro que seria o mesmo que nós, europeus, numa fase primitiva de evolução, nem de um outro imaginado como "bom selvagem", nem o selvagem como figura já constituída da política e do direito civil. Em outras palavras, La Boétie não introduz uma questão jurídica, nem introduz uma imagem da alteridade como etapa na constituição da identidade, mas fala em "gente toda nova" não acostumada à sujeição nem atraída pela liberdade. Isto é, de gente que não constituiu um Estado, de gente que nem mesmo conhece o nome da liberdade, mas que, se posta diante de uma escolha e de uma deliberação entre dois contrários possíveis, quais sejam, servir a si mesma ou servir a um senhor, escolheria "servir à razão" em vez de "servir a um homem". Essa "gente toda nova" desconhece o *nome* da liberdade justamente porque vive livremente; é uma gente racional e é essa racionalidade que a faz escolher, sem titubear, servir à razão, isto é, a si mesma, e não servir a um homem, isto é, a um senhor. Em outras palavras, La Boétie não indaga se essa gente disputaria sobre formas legítimas e ilegítimas de dominação, mas afirma que essa gente recusaria qualquer forma de dominação. Dessa maneira, a imagem da gente sem lei, sem fé e sem rei assume um sentido inteiramente novo: não se trata de gente que não sabe como ter leis, ter uma fé e ter um rei, e sim de gente que *escolheu não os ter* porque escolheu a liberdade.

Como dissemos, a "gente toda nova" é introduzida num momento preciso do *Discurso*, no momento em que La Boétie indaga como se deu o mau encontro, isto é, como explicar que o homem, o único naturalmente feito para viver livremente, seja exatamente aquele que se sujeita a um jugo que nem mesmo os animais aceitariam sem primeiro lutar contra ele e sem serem forçados a ele. Essa interrogação se articula a uma outra, que é o centro do *Discurso*: a interrogação de La Boétie não se dirige à diferença entre poderes legítimos e ilegítimos nem à busca da causa da tirania, e sim indaga como foi possível que os homens tenham instituído um poder separado da sociedade e que, graças a essa separação, pode dominá-los como uma força estranha e transcendente. Como os homens, naturalmente racionais e livres, instituíram a coerção, a sujeição a senhores e a servidão? E esta, por ser instituída pela liberdade, terá que ser nomeada "servidão voluntária".

Que a interrogação do *Discurso* não é sobre a causa da tirania, e sim sobre a origem do poder separado da sociedade, a prova está em dois momentos da reflexão de La Boétie: no primeiro, quando indaga como foi possível que os homens livremente escolhessem ter um senhor; no segundo, quando, antes de examinar o que faria essa "gente toda nova", afirma que há três tipos de tiranos – por eleição, por conquista e por hereditariedade –, mas que, embora diferentes as maneiras de chegar ao poder, é "sempre a mesma a maneira de reinar". Ou seja, o tirano não é o usurpador nem aquele que exerce um poder excessivo e ilegítimo, mas simplesmente aquele que exerce o poder quando os homens escolheram ou aceitaram um poder que se situa fora e acima da sociedade e que alguém o exerça porque eleito para exercê-lo. Por que não há diferença nas maneiras de reinar? Porque o eleito se comporta como um conquistador e o conquistador, como se tivesse sido eleito, e ambos trabalham para assegurar a hereditariedade do poder, a qual dará a esse poder a feição e os traços da naturalidade, como se tivesse existido desde sempre, por Natureza. A pergunta de La Boétie, portanto, é: como nasceu um poder transcendente à sociedade? E a resposta inicial é que, se se perguntasse à "gente toda nova" se quereria servir a um senhor, essa gente diria "não" e não permitiria o nascimento de tal poder. Observamos, portanto, que o lugar da nova gente foi deslocado: a "gente toda nova" não é um dado empírico bruto – os selvagens da América – que colocaria aos poderes legítimos da Europa o problema de legitimar a Conquista, mas é a afirmação de que não há questão da legitimidade quando o poder está separado da sociedade e, portanto, a "gente toda nova" suscita uma interrogação sobre a velha gente da Europa cristã. A nova gente torna legível o infortúnio da velha gente.

Assim, a "gente toda nova" surge no *Discurso* para demonstrar que não há necessidade natural nem necessidade de destino no surgimento do Estado como poder separado da sociedade, isto é, como dominação de um senhor ou de vários senhores sobre o restante. Se não é por necessidade da Natureza nem por necessidade do Destino que tal poder foi instituído, qual é a origem e a causa de sua instituição? Se esta não é uma necessidade, então há de ser por contingência ou por vontade. Visto que, nas ações humanas, a contingência é o que acontece por fortuna, e o que acontece por vontade acontece por liberdade, cabe indagar se o poder separado – isto é, a tirania, isto é, o Estado – surgiu por infortúnio, e não por ação humana deliberada, ou se nasceu pela liberdade da vontade humana. Nasceu por fortuna e mau encontro ou nasceu por livre decisão da vontade? E, nesse caso, como é possível uma *servidão voluntária*?

III.

O *Discurso da servidão voluntária*, como seu título indica, debruça-se sobre um enigma: como os homens, seres naturalmente livres, usaram a liberdade para destruí-la? Como é possível uma servidão que seja voluntária? De fato, escreve La Boétie, servidão voluntária é alguma coisa que a Natureza, ministra racional de Deus e boa governante de todas as coisas, se recusou a ter feito – isto é, a servidão voluntária ou o poder separado do Estado não é obra da Natureza. Mas servidão voluntária é também algo que a própria linguagem se recusa a nomear, pois essa expressão é um oximoro, visto que vontade livre e servidão são opostas e contrárias: toda vontade é livre, e só há servos por coerção ou contra a vontade, coisa de que até os bichos dão prova. O enigma, portanto, é duplo: como homens livres se dispuseram livremente a servir e como a servidão pode ser voluntária?

É para responder a essa interrogação e decifrar esse duplo enigma que La Boétie começa propondo o infortúnio ou o mau encontro como resposta. Foi por fortuna que os homens se desnaturaram, isto é, perderam a liberdade natural e escolheram ter senhores, acostumando-se a servi-los. Desaparecido o amor da liberdade e enraizada a "obstinada vontade de servir", os humanos perderam o direito natural, isto é, desaprenderam de ser livres e se esqueceram de que, por Natureza, obedecem apenas à razão e não são servos de ninguém. Por que por fortuna? Por que por mau encontro e infortúnio? Porque, escreve La Boétie, por natureza temos todos a mesma forma e fomos feitos na mesma fôrma, pois a Natureza nos fez todos livres, iguais e companheiros, deu-nos o dom da fala e do pensamento para nos reconhecermos uns aos outros e para que, declarando nossos pensamentos e sentimentos, instituíssemos a comunhão de ideias e afetos. Se, por Natureza, somos todos livres, pois somos todos companheiros, então "não pode cair no entendimento de ninguém que a Natureza tenha posto algum em servidão, pondo-nos todos em companhia". A argumentação de La Boétie é precisa: introduz o direito natural (igualdade e liberdade) não como um termo jurídico, e sim para negar que a servidão possa ser natural e voluntária. Consequentemente, se somos servos, não o somos por obra da Natureza, mas por operação da fortuna. Donde a pergunta: que infortúnio foi esse, que mau encontro foi esse que nos desnaturou a tal ponto que já nem nos lembramos de que um dia fomos iguais e livres?

O infortúnio, essa contingência incontrolável, aconteceu no momento em que os homens elegeram um senhor, que se tornaria tirano, ou no momento em que foram conquistados pelas armas de um tirano. No primeiro caso, foram imprudentes; no segundo, vencidos pela força. Ora, ainda que diferentes as maneiras de um tirano chegar ao poder, é idêntica a maneira de governar e, se assim é, não basta referir a causa da tirania à fortuna, pois mesmo que suba ao poder num momento de infortúnio, o tirano nele se conserva por consentimento voluntário dos tiranizados. Se a fortuna pode explicar o advento da tirania, não pode explicar sua conservação e, dessa maneira, estamos de volta ao nosso enigma inicial: como é possível a servidão voluntária?

O *Discurso* procura, então, nova resposta. Se por Natureza os homens são livres e servem somente a si mesmos, servindo à razão, a servidão só pode ser explicada pela coação ou pela ilusão. Por coação: os homens são forçados, contra a vontade, a servir o mais forte. Por ilusão: os homens são iludidos por palavras e gestos de um outro que lhes promete bens e liberdade, submetendo-os ao iludi-los. Novamente, porém, a resposta não é satisfatória, pois, como anteriormente, a coação e a ilusão podem explicar por que o tirano sobe ao poder, isto é, por que o poder se separa da sociedade, mas não podem explicar por que ele assim se conserva. Agora, porém, La Boétie parece encontrar a boa resposta: a tirania se conserva pela força do costume. Este é uma segunda natureza, e os humanos, inicialmente forçados ou inicialmente iludidos, se acostumam a servir e criam seus filhos alimentando-os no leite da servidão; por isso os que nascem sob a tirania não a percebem como servidão e servem voluntariamente, pois ignoram a liberdade. O costume, portanto, é o que nos ensina a servir.

Ora, escreve La Boétie, "maldita seja a natureza se o costume pode mais do que ela!". Assim, o equívoco da argumentação consiste em supor que o costume possa ser mais forte do que a Natureza e apagá-la. A prova de que isso é falso está no grande número de exemplos históricos de povos e indivíduos que lutaram para recobrar a liberdade perdida. Destarte, o poder separado, mesmo que seja instituído por fortuna e conservado por costume, não encontra na fortuna e no costume sua origem verdadeira. É preciso, ainda uma vez, explicar de onde o tirano tira a força para se conservar e de onde vem o desejo de servir. É preciso saber "como enraizou tão antes" a obstinada vontade de servir.

A força do tirano, explica La Boétie, não está onde imaginamos encontrá-la: não está nas fortalezas que o cercam nem nas armas que o protegem. Pelo contrário, se precisa de fortalezas e armas, se teme a rua e o palácio, é porque se sente ameaçado e precisa exibir signos de força que ocultem os signos verdadeiros do poder. Fisicamente, um tirano é um homem como outro qualquer – tem dois olhos, duas mãos, uma boca, dois pés, dois ouvidos; moralmente, é um covarde, prova disso estando na exibição dos signos de força. Se assim é, de onde vem seu poder, tão grande que ninguém pensa em dar fim à tirania? Seu poder vem da ampliação colossal de seu corpo físico por seu corpo político, provido de mil olhos e mil ouvidos para espionar, mil mãos para espoliar e esganar, mil pés para esmagar e pisotear. O corpo físico não é ampliado apenas pelo corpo político como corpo de um colosso, também sua alma ou sua moral são ampliadas pelo corpo político, que lhe dá as leis, lhe permite distribuir favores e privilégios, seduzir os incautos para que vivam à sua volta para satisfazê-lo a todo instante e a qualquer custo. A pergunta que nos cabe fazer é: quem lhe dá esse corpo político gigantesco, ubíquo, sedutor e malévolo? A resposta é imediata: somos nós, "povos insensatos e nações miseráveis", que lhe damos nossas mãos, pés, ouvidos e bocas, nossos bens e nossos filhos, nossas almas, nossa honra, nosso sangue e nossas vidas para alimentá-lo, para aumentar-lhe o poder com que nos destrói.

Se, por infortúnio, um tirano galgou o poder e, por costume, ali se mantém, como derrubá-lo e reconquistar a liberdade? Não lhe dando o que nos pede: se não lhe dermos nossos corpos e nossas almas, ele cairá. Basta não querer servi-lo, e ele tombará.

Mas, se é tão clara a resposta, maior então o enigma da servidão voluntária, pois é coisa fácil derrubar a tirania. Mas, então, por que servimos voluntariamente o que nos destrói? A resposta é terrível: consentimos em servir porque não desejamos a liberdade. Consentimos em servir porque esperamos ser servidos. Servimos ao tirano porque somos tiranetes: cada um serve ao poder separado porque deseja ser servido pelos demais que lhe estão abaixo; cada um dá os bens e a vida pelo poder separado porque deseja apossar-se dos bens e das vidas dos que lhe estão abaixo. A servidão é voluntária porque há desejo de servir, há desejo de servir porque há desejo de poder e há desejo de poder porque a tirania habita cada um de nós e institui uma sociedade tirânica. Haver tirano significa que há sociedade tirânica. É ela e somente ela que dá poder ao tirano e o conserva ali onde o colocou para malfazer.

O *Discurso da servidão voluntária* foi durante muito tempo designado com o título de *Contra Um* pois, de fato, é um contradiscurso. Com efeito, o *Discurso* desmonta a construtura da tradição filosófica, jurídica e política ao produzir um discurso que, operando com os termos herdados, os volta contra si mesmos. Assim como não indaga sobre a legitimidade ou ilegitimidade do poder, nem distingue os regimes políticos pelo número de governantes, assim também nele se entrecruzam e se embaralham todos os termos que a tradição tão claramente havia distinguido e já não sabemos o que é por Natureza, por fortuna, por coação, por vontade. Sem dúvida, tirania e servidão voluntária são o infortúnio, o mau encontro que desnatura os humanos e os faz esquecidos de si mesmos. Porém, se somos naturalmente racionais, iguais e livres, esse infortúnio não terá como se conservar, a menos que a fortuna tenha destruído o principal: o desejo de liberdade. Quando os humanos escolhem instituir o poder separado e escolhem servi-lo para também ser servidos, ter bens e as vidas dos demais, então sim, a fortuna venceu a Natureza e venceu a virtude. Por quê? Porque com sua cornucópia de bens efêmeros, a fortuna preencheu todo o desejo e tornou impossível o único desejo natural, um desejo sem objeto, o desejo de liberdade. É esse o infortúnio. É essa a desnaturação.

> Resta dizer uma única coisa, a qual não sei como falece natureza aos homens para desejá-la. É a liberdade, todavia, um bem tão grande e tão aprazível que, uma vez perdido, todos os males seguem de enfiada; e os próprios bens que ficam depois dela perdem inteiramente seu gosto e sabor, corrompidos pela servidão. Só a liberdade os homens não desejam; ao que parece não há outra razão senão que, se desejassem, tê-la-iam; como se se recusassem a fazer essa bela aquisição só porque ela é demasiado fácil. Pobres e miseráveis povos insensatos, nações obstinadas em vosso mal e cegas ao vosso bem![1]

A esses povos miseráveis e insensatos, insensíveis ao seu próprio mal, o *Discurso* contrapõe a "gente toda nova", que escolheria servir apenas a si mesma e nunca a um senhor.

IV.

Para comprovar que o desejo de liberdade é natural e que, para os homens, "agir por Natureza" é "agir por liberdade", La Boétie confronta os "muitos" (os povos insensatos e as nações cegas) aos "alguns", que não cessaram de desejar a liberdade porque não desejam servir. Esses "alguns" são, em primeiro lugar, os que são "capazes de enxergar mais longe" e de "olhar para trás e para frente": são os prudentes, aqueles que sabem que, uma vez perdida a liberdade, "todos os males se seguem de enfiada". Porque prudentes, esses "alguns" não se deixam dominar pela fortuna, pelas condições adversas do presente, mas procuram ler o curso do tempo e agir para determinar o indeterminado, pois sabem que a ação presente se tornará um passado necessário que desencadeará efeitos necessários para o porvir.

Se os prudentes são os que não se deixam seduzir pela fortuna, por benefícios presentes que se tornarão malefícios vindouros, os amigos são aqueles que não se deixam iludir pelo risco maior, aquele

[1] LA BOÉTIE, É. de. *Discurso da servidão voluntária*. São Paulo: Brasiliense, 1982, p. 15.

risco que é o infortúnio originário porque ação voluntária e livre na qual será plantado o germe da tirania. Que risco é esse? Se a amizade é coisa santa e nome sagrado, se só existe onde há igualdade, liberdade e justiça, se somente é cultivada entre os que se unem pelo bom natural e para o bem fazer recíproco, se nela não há lugar para a cumplicidade e o malefício, se ela vence a fortuna porque cada amigo é para o outro o bem verdadeiro, então o risco maior é que, por amizade, os amigos elevem um dos seus e o coloquem acima dos demais. Se o fizerem, instituem a desigualdade originária, lançam um dos seus para fora e para além dos limites da amizade, o separam da boa companhia, o isolam e o servem, imaginando, assim, compensá-lo do isolamento e do desamor que lhe trazem sua nova condição. Ora, que esse risco é real, basta para comprová-lo que nos lembremos de que o nome *tyrannós* não significa aquele que exerce um poder pelo uso da força, mas aquele que é mais excelente do que os outros em tudo o que faz: o mais valente, o mais sábio, o mais clarividente, o mais hábil. É justamente por suas qualidades excepcionais que os amigos o elevam acima deles e o isolam, e da admiração passam à servidão.

O contradiscurso de La Boétie, ao embaralhar as distinções propostas pela tradição e retomar a prudência e a amizade, isto é, as virtudes com que ela imaginava vencer a fortuna, a adversidade e o infortúnio, produz um efeito de conhecimento espantoso: a origem da servidão voluntária encontra-se em três causas que deveriam torná-la impossível, isto é, a vontade livre, a prudência e a amizade. A vontade livre, se os humanos escolherem ter um senhor. A prudência, se, ao deliberar calculando entre dois males, escolherem o mal menor em vez de mal nenhum. A amizade, se os amigos elevarem o melhor entre eles, separando-o do círculo dos iguais. Dessa maneira, são exatamente as condições da virtude, da liberdade e da felicidade que podem ser a causa da instituição do poder separado. É isso que La Boétie chama de *infortúnio* e *mau encontro*.

Para lançar uma luz sobre esse mau encontro é que o *Discurso* introduz a hipótese da "gente toda nova". La Boétie escreve:

> A propósito, se porventura nascesse hoje alguma gente toda nova, nem acostumada à sujeição nem atraída pela liberdade, que de um e de outra nem mesmo o nome soubesse, se lhe propusessem ser

> servos ou viver livres, com que leis concordaria? Não há dúvida de que preferiria somente à razão obedecer do que a um homem servir; a menos que fosse como a [gente] de Israel que, sem coerção e nenhuma precisão, deu a si mesma um tirano. Povo cuja história nunca leio sem enorme indignação, a ponto de quase tornar-me desumano, por rejubilar-me com tantos males que lhe sucederam. Mas certamente para que todos os homens, enquanto têm algo de humano, deixem-se sujeitar, é preciso um dos dois: que sejam forçados ou iludidos.[2]

La Boétie deixa por conta da contingência e do acaso o nascimento da "gente toda nova" ("se porventura", escreve ele) e a apresenta como racional. Por isso mesmo, ainda que nem possua um nome para a sujeição e para a liberdade, não escolherá servir a um homem, pois escolhe servir à razão e, portanto, somente a si mesma. Assim, enquanto o presente europeu só pode ser designado por uma expressão monstruosa – servidão voluntária –, a "gente toda nova" não precisa de quaisquer palavras para designar sua própria condição, pois não tem como nem porque confrontar liberdade e servidão.

Todavia, é preciso destacar uma curiosa aparição no texto, logo após a menção à gente toda nova. La Boétie brada:

> [...] aqueles de Israel, que sem coerção e sem qualquer precisão, se deram um tirano. Povo cuja história nunca leio sem grande indignação e que, com o risco de me tornar desumano, chego quase a me alegrar com tantos males que lhe aconteceram.[3]

À primeira vista, parece inexplicável essa referência à gente de Israel, cuja história provoca indignação no autor porque, livre e feita de iguais em sua vida no deserto, "sem nenhuma coerção e nenhuma precisão deu a si mesma um tirano", isto é, Moisés. O texto é claro: se foi sem coerção nem precisão e se os homens enquanto humanos só servem se forçados ou iludidos, é evidente que os hebreus foram iludidos pelo fundador e que sua situação é exatamente a mesma que, na abertura do *Discurso*, narra a dos gregos quando, em Homero, aceitam

[2] LA BOÉTIE, *op. cit.*, p. 19-20.

[3] *Idem, ibidem.*

a palavra de Ulisses: "em ter vários senhores nenhum bem sei / que um seja o senhor, que um só seja o rei". Tanto no caso dos hebreus quanto no dos gregos, esses povos insensatos e nações miseráveis não cessaram de sofrer os males "que seguem de enfiada".

La Boétie dirige o olhar ao momento da origem, à primeira gente – hebreus e gregos –, e ao momento do novo, a "gente toda nova", recém-nascida. Se o prudente olha para trás e para frente, é porque olha para o primeiro tempo e para o tempo novo para ver se o infortúnio do tempo primeiro não se repetirá no tempo novo. Situando-se entre duas temporalidades, o *Discurso* não se situa entre dois tempos empíricos, e sim numa diferença ontológica: o tempo depois da liberdade e o tempo da liberdade. Mas justamente porque se situa na temporalidade, o *Discurso* sabe que se situa no contingente, no possível e no risco permanente do mau encontro ou do infortúnio.

Eis por que a "gente toda nova" surge no texto para figurar algo aparentemente contraditório: de um lado, figurar a humanidade enquanto tal, a universalidade originária do gênero humano e, de outro, levar ao reconhecimento de que essa universalidade humana, ou a humanidade enquanto racional e livre desapareceu. A "gente toda nova" não deseja a servidão voluntária, por isso recusa a gênese do poder separado. A "gente toda nova" figura a universalidade humana e a memória (ontológica) da origem perdida. Não são o Outro: são o humano nos homens. Não são uma nova figura do Mesmo: são o humano tornado outro para si mesmo.

V.

La Boétie afirma que a servidão voluntária é monstruosidade que a Natureza recusou fazer e que a linguagem recusa nomear, pois é impossível, do ponto de vista racional, reunir servidão e vontade livre. Servidão voluntária é um oximoro, o mesmo que liberdade serva. Embora racional e linguisticamente servidão voluntária seja impensável *de jure*, a servidão voluntária é *de facto* inegável, e é preciso decifrá-la como se decifra um enigma. Decifrá-lo significa distinguir desejo de liberdade e desejo de servir, mostrar que o desejo de servir só se realiza pela posse imaginária de bens e que o desejo de liberdade não é desejo de posse, mas uma maneira de viver sem se submeter a nada e a ninguém. É exatamente por isso que La Boétie abandona toda e qualquer referência jurídica no tratamento da servidão voluntária. Ou melhor, o contradiscurso de La Boétie põe a descoberto o que se esconde sob elaboração jurídica da servidão voluntária.

Com efeito, enquanto o *Discurso* se dedica ao deciframento desse enigma que a natureza recusa ter feito e a língua recusa nomear, os teólogos e juristas cristãos quinhentistas e seiscentistas tomam a via oposta, isto é, dão à servidão voluntária a positividade de um conceito juridicamente válido e racional, com que pretendem explicar a condição dos nativos americanos e justificar a Conquista.

O procedimento teológico-jurídico toma como ponto de partida a definição do direito como uma faculdade moral que assegura a legitimidade de uma posse ou propriedade. Uma faculdade é um poder que um agente possui se puder exercê-lo, por isso é definida como uma liberdade, visto que a liberdade é aquele poder que um agente pode ou não exercer, se quiser. Ao mesmo tempo, a própria liberdade é definida como uma faculdade porque é uma propriedade de alguém. O direito (seja natural ou positivo) é uma faculdade que um homem possui como sua propriedade e que lhe é devida, pois a justiça é dar a cada um segundo o seu direito. Por direito natural, o homem tem a faculdade sobre as seguintes propriedades: seu corpo, sua vida, os bens necessários à conservação de seu corpo e de sua vida, e sua liberdade. Como a principal característica de uma faculdade é poder ser ou não ser exercida, qualquer um pode não exercer seu direito natural sobre alguns de seus bens, por exemplo, uma parte de sua terra, e cedê-la livre e voluntariamente para um outro que dela terá não a posse, mas o usufruto. É assim que Deus tem a propriedade sobre o universo e nos concedeu o usufruto dele.

Ora, se a liberdade é uma faculdade, podemos ou não exercê-la, e visto que ela também é uma propriedade, podemos voluntariamente transferi-la para um outro (como no pacto de submissão ao soberano) como também podemos voluntariamente aliená-la a um outro ou vendê-la a um outro: a venda da liberdade a um outro é o ato voluntário feito pelos africanos; a alienação da liberdade a um outro é o ato voluntário de submissão à vontade superior de um outro ou o ato feito pelos indígenas. Os africanos são escravos voluntários por venda da liberdade; os indígenas, servos voluntários por alienação da liberdade. A servidão voluntária é, portanto, racional, legal e legítima, pois é um caso do direito natural entendido como faculdade para o uso voluntário de uma propriedade, no caso, a liberdade.

Visto que Deus decretou o direito objetivo ou a hierarquia de comando do superior sobre o inferior, isto é, as normas da justiça cósmica para reger a Natureza, então, por Natureza, só há ordem e justiça no universo se o inferior obedecer ao superior. Por isso faz parte da ordem e da justiça universais que os súditos se submetam ao soberano e que africanos e indígenas se submetam voluntariamente aos homens brancos cristãos adultos.

Por que La Boétie estabelece o contraponto do povo hebraico e do povo grego com a gente toda nova? Porque assim indica por onde passaria o risco de destruição dessa nova gente, comparando-a à primeira gente dos cristãos e à primeira gente dos filósofos. A *nova* gente e a *primeira* gente figuram o momento decisivo em que os iguais e livres vivem em companhia, na amizade. Ora, assim como, sob a ação do discurso de Moisés e do discurso de Ulisses, um povo livre instituiu o poder separado – a teocracia hebraica e a monarquia grega –, nada nos assegura que, sob a ação dos conquistadores, a nova gente, se não for forçada, não seja iludida e aceite a lei da tirania. Nesse caso, de monstruosidade lógica (impensável), ontológica (um ser racional insensato), ética (um agente moral sem liberdade) e política (um sujeito político sem igualdade), a servidão voluntária se torna expressão da necessidade natural, da justiça cósmica, da vontade de Deus e da condição legítima da servidão dos conquistados. Eis o infortúnio. Eis o mau encontro.

Contra o Um, contra o Estado:
o contradiscurso de Clastres e de La Boétie*

Desejamos aqui somente fazer duas sugestões que poderiam operar como pontos de referência para interrogar a relação entre o pensamento de Pierre Clastres e o de Étienne de La Boétie. A primeira é tomar os discursos de ambos sob a forma de contradiscursos. Dessa primeira sugestão decorre a segunda, que considera a presença em ambos dos mesmos pressupostos ontológicos.

O contradiscurso

Por contradiscurso, entendemos um discurso que não se erige como positividade contra outro discurso igualmente positivo, mas um discurso que se elabora na medida em que abala a positividade do discurso instituído desvelando o não senso que o sustenta. O contradiscurso solapa a opinião instituída e desloca o pensamento para um novo lugar onde a interrogação abre-se ao que não podia ser pensado sem franquear para si um novo caminho.

De que se trata em Clastres? Dos contrassensos que levaram a antropologia clássica a aporias cuja fonte é ela mesma. Com efeito, sob o signo do etnocentrismo, que põe a universalidade da sociedade ocidental como paradigma e *télos* de toda sociedade, a antropologia clássica não parou de retomar o que diziam os viajantes do século

* Originalmente publicado como "Le contre-discours de Clastres et La Boétie", em *Pierre Clastres*. Paris: Sens et Tonka, 2011. Tradução de Homero Santiago, revisada pela autora. (N. do Org.)

XVI, ao falar das gentes sem fé, sem lei e sem rei ou, como dizem os antropólogos, sociedades sem mercado, sem Estado e sem escrita. Ora, enquanto discurso científico, a antropologia vê-se obrigada a oferecer as causas dessas faltas. Se se trata de uma antropologia pretensamente materialista (ou marxista), dirá que tais sociedades são sem mercado porque são economias de subsistência cuja causa é a ausência de desenvolvimento das técnicas; é portanto pela falta das técnicas e do trabalho produtivo que se dá a ausência de mercado cujo efeito é a ausência de Estado. Ou vice-versa, se se trata de uma antropologia "politicológica", é a falta de Estado que causa a falta do trabalho produtivo e do mercado. As aporias não tardam em aparecer, pois nos dois casos é preciso dar conta do fato de que essas sociedades são justamente *sociedades*, isto é, relações humanas regradas que têm força de autoridade e, já que nem o mercado (para os materialistas) nem o Estado (para os politicólogos) podem figurar essa autoridade, inventa-se a ideia de que essas sociedades são sociedades *sem poder*. Outrora, tais sociedades eram "pré-lógicas". Ei-las agora tornadas "pré-políticas". O etnocentrismo e o evolucionismo tomam ares de ciência. "Seguramente", escreve Clastres, "renunciamos à coerência do discurso e deixamos a ciência degradar-se em opinião".

O contradiscurso de Clastres efetua, então, uma operação fundamental: é preciso dar a ver o que falta não às sociedades primitivas, mas à própria antropologia. *Falta-lhe uma reflexão sobre o poder.* Tal falta torna a antropologia cega ao fato de que não há sociedade sem poder, pois como diz Clastres:

> Se o poder político não é uma necessidade inerente à natureza humana, isto é, ao homem como ser natural [...], em troca ele é uma necessidade inerente à vida social.[1]

Porque a antropologia concebe o poder segundo nossa sociedade, ela não faz mais que oscilar entre duas ideias do poder político nos selvagens: ou há entre eles a falta de poder – a anarquia – ou caem no excesso do poder – o despotismo. Desse modo, ela se faz ao mesmo tempo incapaz de ver que se trata para eles de um verdadeiro dilema e

[1] CLASTRES, P. *La societé contre l'État*. Paris: Minuit, 1974, p. 20-21; *A sociedade contra o Estado*. Tradução de Theo Santiago. Rio de Janeiro: Francisco Alves, 1990, p. 17-18.

incapaz de conceber sociedades que para afrontar tal dilema trabalham no sentido de manter o poder imanente ao social erguendo obstáculo à aparição da desigualdade, isto é, de um poder transcendente que só se conserva por instituição do trabalho produtivo ou do trabalho que produz um excedente por meio do qual a desigualdade política institui a desigualdade social e, com isso, a exploração econômica. Trata-se, portanto, de assinalar o não senso da divisão das sociedades em sociedades com poder e sem poder, já que a divisão passa por outro lugar, a saber, pela diferença entre poder coercitivo e poder não coercitivo, o poder coercitivo sendo apenas um caso particular do poder político, o das sociedades que instituem o Estado.

O contradiscurso quebra a pretensão da antropologia clássica de conceder ao Estado a forma universal do político. Todo o trabalho etnográfico e etnológico de Clastres se orienta a partir daí para a descrição e a interpretação dos mecanismos deliberados por meio dos quais a sociedade selvagem impede o advento do poder coercitivo ou do Estado e com ele o advento da economia política. Em outras palavras, assim como o Estado não existe como forma universal do político, tampouco a divisão social entre dominantes e dominados é a forma universal da sociedade, e torna-se inegável que a exploração econômica resulta da dominação política e não o inverso.

Com isso o contradiscurso opera a *revolução copernicana da antropologia*, pois em vez de fazer-nos ver a sociedade selvagem a partir da nossa, ela realiza uma inversão pela qual nosso olhar sobre nossa sociedade é possível somente pela percepção de sua *diferença ontológica* relativamente à sociedade primitiva. Por que diferença ontológica e não simplesmente diferença histórica empírica?

> Inacabamento, incompletude, falta: não é absolutamente desse lado que se revela a natureza das sociedades primitivas. Ela impõe-se bem mais como positividade, como domínio do meio ambiente natural e do projeto social, como vontade livre de não deixar escapar para fora do ser nada daquilo que possa alterá-lo, corrompê-lo e dissolvê-lo. É a isso que nos devemos prender com firmeza: as sociedades primitivas não são os embriões retardatários das sociedades ulteriores, dos corpos sociais de decolagem "normal" interrompida por alguma estranha doença; elas não se encontram no ponto de partida de uma lógica histórica que conduz diretamente ao termo

> inscrito de antemão, mas conhecido apenas *a posteriori*, o nosso próprio sistema social.[2]

A diferença é ontológica porque se trata de descontinuidade radical entre duas histórias segundo a diferença de natureza das sociedades consideradas.

> Essas sociedades [selvagens] são "igualitárias" porque ignoram a desigualdade: nelas um homem não "vale" nem mais nem menos que um outro, não existe superior ou inferior. Em outros termos, ninguém *pode* mais que quem quer que seja, *ninguém é detentor do poder*. A desigualdade ignorada pelas sociedades primitivas é aquela que divide os homens em detentores do poder e subjugados ao poder, a que divide o corpo social em dominantes e dominados. É por isso que a chefia não poderia ser o indício de uma divisão da tribo: o chefe não manda, porque *ele não pode mais* que cada membro da comunidade.
>
> O Estado, como divisão instituída da sociedade em um topo e uma base, é o acionamento efetivo da relação de poder. [...] Seja como for, a relação de poder realiza uma capacidade absoluta de divisão na sociedade. Assim, ela é a própria essência da instituição estatal, a figura mínima do Estado. Reciprocamente, o Estado é apenas a extensão da relação de poder, o aprofundamento cada vez mais marcado da desigualdade entre os que mandam e os que obedecem.[3]

Diferença ontológica: entre nós, a palavra do Estado tem força de lei; entre eles, a palavra do Chefe não tem força de lei. Entre nós, a desigualdade, a dominação e a exploração, em suma, a coerção e a opressão tornaram-se *nosso modo de ser*, dado que em nossa sociedade o poder tornou-se transcendente ao social, tornou-se o poder do Estado ou o Estado como poder; em troca, a revolução copernicana operada por Clastres faz-nos ver todos os dispositivos de que lançam mão os selvagens para guardar *seu modo de ser*, em suma, para que a sua sociedade

2 CLASTRES, *op. cit.*, p. 169; trad. cit., p. 139.

3 CLASTRES, P. Liberté, malencontre, innomable. In: LA BOÉTIE, É. de. *Le discours de la servitude volontaire*. Paris: Payot, 1976, p. 233-234; "Liberdade, mau encontro, inominável". Tradução de Carlos Eugênio Marcondes Moura. In: LA BOÉTIE, É. de. *Discurso da servidão voluntária*. Tradução de Laymert Garcia dos Santos. São Paulo: Brasiliense, 1987, p. 113.

guarde sua natureza igualitária essencial e não seja uma sociedade *sem Estado* mas a afirmação da *sociedade contra o Estado.*

> O que os selvagens nos mostram é o esforço permanente para impedir os chefes de serem chefes, é a recusa da unificação, é o trabalho de conjuração do Um, do Estado.[4]

Reencontramos aqui o contradiscurso de La Boétie.

Enquanto a tradição da filosofia política debruçava-se sobre a discussão jurídica do poder para determinar a distinção entre suas formas legítimas e ilegítimas, La Boétie desloca a questão porque interroga a própria origem do poder. Prova disso é sua recusa do debate sobre o melhor regime e sua afirmação de que há três tipos de tiranos – por eleição do povo, por conquista das armas e por sucessão "de sua raça" – pois embora as maneiras de chegar ao poder sejam diferentes, "quase sempre semelhante é a maneira de reinar". O tirano não é o usurpador nem aquele que exerce um poder excessivo e ilegítimo, mas muito simplesmente aquele que exerce o poder quando os homens escolhem ou aceitam um poder situado fora e acima da sociedade. Por que não há diferença entre as maneiras de reinar? Porque o eleito comporta-se como um conquistador, e o conquistador como se houvesse sido eleito; ambos trabalham para assegurar a hereditariedade do poder, hereditariedade que dará a esse poder a figura e os traços da naturalidade, como se existisse desde sempre, por natureza. A questão de La Boétie portanto é: como nasceu um poder transcendente à sociedade?

Como é possível, interroga-se La Boétie, o que "a natureza nega-se ter feito e a língua se recusa nomear", este oximoro: *a servidão voluntária*? Desdobrando essa questão, a dado momento o *Discurso da servidão voluntária* propõe a hipótese de uma "gente novinha", não habituada à servidão. Aparentemente, é como se fôssemos reconduzidos à imagem dos homens sem fé, sem lei e sem rei. Ora, essa imagem, sabemos, ocupará um lugar central nas disputas europeias sobre o direito dos Conquistadores.

Com efeito, as questões mais debatidas pelos teóricos do período da conquista do Novo Mundo têm como objeto o direito natural, o direito das gentes, o direito civil; eles se interrogam para saber se os

[4] CLASTRES, P. *La societé contre l'État, op. cit.*, p. 186; trad. cit., p. 152.

escravos são ou não escravos naturais, se a existência de reinos como o do México indica a necessidade de incluir os índios no direito das gentes e no direito civil. Noutros termos, as discussões são jurídicas e oscilam entre a afirmação e a negação da escravidão natural dos índios. Pergunta-se se são ou não bárbaros, se é necessário ou não o consentimento deles a um pacto de dominação, se a guerra contra eles é justa ou não. Tais questões mostram que a preocupação é saber se há ou se não há um Estado positivo indígena e, se existe, qual é sua relação com os Estados cristãos europeus. Com esse fim, os teólogos e os juristas inventam a positividade de um conceito juridicamente válido, pelo qual conseguem determinar a condição dos índios e justificar a Conquista – trata-se do *conceito de servidão voluntária*. Para consegui-lo, toma-se por ponto de partida a definição do direito como faculdade moral que assegura a legitimidade de uma posse ou de uma propriedade. Uma faculdade é um poder que um agente possui e que ele pode exercer ou não exercer e, por isso, é definida como uma liberdade, visto que a liberdade é justamente esse poder que um agente pode exercer ou não exercer. Ao mesmo tempo, a própria liberdade é definida como uma faculdade porque é propriedade de alguém. O direito (quer seja natural ou positivo) é uma faculdade que um homem possui como sendo propriedade sua e que lhe é devida, pois a justiça consiste em dar a cada um conforme seu direito. Por direito natural, o homem tem faculdade sobre as seguintes propriedades: seu corpo, sua vida, os bens necessários à conservação de seu corpo e de sua vida e, enfim, sua liberdade. Assim, o traço determinante de uma faculdade é que ela pode tanto se exercer quanto não se exercer: posso, por exemplo, não exercer meu direito natural sobre alguns de meus bens, como uma parte de minhas terras e cedê-la livre e voluntariamente a um outro que dela terá não a posse mas o usufruto. É assim que Deus tem propriedade sobre o universo e concedeu-nos o seu usufruto. Se a liberdade é uma faculdade, escolhemos exercê-la ou não, e visto que ela é também uma propriedade, podemos quer transferi-la voluntariamente a outrem (como no pacto de submissão ao soberano), quer aliená-la voluntariamente a outrem: a alienação da liberdade a outrem é um ato voluntário de submissão à vontade superior de outrem. Tal é o ato efetuado pelos índios com relação aos Conquistadores. *A servidão voluntária é, portanto, racional, legal e legítima.*

Que diz La Boétie?

> A propósito, se porventura nascesse hoje alguma gente novinha, nem acostumada à sujeição nem atraída pela liberdade, que de uma e de outra nem mesmo o nome soubesse, se lhe propusessem ser servos ou viver livres, com que leis concordaria? Não há dúvida de que preferiria somente à razão obedecer do que a um homem servir [...].[5]

O contradiscurso de La Boétie não propõe a questão do "primitivo", isto é, de um outro que seria o mesmo que os europeus, numa fase primitiva da evolução e uma figura já constituída pelo direito civil. La Boétie não introduz nem uma questão jurídica nem a imagem da alteridade reduzida à condição de etapa na constituição da identidade. Ele fala de "alguma gente novinha" não habituada à sujeição, nem atraída pela liberdade, mas que posta diante da escolha entre dois contrários possíveis – obedecer a si mesma ou servir a um senhor – escolheria "à razão obedecer" ao invés de "a um homem servir". Essa "gente novinha" ignora o nome liberdade justamente porque vive livremente; é gente racional, e é essa racionalidade que a faz escolher sem vacilar obedecer à razão, ou seja, a si mesma, em vez de servir a outrem. La Boétie não procura saber se essa gente disputaria formas legítimas e ilegítimas de dominação, mas afirma que ela recusaria toda forma de sujeição. É assim que a imagem da gente sem lei, sem fé e sem rei adquire um sentido inteiramente novo: para La Boétie como para Clastres não se trata de gente a que faltaria a lei e o rei, mas que escolheu não tê-los porque escolheu a liberdade. E esta, como veremos abaixo, não se define como faculdade e propriedade, mas como *desejo* cujo objeto é apenas si mesma.

Da ontologia

Assim como para La Boétie a diferença entre liberdade e servidão voluntária não é uma passagem, mas uma *ruptura*, também para Clastres a diferença entre a sociedade contra o Estado e a sociedade com poder do Estado não é uma passagem, mas uma descontinuidade

[5] LA BOÉTIE, É. de. *Le discours de la servitude volontaire*, *op. cit.*, p. 124; trad. cit., p. 19.

histórica radical, uma *ruptura*; e para ambos essa ruptura é não empírica mas ontológica, pois determina uma mudança no modo de ser dos humanos. Noutras palavras, sob uma passagem empiricamente visível esconde-se uma ruptura empiricamente invisível. É justamente porque se trata de ruptura que a diferença ontológica não se pode pôr senão como *enigma*. No entender de La Boétie, a liberdade originária do homem torna a origem da servidão voluntária como enigmática; no entender de Clastres, a existência originária da sociedade contra o Estado torna enigmática a gênese da separação entre a sociedade e o poder político. A ruptura põe o enigma e este abre o campo da interrogação ontológica.

É necessário, contudo, perguntar se a identidade da interrogação de ambos significa que o pensamento de cada um se elabora segundo os mesmos pressupostos ontológicos. Com efeito, tomemos duas passagens em que não é a proximidade, mas antes a distância que parece instalar-se entre ambos.

No *Discurso da servidão voluntária*, escreve La Boétie:

> a natureza, ministra de deus e governante dos homens, fez-nos todos da mesma forma e, ao que parece, na mesma fôrma, para que nos entreconhecêssemos todos como companheiros, ou melhor, como irmãos [...] no entanto não entendeu colocar-nos neste mundo como em um campo cerrado [...] essa boa mãe deu-nos a todos a terra inteira por morada, alojou-nos todos na mesma casa, figurou-nos todos no mesmo padrão, para que cada um pudesse mirar-se e quase reconhecer um no outro; [...] se em todas as coisas mostrou que ela não queria tanto fazer-nos todos unidos mas todos uns – não se deve duvidar de que sejamos todos naturalmente livres.[6]

Ora, por seu turno, escreve Clastres em seu ensaio "Do Um sem o Múltiplo":

> Quem fala assim em nome do deus? [...] É um índio guarani. [...] ele reflete sobre o destino dos seus, que se denominam a si próprios, com altiva e amarga tristeza, os últimos Homens [...] o *karai* hábil em ouvi-los e dedicado a dizer a verdade, revela-a aos companheiros.

[6] LA BOÉTIE, *op. cit.*, p. 118-119; trad. cit., p. 17.

> [...] E eis que os lábios inspirados do *karai* dissiparam o enigma da desgraça [...]: "As coisas em sua totalidade são uma: e para nós que não desejamos isso, elas são más." [...]
> Trata-se da genealogia da desgraça. As coisas são *más* [...] os homens são habitantes de uma terra imperfeita, de uma terra má [...] Por que habitamos uma terra imperfeita?[7]

Tudo parece indicar que La Boétie parte da natureza como ministra de deus, mãe racional e generosa que nos dá a razão, a liberdade e a fala para que todos saídos da mesma fôrma não sejamos "todos unidos, mas todos uns". Se há um bem originário, a interrogação de La Boétie poderia resumir-se à questão: como perdemos esse bem?

Inversamente, Clastres parte da natureza como astúcia de um deus perverso, que fez tudo Um e que nos fez um, como todas as coisas. Se o mal é originário, a interrogação de Clastres poderia resumir-se à questão: podemos nos livrar do mal?

Todavia, a distância é menor do que parece. Clastres pergunta:

> [...] não se poderia submeter a semelhante leitura toda a metafísica do Um? Que acontece ao Um como Bem, como objeto preferencial, que sua autora, a metafísica ocidental, impõe ao desejo do homem? Detenhamo-nos nesta perturbadora evidência: o pensamento dos profetas selvagens e aquele dos gregos antigos pensam a mesma coisa, o Um; mas o índio guarani diz que o Um é o Mal, ao passo que Heráclito diz que ele é o Bem. *Em que condições é possível pensar o Um como Bem?*[8]

Ao passo que os índios voltam-se contra o Um e buscam por intermédio de uma *insurreição ativa* o Não-Um, os gregos e toda a história da metafísica não fazem mais do que se perder na *nostalgia contemplativa* do Um. Ora, a questão "em que condições é possível pensar o Um como Bem?" desemboca em outra: "em que condições é possível pensar o Um?" Essas duas questões possuem uma única resposta, pois como escreve Clastres:

> É preciso que, de qualquer modo, sua presença odiada ou desejada, seja visível. É por isso que acreditamos poder revelar, sob a

[7] CLASTRES, *op. cit.*, p. 146-147; trad. cit., p. 119.

[8] CLASTRES, *op. cit.*, p. 185; trad. cit., p. 151.

equação metafísica que iguala o Mal ao Um, uma outra equação mais secreta, e de ordem política, que diz que o Um é o Estado. O profetismo tupi-guarani é a tentativa heroica de uma sociedade primitiva para abolir a infelicidade na recusa radical do Um como essência universal do Estado.[9]

Metafísica do Um. Impossível aqui não pensar nos gregos de La Boétie, que não hesitaram em aprovar a fala de Ulisses:

> "Em ter vários senhores nenhum bem sei, / Que um seja o senhor, e que um só seja o rei", dizia Ulisses em Homero, falando em público. Se nada mais tivesse dito, senão: "Em ter vários senhores nenhum bem sei", estaria tão bem dito que bastaria; mas se para raciocinar precisava dizer que a dominação de vários não podia ser boa, pois o poderio de um só é duro e insensato tão logo tome o título de senhor, em vez disso foi acrescentar o contrário: "Que um só seja o senhor, e que um só seja o rei".[10]

Assim, o que nos pareceria uma distância não o é: perder o bem ou viver na infelicidade coincidem, pois o Um é somente a imagem metafísica da transcendência do poder. Que diz La Boétie senão que estar sujeito a um senhor é a infelicidade extrema? É também a razão por que quando ele opõe "todos unidos" a "todos uns" não se trata da oposição entre o um e o múltiplo, mas da oposição entre servidão e liberdade; ou mais exatamente, como o diz Clastres, entre Estado e sociedade.

Falando de *insurreição ativa* contra o Um, Clastres nos leva a um outro pressuposto ontológico que reencontramos em La Boétie: trata-se do papel que ambos atribuem ao negativo ou à negação enquanto atividade.

Com efeito, a interrogação de Clastres obriga o pensamento antropológico a passar do "sem" (a falta) ao "contra" (a atividade deliberada), tornando visível que a sociedade selvagem é aquela que diz *não* ao Um ao dizer *não* à separação do poder e à economia fundada sobre o excedente, noutros termos, um *não* que impede o advento da dominação política e da exploração econômica, em suma da

[9] CLASTRES, *op. cit.*, p. 185; trad. cit., p. 151.

[10] LA BOÉTIE, *op. cit.*, p. 103; trad. cit., p. 11.

desigualdade. Ora, o que é formidável é o modo como Clastres traz à luz as ações e os dispositivos de que lançam mão os selvagens em sua insurreição ativa, pois são dispositivos negativos, entre os quais os mais notáveis, além da recusa do trabalho produtivo, são, de um lado, o modo de operação da linguagem e, de outro, o objeto da busca dos guaranis, a Terra sem Mal.

Com efeito, se tomarmos o dever de falar do chefe guarani e os discursos em primeira pessoa dos caçadores guaiaquis,[11] o que nos surpreende é que a linguagem é tomada aí em sua função negativa. É necessário que a linguagem seja tirada de sua função comunicativa para que sua potência política desperte e se mostre. Se, no caso dos guaranis, ninguém escuta o discurso do chefe e se, no caso dos guaiaquis, nenhum dos caçadores escuta o que dizem os outros é porque o negativo não se encontra fora, e sim no próprio coração da linguagem. Ou seja, a fala quebra os elos de reciprocidade, nega esses elos, e tal negatividade efetua o bloqueio da transcendência no momento mesmo em que a linguagem põe a separação, fazendo-a aparecer como uma ameaça e abrindo o caminho para enfrentá-la.

Se, em seguida, tomarmos o objeto da busca guarani, o que nos surpreende é que a exigência de partir, a necessidade de deixar a terra má não põe a nova terra a atingir como a Terra do Bem, mas como a Terra *sem* Mal. Essa terra nova, ainda que *descrita* positivamente como a comunidade dos homens e dos deuses, nem por isso é *definida* por uma positividade, mas por sua potência de negatividade, por sua oposição ontológica àquela que se deve deixar. A felicidade é a não infelicidade.

Da mesma maneira, quando La Boétie reflete acerca do que se poderia fazer contra o tirano, sua resposta é imediata: basta não lhe dar o que ele pede para que ele caia. A força do tirano não está lá onde imaginamos encontrá-la: nas fortalezas que o rodeiam e nas armas que o protegem. Ao contrário, se ele precisa de fortalezas e de armas, se teme a rua e o palácio, é porque se sentindo ameaçado deve exibir os signos

[11] Toda tarde, o chefe guarani tem o dever de pronunciar o discurso do poder, elogiando sua própria pessoa e seus grandes feitos. Ninguém o escuta. Por sua vez, após uma caçada, os caçadores guaiaquis se reúnem à volta do fogo, e cada um, falando na primeira pessoa do singular, diz sua própria grandeza e seus feitos. Nenhum caçador presta atenção no que dizem os outros.

de sua força. Fisicamente um tirano é um homem como os outros: tem dois olhos, duas mãos, uma boca, dois pés e duas orelhas; moralmente é um fraco, a prova disso estando na exibição dos signos de sua força. Se assim é, donde vem seu poder? Provém do engrandecimento colossal de seu corpo físico por seu corpo político, provido de mil olhos e mil orelhas para espionar, de mil mãos para espoliar e enganar, de mil pés para esmagar e espezinhar. O corpo físico do tirano não somente é engrandecido por seu corpo político como corpo de um colosso, mas sua alma e sua moral também o são pelo corpo político, que lhe dá as leis para lhe permitir e distribuir favores e privilégios, que seduz os desavisados a fim de que vivam a seu lado para satisfazê-lo em todos os momentos e a qualquer preço. A questão que cabe colocar é: quem lhe dá esse corpo político gigantesco, ubíquo, sedutor e malévolo? A resposta de La Boétie é imediata: somos nós, "povos miseráveis e insensatos", que lhe damos nossas mãos, nossos pés, nossas orelhas e nossas bocas, nossos bens e nossos filhos, nossas almas, nossa honra, nosso sangue, nossas vidas para alimentá-lo, para aumentar o poder com o qual ele nos destrói. Como derrubar o tirano e reconquistar a liberdade? Não lhe dando o que ele nos pede: se não lhe dermos nossos corpos e nossas almas, ele será derrubado. Basta não querer servi-lo e ele cairá, escreve La Boétie. Basta não escutar seu *Grand Parler* para que sua fala se torna vazia, completará Clastres.

Donde vem esse papel conferido ao negativo por Clastres e La Boétie? Para responder a tal questão precisamos examinar os paradoxos trágicos cuja origem não é outra senão a ação do positivo. Mas, para que seja inteligível a gênese do trágico sob os efeitos do positivo, é necessário passar primeiro pelo lugar que a torna possível. Esse lugar não pode instalar-se sem que intervenha a questão ontológica última: a da contingência.

Por um momento parece que mais uma vez La Boétie e Clastres se separam. Com efeito, para que a servidão seja voluntária, é necessário que seja *desejada*, razão pela qual La Boétie fala dos povos miseráveis e insensatos que buscaram sua própria desgraça e não hesita em chamar de vício a loucura deles. Todavia, o *karai* dos guaranis declara que tudo é Um, mas que os homens *não desejaram* que fosse assim e que não são culpados nem pelo mal no mundo nem pela infelicidade dos humanos. Mais uma vez, porém, será preciso reconhecer que a distância entre os dois é só aparente, contanto que tomemos a via aberta pelo papel que Clastres e La Boétie atribuem à contingência.

Desde Aristóteles, sabemos que a contingência não é um acontecimento sem causa, mas aquele que é produzido pelo encontro acidental de duas séries de acontecimentos independentes, produzindo um acontecimento imprevisto. É assim que o primeiro nome da contingência é *encontro* e *encontro inesperado*. Encontro porque o acontecimento é apenas a intersecção de duas séries de acontecimentos independentes; inesperado, pois a marca da contingência é a indeterminação: com efeito, o acontecimento teria podido não ser, e sua finalidade permanece imprevisível. À distância da contingência, situado entre o necessário e o impossível, está o possível, o que, como o contingente, pode ou não ocorrer, mas, diferentemente da contingência, que resulta de um encontro inesperado, o possível é o que ocorre se há um agente que tem o poder de fazê-lo advir ou não. O possível é o que está no poder de decisão de um agente ante duas alternativas contrárias. Assim, herdamos de Aristóteles a ideia da contingência como encontro sobre o qual nada podemos e a do possível como poder sobre os contrários. O possível designa nosso poder como ação da liberdade ou da vontade livre. Dado que há possível somente quando há deliberação e escolha, só se pode falar propriamente do possível para as ações humanas. O possível articula-se com o tempo presente enquanto momento da escolha que determinará o sentido do porvir, o qual, tomado em si mesmo, é um futuro contingente. Essa contingência, porém, é suprimida tão logo se efetue a escolha entre duas alternativas contrárias e a ação seja realizada, de tal maneira que o que era um futuro contingente torne-se um passado necessário. Assim, nossa escolha e nossa ação determinam o curso do tempo. Eis por que Aristóteles afirma que a virtude perfeita é a prudência e que o homem perfeitamente virtuoso é o prudente, aquele que olhando para trás e para frente examina o passado e o futuro, pesa as consequências da ação porque se tornarão necessárias e terão efeitos sobre ele e sobre os outros. O homem prudente é aquele que enfrenta o maior dos problemas postos pela ação livre, a saber, a indeterminação do presente, a necessidade do passado e a contingência do futuro. Se o possível é o terreno em que se exercem nossa vontade e nossa liberdade, por outro lado, a contingência é o espaço-tempo do imprevisível no qual os acontecimentos caem sobre nós e nada poderá fazer que não sejamos passivos. Essa imprevisibilidade radical é o que nos leva a falar de bom ou mau encontro; e é precisamente essa passividade fundamental que nos faz falar de graça ou desgraça para indicar a ação benfazeja ou malfazeja da fortuna, essa potência arbitrária que nos atinge de fora. Para afirmar nossa potência perante a fortuna, a filosofia, como vimos, atribuiu um lugar central à virtude da prudência, mas também à amizade, pois esta é por excelência o bom encontro, a relação entre seres livres e iguais, tecido no bem-querer e no bem-fazer, na qual as ações de cada um são a fonte da liberdade de todos.

É exatamente quando formula a ideia do mau encontro que teria desnaturado o homem, chegando a fazê-lo perder a recordação de sua liberdade natural originária, que La Boétie introduz a figura da "gente novinha", cujo papel é tornar evidente que não há necessidade natural nem necessidade de destino no advento do Estado ou do poder separado da sociedade. Se não é por necessidade da natureza nem por necessidade do destino que tal poder foi instituído, qual a origem e a causa de sua instituição? Se esta não é uma necessidade, então deve ser por contingência ou por vontade. Dado que nas ações humanas a contingência é o que ocorre por fortuna, ao passo que o que ocorre por vontade ocorre por liberdade, convém buscar saber se o poder separado nasceu por fortuna ou por decisão da vontade. A servidão foi desejada? Eis o enigma: como homens livres dispuseram-se livremente a servir e como a servidão pode ser voluntária? Dessa forma, a interrogação de La Boétie desloca a questão da origem do Estado para outra mais fundamental: a da *origem do desejo de servir*, ou como escreve ele, a de como surgiu *bem antes* a obstinada vontade de servir

É para responder a essa interrogação e decifrar esse enigma que La Boétie começa por propor o infortúnio ou o mau encontro como resposta. É por fortuna que os homens desnaturaram-se, perderam a liberdade natural e escolheram ter senhores, habituando-se a servi-los. Desaparecido o amor da liberdade e enraizada a vontade obstinada de servir, os humanos desaprenderam a ser livres e esqueceram que por natureza obedecem apenas à razão e não são servos de ninguém. Por que por mau encontro e infortúnio? Porque se somos livres por natureza, já que a natureza nos fez todos iguais e companheiros, então "não pode cair no entendimento de ninguém que a natureza tenha posto algum em servidão, tendo-nos posto todos em companhia". Seria desarrazoado ("não pode cair no entendimento de ninguém") atribuir nossa servidão à natureza. Por conseguinte, se somos servos, não o somos por obra da natureza, mas por operação da fortuna. Donde a questão: que mau encontro foi esse que nos desnaturou a ponto de já não nos lembrarmos mais de que um dia fomos iguais e livres?

O infortúnio, essa contingência incontrolável, ocorreu ou no momento em que os homens, avaliando um dos seus como o melhor, elegeram um senhor que iria se tornar tirano, ou então no momento em que foram submetidos pelas armas de um tirano. No primeiro caso, os homens foram imprudentes; no segundo, vencidos pela força. Ora, embora as maneiras pelas quais um tirano chegue ao poder possam ser diferentes, "sempre semelhante é a maneira de reinar", e se é assim, não basta atribuir à fortuna a origem da tirania, pois mesmo acedendo ao poder num momento de infortúnio o tirano nele se mantém pelo consentimento voluntário daqueles que ele tiraniza. Ainda que a fortuna possa explicar o advento da tirania, não pode explicar sua manutenção, e retornamos assim a nosso enigma inicial: como a servidão voluntária é possível?

La Boétie parte, então, em busca de uma nova resposta. Se por natureza os homens são livres e servem só a si mesmos, servindo à razão, a servidão só pode explicar-se pela coerção e pela ilusão. Por coerção: os homens são forçados contra sua vontade a servir ao mais forte. Por ilusão: são enganados pelas palavras e gestos de um outro que lhes promete bens e liberdade enquanto os submete e abusa deles. Mas, de novo, a resposta não é satisfatória, pois a coerção e a ilusão podem explicar por que o tirano acede ao poder, mas não podem explicar por que nele se mantém. La Boétie parece, então, encontrar a resposta correta: a tirania se mantém pela força do costume. Este é uma segunda natureza, e os humanos, de início forçados ou enganados, habituam-se a servir e criam seus filhos alimentando-os com o leite da servidão; é por isso que os que nascem sob a tirania não a percebem como servidão e servem voluntariamente, pois, de fato ignoram a liberdade. O costume é, portanto, o que nos ensina a servir. Ora, qual é o erro dessa argumentação que parece tão coerente? Supor que o costume possa ser mais forte do que a natureza e apagá-la. Encontra-se a prova de que isso é falso nos numerosos exemplos históricos de povos e indivíduos que lutaram para retomar a liberdade perdida. Portanto, o poder separado, ainda que instituído por fortuna e mantido pelo costume, não tem nem na fortuna nem no costume sua verdadeira origem. Onde esta se encontra? No *desejo de servir.*

Por que desejamos servir? A resposta de La Boétie é terrível: porque não desejamos a liberdade. Consentimos em servir porque desejamos ser servidos. A servidão é voluntária porque há desejo de servir, há desejo de servir porque há desejo de dominação e há desejo de dominação porque a tirania habita em cada um de nós. É ela e só ela que dá poder ao tirano e o mantém lá onde ela o pôs para malfazer.

No contradiscurso de La Boétie se entrecruzam e se misturam todos os conceitos que desde Aristóteles a tradição filosófica havia claramente distinguido, e já não sabemos mais o que é por natureza, por fortuna, por contingência, por coerção ou por vontade. Sem dúvida alguma, tirania e servidão voluntária são o infortúnio, o mau encontro que desnatura os humanos e os faz esquecer seu ser. Entretanto, se somos naturalmente racionais, iguais e livres, tal infortúnio não teria como se conservar, a menos que a fortuna haja destruído o mais fundamental, a saber, o desejo de liberdade. Quando os humanos escolhem instituir o poder separado e escolhem servi-lo para ser igualmente servidos, possuir bens e as vidas dos outros, então sim, a fortuna venceu a natureza porque, com sua cornucópia de abundância de bens efêmeros, preencheu a totalidade do desejo, lhe deu positividade e tornou impossível o único desejo natural, um desejo inteiramente negativo que objeto algum poderia preencher: o desejo de liberdade, pois esse desejo originário não tem outro objeto senão a própria liberdade e nenhuma outra coisa. Essa imanência da liberdade a si mesma revela onde está o risco de perdê-la: perde-se a liberdade quando a pomos em relação com algo de outro, com uma exterioridade que lhe seria oferecida como sendo sua finalidade e sua condição de possibilidade. Separada de si mesma, ela se deixa atrair por uma alteridade que a faz esquecer que o desejo de liberdade é apenas o desejo de não servir.

Para assegurar que o desejo de liberdade é natural e que agir por natureza é agir por liberdade, La Boétie fala de alguns, pouco numerosos, que não deixaram de desejar a liberdade. São, em primeiro lugar, os "que são capazes de enxergar longe" e de "olhar para trás e para frente": são os prudentes. Porque são prudentes, esses poucos não se deixam dominar pela fortuna, pelas condições adversas do presente, mas buscam ler o curso do tempo e agir para determinar o indeterminado, pois sabem que a ação presente se tornará um passado necessário que desencadeará uma série de efeitos necessários para o futuro. Vêm, em seguida, os amigos, aqueles que não se deixam abusar pelo risco maior que é o infortúnio originário, pois a amizade é uma coisa santa e um nome sagrado, ela existe apenas ali onde há igualdade e liberdade, é cultivada apenas entre aqueles que se unem por seu bom natural e para o bem-fazer recíproco, descarta a cumplicidade e o malefício, vence a fortuna porque cada amigo é para o outro o verdadeiro bem.

Entretanto, retoma La Boétie, nem a vontade livre, nem a prudência, nem a amizade podem impedir o advento do Um. Com efeito, nada impede que a vontade livre possa renunciar a si mesma e ceder ao desejo de servir escolhendo um senhor. Nada impede que os prudentes, deliberando entre dois males, escolham o mal menor em vez de nenhum mal. Da mesma maneira, nada impede que por amizade os amigos elevem um dos seus, situando-o acima deles, fora dos limites da amizade, separando-o da boa companhia e o servindo, imaginando com isso compensá-lo pela solidão e pelo desamor que sua nova condição lhe acarretou. Ora, esse risco é real e para prová-lo é suficiente lembrar que o termo grego *tyranós* não designa aquele que exerce o poder fazendo uso da violência, e sim aquele que se sobressai aos outros em tudo o que faz, a saber, o mais corajoso, o mais sábio, o mais clarividente, o mais hábil – o homem excelente.

Solapando as distinções propostas pela tradição e retomando as virtudes pelas quais esta imaginava vencer a fortuna, a adversidade e o infortúnio, La Boétie produz um efeito de conhecimento surpreendente: a origem da servidão voluntária está em três positividades que deveriam torná-la impossível, ou seja, a vontade livre, a prudência e a amizade. O que há de trágico aqui é esse paradoxo, que faz as condições positivas da virtude, da liberdade e da felicidade também se tornarem ocasião do infortúnio, da instituição do poder separado. Daí o papel assinalado por La Boétie ao negativo, o único capaz de afrontar a contingência.

É aqui que reencontramos Clastres.

A sociedade primitiva mantém a imanência do poder ao social, impedindo sua transcendência. É a razão pela qual o chefe selvagem não tem poder. Ele tem *prestígio*. E quando tenta transformar o prestígio em poder pessoal, a tribo o abandona, o exclui. Clastres narra os casos terríveis de um chefe dos apaches e de um chefe dos guaranis que foram investidos como chefes por suas qualidades excepcionais de guerreiros. Ora, o prestígio de um chefe só se manifesta quando há guerra, mas para que haja guerra e o chefe seja seguido pela sociedade, é preciso que uma guerra seja percebida pela sociedade como necessária. É assim que o chefe apache e o chefe guarani foram unanimemente seguidos por suas tribos em guerras que eram consideradas necessárias. Entretanto, quando, para conservar e aumentar seu prestígio, eles decidiram se lançar em guerras cuja necessidade não era reconhecida por suas sociedades, estas os abandonaram, e eles morreram na solidão.

Se os apaches e os guaranis, prudentes, não sucumbiram à sedução do poder separado, entretanto há em Clastres a mesma percepção de La Boétie, ou seja, a do risco trazido por aquilo mesmo que poderia impedir o advento do Estado e, no entanto, torna-se a origem de sua instituição. À positividade das virtudes em La Boétie corresponde a positividade do profetismo guarani em Clastres.

> Eis uma sociedade primitiva que, atravessada, ameaçada pela irresistível ascensão dos chefes, suscita em si mesma e libera forças capazes, mesmo ao preço de um quase-suicídio coletivo, de fazer fracassar a dinâmica da chefia, de impedir o movimento que poderia levar à transformação dos chefes em reis portadores de leis. De um lado os chefes; do outro, e contra eles, os profetas: tal é, traçado segundo suas linhas essenciais, o quadro da sociedade tupi-guarani no final do século XV. E a "máquina" profética funcionava perfeitamente bem, uma vez que os *karai* eram capazes de se fazer seguir por massas surpreendentes de índios fanatizados, diríamos hoje, pela palavra desses homens, a ponto de acompanhá-los até na morte.[12]

Porém, assim fazendo, os *karai* unificavam a multiplicidade das nações, exatamente como pretendiam os chefes aos quais eles se opunham. Ora, a insurreição profética conferia aos profetas um poder muito maior do que o dos chefes e produzia um efeito perturbador, pois se os selvagens haviam sempre impedido que a palavra do chefe se tornasse a fala do poder, entretanto eles se voltaram para

[12] CLASTRES, *op. cit.*, p. 185; trad. cit., p. 151.

> [...] a escuta de uma outra fala, esquecendo que esta é proferida como um comando: é a palavra profética. No discurso dos profetas jaz, talvez em germe, o discurso do poder, e sob os traços exaltados do condutor de homens que diz o desejo dos homens se dissimula, talvez, a figura silenciosa do Déspota.
>
> Palavra profética, poder dessa palavra: teríamos nela o lugar originário do poder, o começo do Estado no Verbo? Profetas conquistadores das almas antes de serem senhores dos homens? Talvez.[13]

Ei-nos outra vez perante o trágico trazido pela metamorfose do que teria podido impedir a gênese do Estado em condição positiva de sua instituição. Essa metamorfose faz-se inteligível somente pela diferença entre, de um lado, a fala do chefe guarani e a dos caçadores guaiaquis e, de outro, a palavra profética, pois esta, ao inverso daquelas, é uma palavra que se vincula à positividade da denotação e da comunicação, uma fala *a ser escutada.*

Clastres nos faz passar do poder da linguagem à linguagem do poder. Impossível não retornar aqui a La Boétie. Com efeito, no momento mesmo em que propõe a hipótese da "gente novinha" que não renunciou à liberdade, La Boétie obriga seu leitor a deslocar o espanto que essa hipótese poderia provocar para um outro espanto cuja causa já não é uma hipótese, mas um fato histórico. Ao lado da "gente novinha", ele põe em cena o povo de Israel:

> [...] a [gente] de Israel que, sem coerção e nenhuma precisão, deu a si mesma um tirano. Povo cuja história nunca leio sem enorme indignação, a ponto de quase tornar-me desumano, por rejubilar-me com tantos males que lhe sucederam.[14]

Se foi "sem coerção e nenhuma precisão" que "a gente de Israel deu a si mesma um tirano", somos forçados a admitir que os hebreus foram seduzidos pela palavra profética de Moisés e que sua situação é idêntica à da narrativa de Homero sobre os gregos quando se deixam seduzir pela palavra de Ulisses, com que se abre o *Discurso da servidão voluntária.* Assim como, sob a ação dos discursos de Moisés e de Ulisses, um povo livre instituiu o poder separado, nada nos garante que isso

[13] CLASTRES, *op. cit.*, p. 186; trad. cit., p. 151-152.

[14] LA BOÉTIE, *op. cit.*, p. 124; trad. cit., p. 19-20.

não acontecerá também à "gente novinha". E como em eco ouvimos a voz de Clastres: "Teríamos nela o lugar originário do poder, o começo do Estado no Verbo? [...] Talvez."

Clastres e La Boétie nos conduzem ao momento imprevisível de uma ruptura temporal, à cisão entre duas temporalidades que não são dois tempos empíricos, mas sim a diferença temporal como diferença ontológica: o tempo da liberdade e o tempo da servidão. Justamente porque o trabalho do pensamento de ambos é marcado pelo trabalho da temporalidade, Clastres e La Boétie reencontram os homens imersos na contingência, na indeterminação em cujo oco se desenha o risco permanente do mau encontro, mas também em que a abertura da liberdade a si mesma poderá realizar-se cada vez que sua afirmação disser não ao que a tornaria impossível.

Fundamentos teológico-jurídicos da escravidão como servidão voluntária*

Estamos habituados a pensar a escravidão a partir das ideias liberais e democráticas e, por conseguinte, tratá-la como injustiça, ilegitimidade e ilegalidade; em suma, como a violência pura em seu grau mais alto, ao lado do assassinato (homicídio, parricídio, matricídio, fratricídio, infanticídio, genocídio). No quadro do pensamento liberal e do pensamento democrático, a afirmação de que igualdade e liberdade são direitos inalienáveis dos homens serve de baliza para a recusa da escravidão e para sua crítica.

Ora, convém lembrar, em primeiro lugar, que, desde as descobertas marítimas e a colonização, a escravidão foi considerada pelos teólogos-juristas (particularmente católicos espanhóis e portugueses) como algo que só poderia ser aceito se para ela houvesse fundamento no direito e se pudesse ser compatibilizada com a lei divina (revelada pela Bíblia), com a lei natural (determinada pela Natureza) e com a lei civil (instituída pelo Estado). Em outras palavras, a escravidão não poderia ser tratada como um fato bruto, imputável à violência ou aos meros interesses dos conquistadores, mas precisava receber um estatuto jurídico que a faria moralmente aceitável. Em segundo lugar, também convém recordar que, se para nós a escravidão se opõe à liberdade, para muitos pensadores dos séculos XVI e XVII, a liberdade

* Texto inédito. Originalmente apresentado no Congresso "Escravidão", Departamento de Filosofia-USP, 10/06/1988. (N. do Org.).

era considerada indispensável para a legitimação da escravidão entendida como *servidão voluntária*.

Comecemos de frente para trás, isto é, com um pensador da segunda metade do século XVII – Espinosa –, dele regressemos a um anterior – Hobbes – e deste passemos a um breve exame dos fundamentos jurídicos para a escravidão postos no século XVI por alguns teólogos, particularmente os jesuítas e os dominicanos, diretamente implicados nas atividades da conquista ultramarina.

No capítulo XVI do *Tratado teológico-político*, após haver apresentado os fundamentos do poder democrático e demonstrado que a democracia é não só o mais natural dos regimes políticos (porque nela os homens conservam a igualdade natural) como ainda é o único conforme à liberdade política e individual (porque concretiza o desejo de todo ser humano de governar e não ser governado), Espinosa indaga se seria possível confundir o cidadão enquanto súdito do Estado e o escravo. Por que a curiosa pergunta? Porque ambos – cidadão e escravo – são definidos pela *obediência*. A resposta de Espinosa à pergunta será negativa porque diferencia a forma e o sentido da obediência para o cidadão e escravo. A resposta se oferece em dois tempos: no primeiro, a colocação é ética e muito semelhante à concepção estoica, ou seja, é escravo aquele que age sob o poderio das paixões, obedecendo cegamente aos impulsos passionais; é livre aquele que obedece aos preceitos da razão; no segundo tempo, a resposta é propriamente política.

Costuma-se imaginar, escreve Espinosa, que "o escravo é aquele que age em obediência ao comando de um outro, e o homem livre, aquele que age segundo seu bel-prazer". Porém, essa imagem é ilusória porque *ambos* são escravos, uma vez que a escravidão é estar em poder de algo ou de alguém que, do exterior, domina o indivíduo; ora o prazer é deixar-se levar por paixões cujas causas são externas ao sujeito, pois, como a própria palavra indica, nelas não somos ativos, e sim passivos. Em outras palavras, do ponto de vista da liberdade, não há diferença entre aquele que obedece ao comando de um outro homem e aquele que obedece ao comando das paixões, pois nos dois casos a situação do sujeito é de *heteronomia*, palavra que, no grego, significa, estar sob o *nómos* (lei) de um outro (*heteros*). Essa observação, que é o primeiro tempo da resposta, só alcança seu pleno sentido a seguir, no segundo tempo da resposta, quando Espinosa mostra que o que faz de alguém um escravo não é a obediência enquanto tal, mas a *causa determinante da ação* praticada: quando a ação é realizada para a utilidade de outrem, para o bem de outrem, para satisfação do desejo de outrem e no interesse de outrem, ela é a obediência escrava, pois escravo é aquele que obedece a um mandamento que visa exclusivamente à utilidade, ao bem, ao interesse e ao desejo de um outro, sem qualquer atenção ao agente, que se torna inútil para si mesmo, ou seja, uma coisa para a satisfação do desejo e do poder de outrem. A heteronomia do escravo é sua inutilização como sujeito e sua transformação em coisa de um senhor. Se escravidão é heteronomia, em contrapartida liberdade é *autonomia*, isto é, o próprio agente (*autós*) institui a lei (*nómos*) sob a qual vive. É livre aquele que age segundo a essência racional de sua natureza, portanto, aquele cuja razão é a causa interna e total das regras, normas e leis da ação que ele realiza. Ora, numa democracia, o cidadão é súdito da lei, e esta foi instituída pela ação dos próprios cidadãos que, portanto, ao obedecê-la, obedecem a si mesmos e são livres. Não há, portanto, como confundir o cidadão-súdito e o escravo.

No capítulo II do *Tratado político*, Espinosa examina em que condições alguém se torna escravo. O ponto de partida é a distinção entre aquele que é *sui juris* – aquele que está sob seu próprio direito e sob seu próprio poder, sendo por isso autônomo – e aquele que é *alterius juris*[1] isto é, aquele que está sob o direito e sob o poder de um outro, sendo dependente desse outro ou heterônomo. Ou, como lemos no parágrafo 9 desse capítulo II: "está na dependência de um outro aquele que está sob o poder desse outro". Entretanto, há diferentes formas de dependência:

> Tem um outro em seu poder aquele que o mantém aprisionado ou ao qual tomou todas as armas, qualquer meio de defender-se e de escapar, ou a quem soube inspirar temor ou que a si ligou por favores, de tal maneira que esse outro deseje agradar-lhe mais do que a si mesmo e viver segundo o desejo de seu senhor mais do que viver consoante seu próprio desejo. Mas o primeiro e o segundo meios de manter um homem em seu poder dizem respeito ao seu corpo e não à sua mente, enquanto que por meio

[1] Espinosa usa a expressão *alterius juris* como equivalente à expressão jurídica *alienus juris*.

> do terceiro e do quarto apodera-se do corpo e da mente, porém, ainda assim, o domínio só dura enquanto durarem o medo (dos castigos) ou a esperança (dos favores), pois se tais sentimentos vierem a desaparecer, aquele de quem se era senhor volta a ser senhor de si mesmo. (*Tratado político*, II, 10)

Assim, alguém pode estar sob o poder de outro porque é fisicamente prisioneiro desse outro e deixa de estar sob tal poder se puder escapar. Todavia, há maneiras mais profundas de estar sob o poder de um outro quando este se apodera do espírito daquele que se submete por medo de castigos ou esperança de favores e aceita servi-lo, em vez de viver conforme sua própria natureza.

Ora, prossegue Espinosa:

> A faculdade de julgar pode estar submetida ao poder de outro na medida em que o ânimo poder ser ludibriado por esse outro, donde segue que a mente só está em seu próprio poder quando usa retamente a razão." (*Tratado político*, II, 11)

Em outras palavras, a razão, isto é, o conhecimento verdadeiro de si e da relação com os demais libera alguém de medos e esperanças imaginários com que um outro o ludibriou e que o escravizam ao desejo e poder desse outro. Isso significa que, embora todos os homens, de fato, corram o risco permanente de se tornarem escravos de outros, no entanto, também podem liberar-se da dependência e têm o direito de fazê-lo se tiverem poder para isso, arrebentando as cadeias, tomando das armas, fugindo, perdendo o medo, lançando a esperança noutra direção, e, pensando por si mesmos, deixarem de acreditar no engodo de promessas de bens com que o senhor os mantêm em cativeiro.

Em suma, não podemos impedir o fato da escravidão, mas também não há nenhum fundamento natural ou jurídico para impedir a liberação. A resistência à escravidão é um direito se aquele que resiste tiver poder para destruí-la. A distinção entre *sui juris* e *alterius juris* decorre da concepção espinosana do direito (tanto natural como civil) como potência ou poder. De fato, segundo Espinosa, todos os indivíduos são expressões singulares da potência absolutamente infinita da Natureza cujo direito se estende a tudo; por isso, em cada indivíduo, seu direito é idêntico ao seu poder de exercê-lo ou idêntico à sua potência de agir. Donde a célebre expressão cunhada por Espinosa, *jus sive potentia*, "direito, ou seja, poder". Dessa maneira, ser *sui juris* é ter em si mesmo o poder para exercer seu próprio direito e estar *alterius juris* é não ter esse poder, o qual, entretanto, pode ser reconquistado quando aquele que estava sob o poder de outro reconquista a autonomia de seu direito-poder.

Lidas assim, as palavras de Espinosa podem parecer ingênuas. No entanto, se as pusermos no seu devido contexto veremos o que significam realmente. Por contexto não entendo aqui as outras ideias de Espinosa e sua teoria política como um todo, mas o contexto histórico e o debate político-jurídico em torno da escravidão, no século XVII.

O que está dizendo Espinosa? Que não há nem pode haver servidão voluntária, pois aquele que está sob ferros, sob o medo, sob esperanças ou sob a mentira não é livre para estar nessas condições – sob ferros e sob o medo, a heteronomia é óbvia; sob a esperança de favores não é tão óbvia, pois pareceria que tal esperança põe voluntariamente alguém sob a proteção de outro que o dominará; sob a mentira parece haver ambiguidade, pois o enganado tanto está em situação de heteronomia quanto na do desejo de ser enganado. Ora, por que Espinosa faz todas essas distinções e sobretudo a mais problemática de todas, aquela que coloca a escravidão sob o signo da promessa de bens? Teremos uma resposta se, contextualizando suas ideias, compararmos Espinosa e o que escreve seu contemporâneo Hobbes, no capítulo XX do Livro II do *Leviathan*.

Hobbes examina três figuras da submissão: a dos filhos ao poder paterno; a dos súditos ao monarca; e a do vencido ao vencedor. Nos três casos, escreve ele, aquele que possui o domínio tem "domínio sobre a pessoa de alguém e sobre tudo quanto lhe pertence", pois, do contrário, o domínio não teria efetividade alguma. No caso da servidão,

> O domínio adquirido por conquista, ou vitória militar, é aquele que alguns autores chamam despótico, de *despótes*, que significa senhor ou amo, e é o domínio do senhor sobre seu servo. O domínio é adquirido pelo vencedor quando o vencido, para evitar o iminente golpe de morte, promete por palavras expressas, ou por outros suficientes sinais de sua vontade, que enquanto sua vida e a liberdade de seu corpo lho permitirem, o vencedor terá direito a seu uso, a seu bel-prazer [...] pela palavra servo (quer seja

> derivada de *servire*, servir, ou de *servare*, salvar) não se entende um cativo, que é guardado na prisão, ou a ferros, até que o proprietário daquele que o tomou, ou o comprou de alguém que o fez, decida o que vai fazer com ele; porque esses homens (geralmente chamados escravos) não têm obrigação alguma, e podem, sem injustiça, destruir suas cadeias ou prisão, e matar ou levar cativo seu senhor; *por servo, entende-se alguém a quem se permite a liberdade corpórea e que, após prometer não fugir nem praticar violência contra seu senhor, recebe a confiança deste ultimo. Portanto não é a vitória que confere o direito de domínio sobre o vencido, mas o pacto, celebrado por este.* E ele não adquire a obrigação por ter sido conquistado, isto é, batido, tomado ou posto em fuga, mas por ter aparecido e se submetido ao vencedor. [...] O senhor do servo é também senhor de tudo quanto este tem, e pode exigir seu uso. Isto é, de seus bens, de seu trabalho, de seus servos e seus filhos, tantas vezes quantas lhe aprouver. Porque ele recebeu a vida de seu senhor mediante o *pacto de obediência*, isto é, o reconhecimento e autorização de tudo o que o senhor vier a fazer. E se acaso o senhor, recusando-o, o matar ou o puser a ferros, ou de outra maneira o castigar por sua desobediência, ele próprio será o autor dessas ações e não pode acusá-lo de injúria (*Leviathan*, II, 20. Grifos meus, MC).

O essencial na colocação de Hobbes, por onde passa a diferença fundamental com relação a Espinosa, é, em primeiro lugar, a afirmação de que a servidão nasce de um *pacto* e que, portanto, é voluntária, pois, juridicamente, só há pacto entre vontades livres que o firmam; motivo pelo qual o servo não se confunde com o escravo, pois este não faz um pacto com o vencedor, por isso pode lutar contra ele sem injustiça ou injúria porque não prometeu servir; e, em segundo lugar, a identificação entre servo e súdito, isto é, a afirmação de que a soberania é instituída a partir de um *pacto* entre os indivíduos para, em conjunto, aceitarem a submissão voluntária ao soberano, a quem autorizam tudo quanto vier a fazer porque dele esperam proteção e paz, sendo ilegal, ilegítimo e injusto rebelar-se contra ele quebrando o pacto.

Por que, para Hobbes, não é a simples derrota na guerra que faz o servo? Porque o vencido pode tentar a fuga e afrontar o risco da morte. Ora, os homens, segundo Hobbes, possuem um desejo natural inescapável e um direito natural fundamental que é o da autoconservação, por isso, em nome do desejo e direito naturais de viver, fazem pactos com quem poderia matá-los para que os conservem em vida. Mais importante, porém, é que Hobbes coloque na liberdade a origem do pacto de servidão. Em outras palavras, o servo é aquele que, para salvar ou manter a vida, livremente faz um pacto de servidão com o mais poderoso e o institui como senhor. Assim, é o próprio servo quem institui o senhorio e a servidão – "é obra sua", escreve Hobbes. E, feito o pacto, não há o direito de rompê-lo. Um servo comete injustiça se o romper, pois Hobbes mantém a ideia dos juristas medievais e modernos de que é uma regra fundamental da justiça e uma lei da Natureza a fórmula *pacta sunt servanda* (os pactos devem ser obedecidos) e que a justiça é "dar a cada um o que é seu, ou o que lhe cabe por direito e merecimento".

Compreendemos, agora, por que Espinosa, contrariamente a Hobbes, não distingue escravo e servo, negando que haja pacto entre senhor e servo e afirmando que este pode, em qualquer circunstância, livrar-se daquele, desde que tenha poder para isso. Por outro lado, distingue servo e súdito, recusando que o soberano seja instituído por um pacto de submissão. Recusa também que a liberdade possa ser causa de servidão, pois a liberdade do servo é imaginária, efeito de medos e esperanças, isto é, paixões que o levam a imaginar que algum bem lhe possa vir de um senhor ao qual livremente se sujeitaria.

Todavia, ainda não contextualizamos suficientemente a questão para compreendermos por que o problema da escravidão é tratado dessa maneira por esses dois filósofos, isto é, vinculado às ideias de liberdade e de pacto. Para tanto, precisamos regredir mais um pouco no tempo e acompanhar algumas mutações operadas nos conceitos de direito – *jus* – e de liberdade – *libertas*.[2]

Na origem, *jus* era uma fórmula ritual de engajamento entre litigantes para terem um comportamento equitativo e bom entre si, segundo a norma de *justitia,* instituída pelo *jurisprudens*; era uma *relação* entre pessoas sob a forma de um vínculo recíproco e de uma promessa recíproca, a *obligatio*. Em outras palavras, *jus* era uma *ação*, e não uma *coisa*. Os juristas romanos distinguiam *jus* e *dominium*, na medida em que o primeiro implicava um entendimento ou uma

[2] Seguiremos de maneira muito breve as considerações de Richard Tuck, *Natural Rights Theories. Their Origin and Development*. Londres: Cambridge University Press, 1979.

concordância entre pessoas, enquanto o segundo significava o total controle que alguém tem sobre o seu mundo físico (corpo, terras, plantações, rebanhos e escravos) e moral (linguagem, pensamento, vontade, relações sociais e políticas).

A mudança nesses conceitos ocorre com o advento do Império Romano. De fato, o imperador não mantinha relações recíprocas com os cidadãos, de sorte que entre ele e eles não se estabelecia nunca o término de um litígio por meio do *jus*, e sim por meio da lei (*lex*), imposta pelo primeiro aos segundos. Por outro lado, o imperador era considerado *dominus* ou senhor da totalidade do solo do Império – ele tinha o total controle sobre o solo imperial e era seu proprietário – e dos cargos ou ofícios relativos ao exercício público de sua autoridade – tinha o controle e era proprietário dos meios de administração e defesa do império. Qual a legitimidade desse *dominium*? Para dar-lhe legitimidade, tornou-se necessário transferir esse termo, que pertencia ao mundo privado, para o mundo público e defini-lo como *dominium publicum* e como *jus in re*, isto é, como direito de propriedade, direito que se estendia aos cidadãos quando, num ato contratual, o imperador concedia a alguns terras, cargos e ofícios e instituía um vínculo de *obligatio* deles para com ele. Desligando-se de seu sentido originário de ação entre litigantes, nasce, agora, a ideia do *jus* como direito a alguma coisa e corporificado nessa coisa. Donde a fórmula segundo a qual a justiça é respeitar a diferença entre o meu e o teu.

As transformações prosseguiram com os juristas medievais, que distinguiram *jus in re* e *jus ad rem*, isto é, distinguiram o direito atual de propriedade e o direito à propriedade, ou seja, o direito de reclamar propriedades potenciais ou futuras. Além dessa distinção, foi introduzida outra: entre *dominium* e *facultas*. O *dominium*, como vimos, é o direito atual de propriedade e o direito potencial à propriedade; a *facultas* é uma capacidade natural ou moral, ou uma habilidade física ou moral para realizar determinada ação; uma *facultas* é uma capacidade que pode ou não ser exercida (donde nosso adjetivo "facultativo"). Assim como o *dominium* se tornou um *jus*, assim também a *facultas* se torna um *jus*: trata-se do direito como algo que cabe a alguém enquanto dotado de três capacidades morais, quais sejam, a razão, a vontade e a liberdade. A identificação entre a *facultas* e o *jus* dá origem à figura do sujeito como sujeito de direitos ou ao *direito subjetivo*, entendido como direito de propriedade ou de controle sobre o seu mundo físico e moral.

No final da Idade Média e início da Renascença, têm lugar as modificações conceituais que aqui nos interessam particularmente. A ordem do mundo, dizem os teólogos, é a ordem criada e imposta por Deus. E completam os juristas: como Deus tem o *dominium* absoluto sobre o mundo, a ordem por ele criada é um *jus*, uma ordem jurídica, o *direito objetivo*. Este determina que todos os seres estejam inseridos numa hierarquia na qual cada grau tem a obrigação de submeter e dirigir os que lhe são inferiores, e estes têm a obrigação de obedecer e se submeter aos que lhes são superiores. A ordem natural é, portanto, uma ordem jurídica de mando e obediência.

Do ponto de vista da ordem humana, a hierarquia define o direito de propriedade como direito subjetivo e o concebe tanto como *dominium* (*jus in re* ou propriedade atual de uma coisa) quanto como *facultas* (*jus ad rem* ou o direito de reclamar uma propriedade potencial ou futura). Por ser direito subjetivo, a propriedade é alienável, isto é, o sujeito de direito ou o proprietário pode vendê-la, arrendá-la, e, em certas circunstâncias, perdê-la. Por ser direito subjetivo, uma *facultas* – razão, vontade, liberdade – pode ou não se exercer; ou seja, como a palavra indica, seu exercício é facultativo. Finalmente, como uma *facultas* é um *jus*, ela é necessariamente um *dominium* ou o direito de propriedade que o sujeito tem sobre sua razão, vontade e liberdade. Ora, se ela é um *jus* e um *dominium*, isto é, um direito e uma propriedade, ela também é alienável, o que ocorre quando o sujeito decide não exercer seu direito (à razão, à vontade, à liberdade). *Libertas* e *voluntas* ou a liberdade e a vontade, como *jus* e *facultas* são, portanto, direitos alienáveis por venda, troca ou um *pacto de submissão* que as transfere para um senhor, de maneira que tem fundamento jurídico e legitimidade o conceito de *servidão voluntária*.

Dessa maneira, o conceito de direito natural, formado pela reunião das ideias de direito objetivo como ordem divina da natureza e de direito subjetivo e, este, formado pelas ideias de razão, vontade e liberdade como faculdades ou propriedades alienáveis, constituem o solo jurídico de posição da legalidade e legitimidade da escravidão como servidão voluntária. Eis por que os jesuítas, como Molina e Suarez, não distinguem o servo e o escravo, pois, segundo eles, ambos praticam o direito de servidão voluntária. Como se trata de um direito (*jus*), cria uma obrigação (*obligatio*), que se traduz por um *pacto*, e como a lei da Natureza impõe como regra fundamental da justiça que os pactos têm que ser cumpridos, o pacto de servidão não pode ser rompido sem injustiça. É ilegal, ilegítimo e injusto resistir à escravidão após o pacto de servidão.

Como se sabe, o dominicano frei Bartolomeu de Las Cazas, bispo de Chiapas, inconformado com as atrocidades cometidas pelos conquistadores, deu início a uma longa disputa ao insurgir-se contra a escravidão dos indígenas das Américas. No correr dessa disputa, em que Las Cazas sairia derrotado, seu adversário maior, Gines Sepúlveda, fundando-se na ideia do direito natural objetivo como ordem jurídica imposta por Deus ao mundo, escreveu:

> Constata-se essa mesma situação [de submissão voluntária] entre os homens; pois há os que, por natureza, são senhores e os que, por natureza, são servos. Os que ultrapassam os outros pela prudência e pela razão, mesmo que não os dominem pela força física, são, pela própria natureza, os senhores; por outro lado, os preguiçosos, os espíritos lentos, mesmo quando têm a força física para realizar todas as tarefas necessárias, são, por natureza, servos. E é justo e útil que sejam servos, e vemos que isso é sancionado pela própria lei divina. Pois está escrito no livro dos Provérbios: "O tolo servirá ao sábio". Assim são as nações bárbaras e desumanas, estranhas à vida civil e aos costumes pacíficos. E sempre será justo e de acordo com o direito natural que essas pessoas sejam submetidas ao império de príncipes e de nações mais cultivadas e humanas, de modo que graças à virtude dos últimos e à prudência de suas leis, eles abandonem a barbárie e se adaptem a uma vida mais humana e ao culto da virtude. E se recusam esse império, é permissível impô-lo por meio das armas e tal guerra será justa, assim como o declara o direito natural [...] Concluindo: é justo, normal e de acordo com a lei natural que todos os homens probos, inteligentes, virtuosos e humanos dominem todos os que não possuem essas virtudes. (Sepúlveda, *Resposta ao brevíssimo relatório).*

Ignorantes, irracionais, lascivos, preguiçosos, sem rei, sem lei e sem fé, os indígenas ocupam o ponto mais baixo da hierarquia humana, devendo, pelo direito natural objetivo ou pela lei natural, submeter-se voluntariamente aos conquistadores, "homens probos, inteligentes, virtuosos e humanos". A servidão voluntária é um dom divino e europeu para a salvação dos selvagens.

Introdução a *O direito à preguiça*, de Paul Lafargue*

I

A preguiça, todos sabem, é um dos sete pecados capitais.

Ao perder o Paraíso Terrestre, Eva e Adão ouvem do Senhor as terríveis palavras que selarão seus destinos. À primeira mulher, Deus disse: "Multiplicarei as dores de tua gravidez, na dor darás à luz filhos. Teu desejo te levará ao homem, e ele te dominará" (Gn, 3:16). Ao primeiro homem, disse Jeová: "Maldito é o solo por causa de ti! Com sofrimentos dele te nutrirás todos os dias de tua vida. Com o suor de teu rosto comerás teu pão, até que retornes ao solo, pois dele foste tirado. Pois tu és pó e ao pó tornarás" (Gn, 3:17-19).

Ao ócio feliz do Paraíso segue-se o sofrimento do trabalho como pena imposta pela justiça divina, por isso os filhos de Adão e Eva, isto é, a humanidade inteira, pecarão novamente se não se submeterem à obrigação de trabalhar. Porque a pena foi imposta diretamente pela vontade de Deus, não cumpri-la é crime de lesa-divindade e por essa razão a preguiça é pecado capital, um gozo cujo direito os humanos perderam para sempre.

O laço que ata preguiça e pecado é um nó invisível que prende imagens sociais de escárnio, condenação e medo. É assim que aparecem

* Originalmente publicado em: LAFARGUE, Paul. *O direito à preguiça*. São Paulo: Unesp; Hucitec, 1999, p. 9-56. (N. do Org.)

para os brasileiros brancos as figuras do índio preguiçoso e do negro indolente, construídas no final do século XIX, quando o capitalismo exigiu a abolição da escravatura e substituiu a mão de obra escrava pela do imigrante europeu, chamado "trabalhador livre" (curiosa expressão numa sociedade cristã que não desconhece a Bíblia nem ignora que o trabalho foi imposto aos humanos como servidão!). É ainda a mesma imagem que aparece na construção, feita por Monteiro Lobato no início deste século, do Jeca Tatu, o caipira ocioso devorado pelos vermes enquanto a plantação é devorada pelas saúvas. Nesse imaginário, "a preguiça é a mãe de todos os vícios" e nele vêm inscrever-se hoje o nordestino preguiçoso, a criança de rua vadia (vadiagem sendo, aliás, o termo empregado para referir-se às prostitutas), o mendigo – "jovem, forte, saudável, que devia estar trabalhando em vez de vadiar". É ela, enfim, que força o trabalhador desempregado a sentir-se humilhado, culpado e um pária social.

Não é curioso, porém, que o desprezo pela preguiça e a extrema valorização do trabalho possam existir numa sociedade que não desconhece a maldição que recai sobre o trabalho, visto que trabalhar é castigo divino, e não virtude do livre-arbítrio humano? Aliás, a ideia do trabalho como desonra e degradação não é exclusiva da tradição judaico-cristã. Essa ideia aparece em quase todos os mitos que narram a origem das sociedades humanas como efeito de um crime cuja punição será a necessidade de trabalhar para viver. Ela também aparece nas sociedades escravistas antigas, como a grega e a romana, cujos poetas e filósofos não se cansam de proclamar o ócio um valor indispensável para a vida livre e feliz, para o exercício da nobre atividade da política, para o cultivo do espírito (pelas letras, artes e ciências)[1] e para o cuidado com o vigor e a beleza do corpo (pela ginástica, dança e arte militar), vendo o trabalho como pena que cabe aos escravos e desonra que cai sobre homens livres pobres. São estes últimos que, na sociedade romana, eram chamados de *humiliores*, os humildes ou inferiores, em contraposição aos *honestiores*, os homens bons porque livres, senhores da terra, da guerra e da política. É significativo, por exemplo,

[1] Em grego, ócio se diz *skholé*, de onde vem nossa palavra "escola". Para os antigos, só era possível dedicar-se à atividade do conhecimento se não se estivesse escravizado pela obrigação de trabalhar.

que nas línguas dessas duas sociedades não exista a palavra "trabalho". Os vocábulos *érgon* (em grego) e *opus* (em latim) referem-se às obras produzidas e não à atividade de produzi-las. Além disso, as atividades laboriosas, socialmente desprezadas como algo vil e mesquinho, são descritas como rotineiras, repetitivas, obedientes a um conjunto de regras fixas, e a qualidade do que é produzido não é relacionada à ação de produzir, mas à avaliação feita pelo usuário do produto. Enfim, não é demais lembrar que a palavra latina que dá origem ao nosso vocábulo "trabalho" é *tripalium,* instrumento de tortura para empalar escravos rebeldes e derivada de *palus*, estaca, poste onde se empalam os condenados. E *labor* (em latim) significa esforço penoso, dobrar-se sob o peso de uma carga, dor, sofrimento, pena e fadiga. Não é significativo, aliás, que muitas línguas modernas derivadas do latim, ou que sofreram sua influência, recuperem a maldição divina lançada contra Eva usando a expressão "trabalho de parto"?

Donde nossa indagação: como e quando o horror pelo trabalho transformou-se no seu contrário? Quando as palavras *honestus* e *honestiores* deixaram de significar os homens livres e passaram a significar o negociante que paga suas dívidas? Quando e por que se passou ao elogio do trabalho como virtude e se viu no elogio do ócio o convite ao vício, impondo-se negá-lo pelo *neg-ócio?*

Max Weber escreveu um clássico da sociologia, *A ética protestante e o espírito do capitalismo,* para desvendar a relação entre o capitalismo e a posição do trabalho como virtude. Partindo da ideia de que a marca distintiva do Ocidente é uma certa concepção da razão como capacidade para oferecer uma explicação causal (isto é, não religiosa nem maravilhosa) para todos os fenômenos naturais e sociais e da ação racional como relação proporcional entre meios e fins, Weber considerou que capitalismo e mercadoria existiram em todo tempo e em toda parte (desde que houvesse produção de excedente), de sorte que o capitalismo ocidental moderno se distingue dos demais por sua racionalidade específica e pelo vínculo que, por "afinidade eletiva", se estabeleceu entre o ascetismo moral protestante calvinista, o puritanismo, e a economia.

Muito mais do que no luteranismo, escreve Weber, no calvinismo (particularmente em sua versão inglesa puritana), tornou-se regra moral o dito "mãos desocupadas, oficina do diabo". Nesse aforismo está sintetizada a metamorfose do trabalho num *ethos*. De castigo divino que fora, tornou-se virtude e chamamento (ou vocação) divino. É assim que, no último canto de O *paraíso perdido* do poeta seiscentista inglês John Milton, o arcanjo Miguel diz a Adão que, se este se dedicar com coragem e paciência, virtude e fé a acumular o conhecimento de fatos, o paraíso não estará perdido, "pois possuirás um paraíso dentro de ti, uma felicidade muito maior", e os dois exilados, depois de algumas lágrimas, enxugam o rosto, sabendo que "tinham o mundo todo pela frente, a escolha de um lugar para ficar e a Providência para os guiar". A perda do Paraíso converte-se em ganho humano.

O puritanismo, escreve Weber, valoriza a vida secular como um dever. Examinando as máximas morais de Benjamim Franklin como exemplares do novo *ethos*, Weber salienta que, agora, ser cristão virtuoso é seguir um conjunto de normas de conduta nas quais o trabalho surge não apenas como obrigação moral, mas como poderoso racionalizador da atividade econômica geradora de lucro. Aquele que faz seu trabalho render dinheiro e, em lugar de gastá-lo, o investe em mais trabalho para gerar mais dinheiro e mais lucro, vivendo frugal e honestamente (isto é, pagando em dia suas dívidas para assim obter mais crédito), é um homem virtuoso. Trabalhar é ganhar para poupar e investir para que se possa trabalhar mais e investir mais.

> De fato, o *summum bonum* dessa 'ética', a obtenção de mais e mais dinheiro, combinada com o estrito afastamento de todo gozo espontâneo da vida, é, acima de tudo, completamente destituída de qualquer caráter eudemonista ou mesmo hedonista, pois é pensado tão puramente como uma finalidade em si, que chega a parecer algo de superior à 'felicidade' ou à 'utilidade' do indivíduo [...]. O homem é dominado pela produção de dinheiro, pela aquisição encarada como a finalidade última de sua vida.[2]

Essa mudança na percepção do trabalho e no novo lugar que passa a ocupar na sociedade, julga Weber, teria não só coincidido com o advento do capitalismo, mas teria sido decisiva para a construção da racionalidade capitalista ocidental moderna, dando ao ócio um aspecto

[2] WEBER, Max. *A ética protestante e o espírito do capitalismo.* São Paulo: Pioneira, 1967, p. 33.

mais terrível do que tivera até então. Disso a prova é dada pelas inúmeras e frequentes legislações iniciais do capitalismo, que transformaram a mendicância e a preguiça em crimes sujeitos à pena de prisão e, em certos casos, de morte.

Ora, sabemos que Max Weber escreve contra o marxismo. Ao fazê-lo, recusa-se a admitir que o capitalismo seja um modo de produção econômica historicamente determinado que inclui como uma de suas determinações ideológicas a Reforma Protestante. Pelo contrário, Weber generaliza a ideia de capitalismo e toma a economia capitalista ocidental moderna como um caso particular do fenômeno econômico geral da produção de excedentes e da troca de mercadorias ou do comércio. Por esse motivo, a relação entre a ética calvinista do trabalho e o modo de produção capitalista aparece em seu livro como relação de coincidência, de afinidade e de mera contemporaneidade. Em suma, a "ética protestante" e o "espírito do capitalismo" são a conjunção temporal de dois acontecimentos históricos que, em si mesmos, seriam independentes. Além disso, o clássico de Weber identifica a ética *burguesa* do trabalho e a figura do trabalhador no capitalismo. Em outras palavras, o homem honesto, que trabalha, poupa e investe, é a autoimagem do burguês, e não a figura dos que trabalham para que o burguês poupe e invista. Assim, a racionalidade capitalista ocidental adota uma ética que é racional e racionalizadora para o capital. Porém, como deliberadamente ignora a formação histórica do capitalismo e a luta de classes, Weber não indaga se ela é racional para os produtores de capital, isto é, para a classe trabalhadora nem indaga como a ética burguesa conseguiu tornar-se ética proletária. É disso justamente que trata *O direito à preguiça*.

II

Panfleto revolucionário escrito em 1880, publicado no jornal socialista *L'Égalité*, numa série de artigos, entre 16 de junho e 4 de agosto do mesmo ano, editado como brochura em 1881, revisto e reeditado em 1883, voltando a ser impresso em 1898 e em 1900, *O direito à preguiça* teve um sucesso sem precedentes, comparável apenas ao do *Manifesto Comunista*, tendo sido traduzido para o russo antes mesmo deste último. Possivelmente um dos textos mais lidos na Espanha, antes, durante e depois da guerra civil, foi reeditado pela Resistência Francesa, em 1944, e recebeu novas edições sob o patrocínio do Partido Comunista Francês, nos anos 1960 e 1970. Em 1968, traduzido para quase todas as línguas, *O direito à preguiça* foi panfletado pelos movimentos esquerdistas de praticamente o mundo inteiro e, desde então, tem sido constantemente republicado.

A trajetória revolucionária de Paul Lafargue foi semelhante à de muitos de seus contemporâneos franceses: começa prudhoniano, aproxima-se dos anarquistas, conhece o marxismo, participa do momento final da Primeira Internacional, intervém como ativista nas lutas do período, seja como escritor, seja como organizador de movimentos e fundador de um partido revolucionário, seja como representante eleito para o Parlamento, tendo sua vida palmilhada por prisões, fugas, exílios, rupturas com companheiros e atribulações incontáveis na existência privada. Coerentes com as análises críticas a que dedicaram boa parte de suas vidas – a origem socioeconômica das religiões da transcendência de Deus e da imortalidade da alma, e das religiões que prometem salvação dos bons e danação dos maus numa vida futura, negando o direito à felicidade na vida presente –, Paul e Laura Lafargue cometeram suicídio no dia em que aquele completou 70 anos, a 25 de novembro de 1911. Na noite do dia 24 foram à opera e na manhã do dia 25 foram encontrados serenamente sentados em sua sala de visitas, mortos com uma dose de veneno injetada nas veias. Sobre a mesa, uma carta explicava que seu gesto era de amor, pois não desejaram tornar-se uma carga e um fardo para família, amigos e companheiros de luta quando a velhice os privasse de capacidade intelectual e de vigor corporal para as tarefas revolucionárias. A prática da eutanásia é elogiada numa nota de *O direito à preguiça*, onde lemos:

> Os índios das tribos belicosas do Brasil matam seus inválidos e seus velhos; demonstram sua amizade pelo atingido pondo fim a uma vida que não se alegra mais com os combates, festas e andanças. Todos os povos primitivos deram aos seus estas provas de afeto.[3]

Neto (pelo lado paterno) de uma mulata de Santo Domingo e (pelo lado materno) de uma índia Caraíba e um judeu de origem

[3] LAFARGUE, Paul. *O direito à preguiça*. São Paulo: Unesp; Hucitec, 1999, p. 77 (nota 5).

francesa, Paul Lafargue nasceu em Santiago de Cuba, em 1842, e se mudou com os pais para Bordéus, em 1851. Terminando os estudos secundários, iniciou o curso de Medicina em Paris, curso que só iria terminar alguns anos depois, em Londres, pois tendo, num congresso de estudantes contra o Segundo Império de Luís Napoleão, proposto a supressão das cores oficiais francesas e sua substituição por uma bandeira e fitas vermelhas, foi expulso perpetuamente da Universidade de Paris. Franco-maçom e prudhoniano, ativo colaborador da revista *La Rive Gauche,* viajou a Londres em 1865, encontrando-se pela primeira vez com Engels e Marx, com cuja filha, Laura, se casará, em 1868.

Desde 1866, Lafargue participa do Conselho-Geral da Primeira Internacional (dirigido por Marx) e, em 1868, abandona o ramo francês daquela que iria tornar-se a grande adversária do Conselho no interior da Internacional, a Associação Internacional dos Trabalhadores (que viria a ser liderada por Bakunin), à qual se filiara anos antes. Durante a Comuna de Paris, em 1871, Lafargue se muda com a família para Bordéus (tem dois filhos e um terceiro a caminho; duas das crianças morreram com alguns meses de idade e o filho, Étienne, morreria aos dois anos, vítima de problemas gastrointestinais; essas mortes fizeram Lafargue abandonar para sempre a prática da medicina).[4] Seu nome é indicado para a eleição dos representantes municipais da Comuna, mas a derrota do movimento revolucionário e a violenta repressão que se abate sobre os *communards* e todos ligados a eles o levam a partir com Laura e Étienne para a Espanha, onde permanecerá exilado até o Congresso de Haia, de 1872, quando parte para a Holanda e, a seguir, retorna a Londres. Por essa época, Marx, preocupado com o abatimento moral e a desorganização política que domina o operariado francês, derrotado na Comuna e reprimido pelas forças republicanas, tentou, sem obter resposta, convencer Blanqui da necessidade de reorganizar a classe operária. Nessa ocasião, Marx recebe uma carta de

[4] Várias cartas de Laura às irmãs Jenny e Eleanor e de Lafargue a Engels e Marx fazem a crítica da medicina contemporânea; particularmente no tocante às questões de higiene e pela proibição de usar amas de leite (quando as mães não tinham condições de amamentar), forçando o uso do leite de vaca em mamadeira. Lafargue atribui a esses dois fatores – higiene e mamadeira – a causa das mortes de seus três filhos e seu desprezo pela medicina.

Jules Guesde, *communard* e diretor do jornal *L'Égalité*, consultando-o sobre a criação de um partido operário socialista. O contato é feito por Lafargue que, mais tarde, em companhia de Marx e Engels, auxilia na redação do programa do Partido Operário Francês,[5] proposto por Guesde no "Congresso imortal" de outubro de 1872, em Marselha, quando, pela primeira vez, os operários franceses chamaram a si mesmos de *revolucionários*.

É nesse período, em 1880, que Lafargue publica, na *Revue Socialiste*, trechos do *Anti-Dühring*, de Engels, traduzidos para o francês e organizados por ele e Laura com o título de *Socialismo utópico e Socialismo Científico*. É nesse mesmo ano, entre 14 de junho e 4 de agosto, que publica na revista guesdista *L'Égalité* a série de artigos que formam *O direito à preguiça*. Com essas duas publicações, o marxismo (ou mais exatamente, para usarmos a terminologia de Lafargue e de sua época, o "determinismo econômico"),[6] graças à descoberta da luta de classes

[5] Na época, a luta no interior da Internacional está aguçada e surge o termo "marxista" para se referir às posições políticas de Marx em antagonismo com as dos prudhonianos franceses, os adeptos italianos de Mazzini, os adeptos espanhóis de Mesa e os anarquistas de Bakunin. Lendo acréscimos que Guesde fizera ao texto do programa do Partido Operário Francês, Marx escreveu uma carta em que apareceu a famosa frase: "se é assim [isto é, se é isso que Guesde julga ser a política marxista], então não sou marxista". Sobre a Primeira Internacional, veja-se: DOLLÉANS, E. *Histoire du mouvement ouvrier.* Paris: Armand Colin, 1947-1948; COLE, G. D. *Socialist Thought: Marxism and Anarchism; 1850-1890.* Nova York: St. Martin's Press, 1967; THOMAS, P. *Karl Marx and the Anarchists.* Londres: Routledge & Kegan Paul, 1980; HOBSBAWM, Eric. (Org.). *História do marxismo.* Rio de Janeiro: Paz e Terra, 1983. (v. I – O *marxismo no tempo de Marx.*) Para os documentos dos congressos, veja-se: FREYMONT, J. (Org.). *La Première Internationale: recueil de documents.* Genebra: Droz, 1962-1971 (4 v.). Para a história do Partido Operário Francês, veja-se: WILLARD, C. *Les guesdites.* Paris: Editions Sociales, 1965; GUESDE, J. *Textes choisis, 1867-1882.* Paris: Editions Sociales, 1970; MOSS, B. H. *The Origins of the French Labor Movement. 1830-1914.* Berkeley: University of California Press, 1976; JULLIARD, J. *Autonomia ouvrière. Études sur le sindicalisme d'action directe.* Paris: Gallimard; Le Seuil, 1988; TUCKER JR., K. H. *French Revolutionary Syndicalism and the Public Sphere.* Cambridge: Cambridge University Press, 1996.

[6] "O determinismo econômico é um novo utensílio, posto por Marx à disposição dos socialistas para estabelecer um pouco de ordem na desordem dos fatos históricos que historiadores e filósofos foram incapazes de explicar e classificar [...] Marx, fato pouco notado, não apresentou seu método de interpretação histórica num corpo de doutrina com axiomas, teoremas, corolários e lemas. Para ele, ela é apenas

como motor da história, se apresenta como via na qual se forma a consciência de classe operária e sua compreensão da necessidade histórica da ação revolucionária. Esses dois escritos reorientam a revista *L'Égalité* e fundamentam o programa do Partido Operário Francês. É a partir dessa época que Lafargue começa a redação de várias brochuras resumindo as ideias de Marx para divulgá-las entre os operários revolucionários franceses.[7]

Com justiça, Lafargue é considerado o principal responsável pelo surgimento do marxismo francês do final do século XIX e início do século XX,[8] e para muitos seus textos de crítica literária (com análises das obras de Chateaubriand, Hugo, Flaubert, Zola e Balzac) dão início à chamada estética marxista, que terá em Lukács seu maior expoente.[9]

um instrumento de pesquisas. Não se pode, portanto, criticá-la senão contestando os resultados que oferece em suas mãos, senão refutando, por exemplo, sua teoria da luta de classes. Evita-se fazê-lo. Os historiadores e filósofos a tomam por obra impura do demônio, precisamente porque ela conduziu Marx à descoberta desse poderoso motor da história." LAFARGUE, Paul. *Le déterminisme économique de Karl Marx. Recherches sur l'origine et l'évolution des idées de justice, de bien, de l'âme et de dieu.* Paris: Marcel Giard, 1928, p. 3; 5.

7 Para a biografia de Lafargue, incluindo o momento posterior ao período que aqui nos concerne, veja-se: DERFLER, Leslie. *Paul Lafargue and the Founding of French Marxism, 1842-1882.* Cambridge: Harvard University Press, 1991; DERFLER, Leslie. *Paul Lafargue and the Flourishing of French Socialism.* Cambridge: Harvard University Press, 1998. Há também uma biografia resumida em: MAITRON, Jean. (Org.). *Dictionnaire biographique du mouvement ouvrier français.* Paris: Éditions Ouvrières, T. XIII, p. 167-170.

8 HOBSBAWM, Eric. A cultura europeia e o marxismo entre o século XIX e o século XX. In: *História do marxismo. Op. cit.* Nesse texto, o autor observa que "A tradição radical jacobina permaneceu amplamente impermeável à penetração do marxismo, mesmo que (e talvez exatamente por causa disso) seus expoentes mais revolucionários parecessem sempre demasiado propensos a homenagear um grande revolucionário e a se identificar com as causas ligadas a tal nome. Dessa situação singular deriva o fenômeno singular do escasso desenvolvimento que o marxismo teve na França", p. 82. Essa observação é muito interessante porque nos ajuda a entender a maneira como, escrevendo sobre Lafargue, Jean-Marie Brohm procura garantir que Marx seja o ancestral direto do Partido Comunista Francês através de Lafargue e Guesde e do Partido Operário Francês, que teria sido o primeiro momento do PCE. Veja-se: BROHM, Jean-Marie. Préface a *Le droit à la paresse.* Paris: Maspéro, 1965.

9 Sobre a crítica literária de Lafargue, veja-se: FRÉVILLE, Jean. *Paul Lafargue. Critiques littéraires.* Paris: Editions Sociales, 1936; WILLARD, Claude. Paul Lafargue, critique littéraire, In: *Le mouvement social*, n. 58, p. 102-110, jan.-mar. 1967.

III

Quatro datas são marcos históricos que referenciam a matéria analisada por *O direito à preguiça*: 1848, 1871, 1872, 1879. Ou seja: o movimento insurrecional popular de 1848, cuja derrota desemboca na restauração da monarquia e no Segundo Império de Luís Napoleão; a Comuna de Paris, de 1871, cuja vitória inicial destrói o Segundo Império e cuja derrota final dá ensejo ao nascimento da Terceira República Francesa; o Congresso de Haia, de 1872, no qual o refluxo da Comuna e as lutas entre Marx e Bakunin levam à morte da Primeira Internacional; e o "Congresso imortal" de Marselha, em 1879, quando é proposta a criação de um partido socialista revolucionário da classe operária. Ao escrever *O direito à preguiça*, Lafargue tem presente não só essa história política, mas sobretudo aquilo que a determina, a economia capitalista, em geral, e o capitalismo francês, em particular. Tem presente especialmente a longa crise econômica francesa dos anos 1870-1880, quando a burguesia explora ferozmente o proletariado. A baixa dos salários, o aumento do custo de vida, a jornada de 12 horas, a dispensa de grandes contingentes de trabalhadores, o deslocamento ou fechamento de fábricas, as greves locais e parciais reprimidas pelas forças da ordem com derramamento de sangue, e as guerras coloniais para conquista de novos mercados, evidenciavam que era a hora a vez de a classe operária agir revolucionariamente. Se *Socialismo utópico e socialismo científico*, de Engels, oferece aos operários a compreensão da necessidade histórica do socialismo, *O direito à preguiça* é um painel da sociedade burguesa, visando alcançar o proletariado no nível da consciência de classe e, por isso, é a crítica da ideologia do trabalho, isto é, a exposição das causas e da forma do trabalho na economia capitalista ou o trabalho assalariado.

Sabe-se hoje que Lafargue pensara inicialmente em intitular seu panfleto como "direito ao *lazer*" e, depois, como "direito ao *ócio*". A escolha da *preguiça* não foi casual. O título original do panfleto foi: *O direito à preguiça: refutação da religião de 1848*. Ao escolher e propor como um direito um pecado capital, o autor visa diretamente ao que denomina "religião do trabalho", o credo da burguesia (não só francesa) para dominar as mãos, os corações e as mentes do proletariado, em nome da nova figura assumida por Deus, o Progresso. Essa escolha é duplamente consistente. Em primeiro lugar, é consistente com as obras de Lafargue nesse período, quando se ocupa com a origem das religiões, da crença num deus pessoal transcendente, na alma e sua imortalidade, na vida futura de salvação ou danação. Por que a burguesia crê em Deus e na imortalidade da alma?, indaga ele em vários escritos. Por que dessa crença ela chega às ideias de justiça, caridade e bem? Porque, responde ele, a burguesia tolerou e patrocinou o desenvolvimento das ciências da natureza (pois isso era necessário para o capital), mas não tolera e sim reprime toda tentativa de conhecimento científico da realidade social (pois sabe que tal conhecimento a desmascara e enfraquece).[10] A religião é o instrumento eficaz de dominação de classe porque parece oferecer uma explicação satisfatória sobre a sociedade e garante, pela ação do clero e dos intelectuais pequeno-burgueses, que o proletariado, espontaneamente incréu e ateu, seja rendido por essas ideias e crenças. Após a derrota popular de 1849, lembra Lafargue, em 1849, o Primeiro Ministro Thiers declarou no conselho da Instrução Primária:

> Quero fazer com que a influência do clero seja todo-poderosa, pois conto com ele para propagar essa boa filosofia que ensina ao

[10] "Por que os livre-pensadores fazem o processo do cristianismo e acreditam extinta a crença em Deus, base fundamental das religiões, seja qual for seu nome? Supõem que a burguesia, classe a que pertencem, pode prescindir do cristianismo, do qual é uma manifestação evidente? Embora tenha podido adaptar-se a outras formas sociais, o cristianismo é, por excelência, a religião das sociedades que se fundam sobre as bases da propriedade individual e da exploração do trabalho assalariado. Por isso foi, é e será, diga-se o que se disser, a religião da burguesia [...] O mundo econômico proporciona ao burguês insondáveis mistérios que os economistas se resignam a não aprofundar. O capitalista, que graças aos sábios conseguiu dominar as forças naturais, fica pasmado ante o efeito incompreensível das forças econômicas e as considera invencíveis, como o é Deus, e deduz que o mais prudente é suportar com resignação as desgraças que produzem e aceitar as vantagens que ocasionam. Como disse Jó: 'o Eterno me deu, o Eterno me tirou, bendito seja o nome do Eterno'. As forças econômicas lhe parecem fantásticas, como seres benéficos e maléficos [...] Os antropólogos atribuem a bruxaria, a crença na alma, nos espíritos e em Deus do homem primitivo ao seu desconhecimento do mundo natural. A mesma explicação é aplicável ao homem civilizado: suas ideias espiritualistas e sua crença em Deus devem ser atribuídas à sua ignorância do mundo social [...] Os incompreensíveis e insolúveis problemas sociais fazem Deus tão necessário, que o teriam inventado se não houvesse existido." LAFARGUE, Paul. *Por que cree en Dios la burguesia?* Madri: Ediciones Júcar, 1979, p. 7-8, 23-24. O texto francês original se intitula *La religion du capitalisme* e foi escrito em 1887.

> homem que ele está aqui para sofrer, e não essa outra filosofia que, pelo contrário, diz a esse mesmo homem: Divirta-se!.

Não por acaso, Lafargue fará constante referência à "religião de Jó", imposta pela burguesia, pois é no Livro de Jó que lemos:

> Não está o homem condenado a trabalhos forçados aqui na terra? Não são seus dias os de um mercenário? Como o escravo suspira pela sombra, como o mercenário espera o salário, assim tive por herança meses de decepção, e couberam-me noites de pesar (Jó, 7:1-3).[11]

Em segundo lugar, a escolha da preguiça é consistente na conjuntura histórica, em decorrência do uso da religião, feito pela burguesia francesa no dia seguinte à grande derrota operária de 1871. Em 1872, o primeiro ministro MacMahon propôs a "ordem moral": o novo governo republicano, além das leis de censura da imprensa socialista, de repressão aos *communards* e de proibição das atividades políticas operárias, comemorou o martírio dos primeiros cristãos, na colina de Montmartre, declarou santo seu solo e sob a responsabilidade da República a construção, nessa colina, da basílica do Sacre-Coeur, pondo a França sob a proteção do Sagrado Coração de Jesus para purificar a pátria da gangrena socialista ateia e restaurar a unidade nacional.

Todavia, se, para fins provocativos e de propaganda revolucionária, a escolha recaiu sobre a preguiça, algo mais profundo se anuncia nessa decisão.

Lafargue, num momento de forte dramaticidade do texto, propõe aos leitores um enigma. Tendo se referido à "estranha loucura" que se apossou da classe operária francesa, isto é, à sandice que é a paixão pelo trabalho assalariado, escreve:

> E dizer que os filhos dos heróis do Terror[12] se deixaram degradar pela religião do trabalho a ponto de aceitar, após 1848, como uma

[11] Citado por LAFARGUE, P. *O direito à preguiça*, *op. cit.*, p. 59.

[12] Isto é, do período jacobino da Revolução Francesa, a partir de 1793, considerado o período propriamente popular radical da Revolução. Se nos lembrarmos da observação de Hobsbawm (veja-se nota 7) sobre o presença marcante da tradição jacobina nos meios operários franceses, compreende-se que Lafargue se refira a ela ao se erguer contra a passividade do proletariado francês.

> conquista revolucionária, a lei que limitava a 12 horas o trabalho nas fábricas; eles proclamavam, como sendo um princípio revolucionário, o *direito ao trabalho*. Envergonhe-se o proletariado francês! Somente escravos seriam capazes de tamanha baixeza! [...] E se as dores do trabalho forçado, se as torturas da fome se abateram sobre o proletariado em número maior que os gafanhotos da Bíblia, foi ele que as invocou. O trabalho que, em junho de 1848, os operários exigiam, armas nas mãos, foi por eles imposto a suas famílias; entregaram, aos barões da indústria, suas mulheres e seus filhos. Com suas próprias mãos, demoliram seus lares; com suas próprias mãos, secaram o leite de suas mulheres; as infelizes, grávidas que amamentavam seus filhos, tiveram de ir para as minas e manufaturas curvar a espinha e esgotar os nervos; com suas próprias mãos, estragaram a vida e o vigor de seus filhos. Envergonhem-se os proletários![13]

É impossível aqui não lembrar um outro texto, escrito também depois de uma derrota popular, a *revolte des gabelles*, na França do século XVI: o *Discurso da servidão voluntária*, de La Boétie, que também fala em loucura, ou em "povos insensatos" e propõe aos leitores um enigma:

> Pobre gente e miserável, povos insensatos, nações obstinadas em vosso mal e cegas ao vosso bem, deixais roubar, sob vossos próprios olhos, o mais belo e o mais claro de vossa renda, pilhar vossos campos, devastar vossas casas. Viveis de tal modo que nada mais é vosso [...] E todo esse estrago, esse infortúnio, essa ruína enfim, vos advém não dos inimigos, mas sim, por certo, do inimigo, daquele mesmo que fizestes ser como ele é, por quem ides tão corajosamente à guerra e para a vaidade de quem vossas pessoas nela enfrentam a morte a todo instante. Esse senhor, porém, só tem dois olhos, duas mãos, um corpo e nada além do que tem o último habitante do número infinito de nossas cidades. O que ele tem a mais do que vós são os meios que lhe forneceis para vos destruir. De onde tira os inumeráveis olhos com que vos espiona, senão de vossas fileiras? Como tem tantas mãos para golpear, se não as toma emprestado de vós? Os pés com que espezinha vossas cidades não são os vossos? Como ousaria atacar-vos se não estivesse conivente convosco? Tem ele algum poder senão por vós mesmos?[14]

[13] LAFARGUE, P. *O direito à preguiça, op. cit.*, p. 72.

[14] LA BOÉTIE, É. de. *Discurso da servidão voluntária*. São Paulo: Brasiliense, 1982, p. 78-79 (tradução ligeiramente modificada por Marilena Chaui).

O paralelo entre La Boétie e Lafargue transparece na construção de seus respectivos discursos. Assim, La Boétie compara e contrapõe os animais selvagens e os domésticos, enfatizando que um animal só é domesticado pela violência; essa comparação será retomada nos mesmos termos por Lafargue. No *Discurso da servidão voluntária*, La Boétie compara e contrapõe o francês servil e tiranizado aos indígenas do Novo Mundo, livres, fortes, saudáveis e felizes que, se tivessem de escolher entre liberdade e servidão, não hesitariam em escolher a primeira e somente pela violência seriam rendidos à segunda; essa mesma comparação é feita por *O direito à preguiça*. Que significam essas semelhanças textuais? Nos dois casos, o contraponto entre o livre e o servil, ou entre os que estão acostumados à liberdade e os que cederam à servidão, é a ocasião para que os dois autores proponham a mesma interrogação. La Boétie indaga como os homens, nascidos livres, podem viver em servidão como se esta lhes fosse natural. Lafargue pergunta como o proletariado, a única classe que possui a chave para a liberar a humanidade, pode deixar-se dominar pelo dogma do trabalho. A resposta é a mesma: "sois vós que dais ao tirano os meios para vos tiranizar", escreve La Boétie; "todas as misérias individuais e sociais dos operários foi o que fizeram por merecer com sua paixão pelo trabalho", diz Lafargue.

Se a "servidão voluntária" é um enigma é porque servidão e vontade jamais poderiam estar juntas, toda servidão só podendo ser indesejada, imposta contra a natureza e a vontade de alguém ou de um povo. Como, então, explicar o desejo de servir?, indagara La Boétie. Como explicar que os tiranizados vejam como *seu* bem a espoliação a que servem e a servidão em que vivem? Como explicar a insensatez dos que se obstinam em seu próprio mal?

Não menos enigmático é o desejo de trabalhar. Como explicar que os proletários reivindiquem o trabalho como um direito?, indaga Lafargue. Como explicar que aquilo mesmo que os destrói lhes apareça como conquista revolucionária de um bem?

É na resposta a essa interrogação que captamos o sentido profundo da escolha da preguiça: essa escolha não é uma irreverência "materialista" de um ateu empedernido, e sim a crítica materialista do trabalho assalariado ou do trabalho alienado, pois é este o objeto de *O direito à preguiça*.

IV

Preocupados (com razão, aliás) com a mensagem política, os comentadores sempre deixaram de lado (ou não levaram em consideração) que a construção literária de *O direito à preguiça* revela um escritor exímio, que domina com requinte os instrumentos da retórica e é capaz de segui-la com sofisticação.

De fato, a retórica clássica estabelece um conjunto de regras para a composição de um texto perfeito, que deve ser falado e ouvido, mais do que tomado como um escrito a ser lido.[15] Essas regras, que visam à emoção do ouvinte e à sua persuasão pela força das imagens escolhidas pelo orador, sustentam, por exemplo, os grandes discursos de Cícero e foram apropriadas pela Igreja para a construção dos sermões. Como procede Lafargue? Ele sabe não apenas que a oralidade é essencial num panfleto revolucionário, mas também que poderá obter um efeito de grande proporções se construí-lo de maneira retórica, operando em seu campo com muitas gamas e tonalidades de emoções, a fim de comover e persuadir. Por isso, com mestria, Lafargue emprega imagens fortes, dramáticas (como a descrição da miséria dos operários da Alsácia, ou as guerras coloniais para conquista de novos mercados), paradoxais (como Cristo pregando a preguiça ao mostrar a beleza dos lírios do campo que "não trabalham nem tecem"[16], ou Jeová dando

[15] Os grandes retóricos latinos, particularmente Cícero e Quintiliano, estabelecem que um discurso deve ser construído tendo cinco partes: exórdio, invenção, exposição, amplificação e peroração. No exórdio, o orador deve apresentar seu tema de maneira que provoque uma reação emotiva no ouvinte (espanto, medo, cólera, admiração, indignação, etc.); na invenção, o orador deve apresentar os fatos que serão examinados por ele, devendo despertar no ouvinte a atenção; na narração ou exposição, o orador deve contar aos ouvintes o sucedido e apresentar a defesa ou o ataque dos envolvidos no que está sendo narrado; na amplificação, o orador deve encontrar vários exemplos, tirados de outros fatos e de outros acontecimentos diversos daquele que está sendo narrado e que confirmem, positiva ou negativamente, o que foi exposto; na peroração, o orador convida os ouvintes a partilhar com ele as opiniões e a posição a respeito do que foi exposto. Lafargue segue essas regras na composição de seu discurso. Na língua portuguesa, o exemplo clássico do uso perfeito da retórica se encontra nos *Sermões*, do Padre Vieira.

[16] Na pregação aos discípulos, Jesus lhes disse: "Por isso vos digo: não vos preocupeis com a vida, quanto ao que haveis de comer, nem com o corpo, quanto ao que haveis de vestir. Pois a vida é mais do que o alimento e o corpo mais do que a

o exemplo da preguiça, ao descansar eternamente após os seis dias da criação), aberrantes (como o cortejo de servidores inúteis inventados pela burguesia para chegar a consumir o excesso da produção, ou o efeito destrutivo para o proletariado da crença no novo deus, o Progresso), e emprega imagens cômicas e grotescas, na parte final do panfleto (quando propõe a encenação de uma peça teatral desmoralizadora dos burgueses e de seus lacaios).

Mas a finura literária de Lafargue vai ainda mais longe. Com astúcia, escolhe como tática uma estrutura discursiva tal que seu texto surge como violenta paródia dos sermões religiosos, seguindo as mesmas regras retóricas deles. Eis por que *O direito à preguiça* começa com um prefácio ou exórdio sobre a religião do trabalho (com o qual substitui a leitura do evangelho, que precede o sermão eclesiástico) e termina com uma oração (substituindo o *oremus*, com que termina o sermão eclesiástico, por uma invocação à deusa Preguiça), intercalando entre o início e o fim uma exposição e uma amplificação que trazem um ensinamento novo, uma outra "boa nova" (pois é isso que, em grego, significa a palavra "evangelho"), que permitirá encerrar o texto contrapondo o calvário do proletariado à felicidade que este erguerá com suas próprias forças.

Qual o tema de *O direito à preguiça*? Na verdade, embora o tema seja o elogio da preguiça, como condição para o desenvolvimento físico, psíquico e político do proletariado, Lafargue tem como pressuposto principal o significado do trabalho no modo de produção capitalista, isto é, a divisão social do trabalho e a luta de classes. Sua fonte de inspiração é dupla: de um lado, as ideias do jovem Marx, nos *Manuscritos Econômicos de 1844*, sobre o trabalho alienado;[17] e, de outro, a análise do trabalho assalariado, no primeiro volume de *O capital*.

roupa. Olhai os corvos; eles não semeiam nem colhem, não têm celeiro nem depósito; mas Deus os alimenta [...] Olhai os lírios do campo, como não fiam e não tecem. Contudo, eu vos asseguro que nem Salomão, com todo seu esplendor, se vestiu como um deles" (Lucas, 12:22-27). Na verdade, a pregação de Jesus visa convencer os discípulos a se entregar à Providência divina, mas Lafargue emprega o texto evangélico para obter uma imagem contra a religião cristã do trabalho.

[17] Embora essa obra de Marx só tivesse sido publicada no século XX, é perfeitamente possível supor que, em conversas com o sogro, Lafargue conhecesse suas primeiras ideias sobre a alienação do trabalho e até mesmo houvesse lido os *Manuscritos*.

O que é o trabalho alienado?[18] Para entendê-lo, é preciso primeiro lembrar que, para Marx e Lafargue, o trabalho em si mesmo é uma das dimensões da vida humana que revela nossa humanidade, pois é por ele que dominamos as forças da natureza e é por ele que satisfazemos nossas necessidades vitais básicas, e é nele que exteriorizamos nossa capacidade inventiva e criadora – o trabalho exterioriza numa obra a interioridade do criador. Ou, numa linguagem vinda da filosofia de Hegel, o trabalho objetiva o subjetivo, o sujeito se reconhece como produtor do objeto. Para que o trabalho se torne alienado, isto é, para que oculte, em vez de revelar, a essência dos seres humanos e para que o trabalhador não se reconheça como produtor das obras, é preciso que a divisão social do trabalho, imposta historicamente pelo capitalismo, desconsidere as aptidões e capacidades dos indivíduos, suas necessidades fundamentais e suas aspirações criadoras e os force a trabalhar para outros como se estivessem trabalhando para a sociedade e para si mesmos. Em outras palavras, sob os efeitos da divisão social do trabalho e da luta de classes,[19] o trabalhador individual pertence a uma classe social – a classe dos trabalhadores –, que, para sobreviver, se vê obrigada a trabalhar para uma outra classe social – a burguesia –, vendendo sua força de trabalho no mercado. Ao fazê-lo, o trabalhador aliena para um outro

[18] As palavras "alienação" e "alienado" são derivadas de um pronome da língua latina, *alienus, aliena, alienum*, que significa "outro, outra" no sentido de "alheio, alheia". Quando se diz que um doente mental é um alienado, o que se quer dizer é: (1) ou que ele se tornou um outro para si mesmo, tornou-se alheio a si mesmo, não se reconhece tal como é, mas se imagina como um outro (por exemplo, aquele que imagina que é Cristo, Napoleão, Hitler, etc.); (2) ou que ele imagina a existência de um outro superpoderoso ou uma existência alheia à sua que pode dominá-lo, forçá-lo a fazer o que não quer, matá-lo, etc. A paranoia é um dos casos clínicos da primeira forma da alienação, e a esquizofrenia é um dos casos clínicos da segunda. Não será por acaso que Lafargue se refira à "paixão pelo trabalho" como um caso de loucura. O trabalho de que ele fala é o trabalho alienado.

[19] Por *luta de classes* não devemos entender, como quer a classe dominante, a "luta da classe", isto é, as ações do proletariado contra a burguesia. O plural "classes" é essencial: a luta se realiza com as ações cotidianas da burguesia para conservar a exploração e a dominação do proletariado, bem como nas ações cotidianas do proletariado aceitando ou recusando a ação burguesa. A luta de classes é a forma da relação social numa sociedade dividida em classes e, por isso, se realiza tanto na calma rotineira do cotidiano, nas legislações trabalhistas, nas eleições, assim como nas ações espetaculares das greves, revoltas e revoluções e nas medidas repressivas (policiais e militares) da burguesia.

(o burguês) sua força de trabalho que, ao ser vendida e comprada, se torna uma mercadoria destinada a produzir mercadorias. Reduzido à condição de mercadoria que produz mercadorias, o trabalho não realiza nenhuma capacidade humana do próprio trabalhador, mas cumpre as exigências impostas pelo mercado capitalista.

Por esse motivo, cada trabalhador individual e a classe trabalhadora como um todo não podem reconhecer-se nos produtos que produzem, pois esses produtos não exprimem as necessidades e capacidades de seus produtores. Produzidos por ordem de outros, os produtos são enviados ao mercado de consumo, e cada trabalhador, ignorando o trabalho de todos os que produziram as mercadorias, vê os produtos do trabalho como coisas prontas que parecem existir por si mesmas. Em suma, não as percebe como objetivação de sua subjetividade humana, mas como algo que parece não depender de trabalho algum para existir – o produto aparece como "outro" que o produtor. Além disso, as condições impostas pelo mercado de trabalho são tais que os trabalhadores vendem sua força de trabalho por um preço muito inferior ao trabalho que realizam e por isso se empobrecem à medida que vão produzindo riqueza. Isso significa que os produtos do trabalho também não estão ao alcance do trabalhador, que os vê no mercado, mas não tem como adquiri-los. Ou, como diz Lafargue, os operários foram condenados à abstinência de todos os bens que produzem.

O produto do trabalho se distancia do trabalhador porque foi produzido por ordens alheias e não por necessidades e capacidades do próprio trabalhador; porque fica exposto num mercado de consumo inalcançável para o trabalhador; e porque aparece como uma coisa existente em si e por si mesma e não como resultado da ação do trabalhador. Esse tríplice distanciamento é o processo social em que o trabalhador individual e a classe trabalhadora não podem reconhecer-se como autores dos produtos de seu próprio trabalho. Não só isso. Ao passar da condição humana à de uma mercadoria, ao tornar-se coisa que produz coisas e perder sua própria de humanidade, o trabalhador torna-se "outro" que si mesmo, e os produtos do trabalho tornam-se coisas "outras" que o próprio trabalhador. Esse tornar-se outro constitui a alienação do trabalho. Como o trabalhador é uma coisa que produz coisas, a relação social do trabalho com o capital (ou entre classes sociais) aparece-lhe como se fosse uma relação entre coisas, ocultando a verdadeira realidade.

Além disso, como os preços dos produtos seguem as leis de mercado impostas pelos capitalistas e como os trabalhadores precisam de muitos desses produtos para sobreviver, passam a aceitar as piores condições de trabalho, os piores salários, a pobreza, a miséria, a fome, o frio, a doença para ter o *direito ao trabalho*, com o que terão salário para comprar o mínimo daquilo que eles mesmos produziram. Isso significa que os trabalhadores passam a ser dominados pelo mercado: são dominados pelo mercado de trabalho, porque se veem obrigados a aceitar qualquer condição para trabalhar e são dominados pelos produtos do trabalho, porque precisam adquiri-los a preços exorbitantes no mercado, sem se dar conta de que essas "coisas" nada mais são senão seu próprio trabalho.

Comentando os textos de Marx sobre o trabalho alienado, Marcuse escreve:

> Marx apresenta a alienação do trabalho como exemplificada, primeiro, na relação do trabalhador com o produto do seu trabalho e, segundo, na relação do trabalhador com sua própria atividade. O trabalhador, na sociedade capitalista, produz mercadorias. A produção de mercadorias em larga escala requer capital, grandes acumulações de riqueza empregadas exclusivamente para incrementar a produção de mercadorias. As mercadorias são produzidas por empresários privados independentes, para fins de venda lucrativa. O operário trabalha para o capitalista a quem entrega, pelo contrato salarial, o produto de seu trabalho. O capital é o poder de dispor dos produtos do trabalho. Quando mais o trabalhador produz, maior se torna o poder do capital e mais limitados os meios de o trabalhador se apropriar de seus produtos. O trabalho se torna, pois, vítima de um poder que ele mesmo criou. Marx resume esse processo como se segue: "o objeto que o trabalho produz, o seu produto, é enfrentado como uma entidade alheia, como uma força que se torna independente do seu produtor".[20]

Em *O capital*, ao fazer a crítica da economia política burguesa, isto é, do capitalismo, Marx introduz novos aspectos na análise do trabalho que são importantes para a leitura do texto de Lafargue.

[20] MARCUSE. *Razão e revolução: Hegel e o advento da teoria social*. Rio de Janeiro: Paz e Terra, 1978, p. 254-255. Observe-se, na citação do texto de Marx, que ele emprega a palavra "alheia" para indicar o tornar-se um "outro" que o trabalhador.

Marx sublinha a diferença entre o modo de produção capitalista e outras formas econômicas, demonstrando que a especificidade do capitalismo está em acumular e reproduzir a riqueza social e assegurar os meios para a apropriação privada dessa riqueza. Nas outras formas econômicas, a riqueza social não aumenta nem diminui, apenas muda de mãos. É assim que um reino rico pode tornar-se pobre ao perder uma guerra e ter todos os seus bens transferidos para as mãos do vencedor, que se torna mais rico. Mas não houve crescimento social da riqueza, não houve produção de mais riqueza. Houve entesouramento. Tesouros desaparecem enquanto outros surgem ou aumentam, mas a economia, como um todo, não cresce. No capitalismo, ao contrário, a riqueza social cresce, pois a marca própria do capital é produzir sempre mais capital.

Como é isso possível? Qual o mistério do crescimento da riqueza social? Como a riqueza pode ser acumulada, reproduzida e aumentada? Por dois procedimentos: pelo primeiro, uma classe social poderosa expropria outras classes sociais dos seus meios de produção (terra, instrumentos de trabalho) e se apropria privadamente desses meios com os quais aquelas classes produziam sua subsistência e um excedente para trocar no mercado; pelo segundo, os proprietários privados dos meios de produção forçam as classes expropriadas a trabalhar para eles, mediante um salário, para produzir os bens que também serão propriedade privada do empregador. O trabalho se torna assalariado e submetido às leis da propriedade privada capitalista.

Todavia, Marx introduz duas ideias fundamentais para a compreensão do trabalho assalariado como responsável pelo aumento da riqueza, isto é, pelo crescimento do capital. Em primeiro lugar, Marx já não fala simplesmente em trabalho, mas em *força de trabalho* para significar que se trata da única propriedade que resta ao trabalhador que irá aliená-la ao vendê-la no mercado por um salário. Em segundo lugar, não fala simplesmente na quantidade de trabalho necessário para produzir uma mercadoria, mas fala em *tempo socialmente necessário* para a produção de mercadorias e que seria levada em conta no momento de calcular o preço do salário. É esse tempo socialmente necessário que determina a maneira peculiar como se realiza a exploração da força de trabalho assalariada e explica como e por que o capital tem a capacidade misteriosa de crescer.

O conceito de "tempo de trabalho socialmente necessário" significa que o custo de produção de uma mercadoria inclui todos os trabalhos que foram necessários para chegar ao produto final. É o custo *social* de sua produção. Nesse custo, não estão apenas os custos da extração da matéria-prima e de seu transporte, nem apenas o custo dos instrumentos e das máquinas com que tais matérias são extraídas, transportadas e fabricadas, mas inclui também o salário dos trabalhadores que produzem a mercadoria (desde os que extraíram a matéria-prima e fabricaram instrumentos e máquinas para sua extração e para seu transporte até os que realizam a fabricação do produto final, incluindo os que fabricaram instrumentos e máquinas para a produção final e os meios para sua distribuição). Em outras palavras, o tempo de trabalho socialmente necessário é o conjunto de todos os tempos de trabalho de cada trabalhador individual e do conjunto de todos os trabalhadores. É esse conceito que nos permite compreender por que os trabalhadores formam uma *classe social*.

Como dissemos, no custo de produção está incluído o salário. Como calcular seu preço? Levando em conta o tempo socialmente necessário para a produção de uma mercadoria e as necessidades do produtor. Suponhamos que, para a produção de uma determinada mercadoria, sejam necessárias oito horas de trabalho e que se calcule que cada hora de trabalho vale R$ 2,00 (isto é, um cálculo que mostraria que, para alimentar-se bem, vestir-se bem, transportar-se bem, cuidar bem da família, frequentar escolas, ter férias e lazer, ter bons cuidados com a saúde pessoal e da família, etc., o trabalhador deveria receber essa quantia por hora de trabalho). Ele deveria, então, receber R$ 16,00 pelas oito horas. Ora, ele recebe, na melhor das hipóteses, R$ 8,00 e, na pior, R$ 2,00. O tempo socialmente necessário empregado pela força de trabalho não é integralmente remunerado pelo salário. É exatamente esse tempo de trabalho não pago à força de trabalho – o que Marx chama de "mais-valia" – que faz crescer o capital, isto é, o que chamamos de "lucro". Este, portanto, não é obtido no momento da comercialização do produto final, e sim no momento em que a força de trabalho não foi remunerada pelo salário. Responde-se, portanto, à pergunta: como o capital cresce e se multiplica? Pela exploração da força de trabalho. Essa exploração se chama "trabalho assalariado".

A denúncia do trabalho alienado e a crítica do trabalho assalariado sustentam o texto de Lafargue e o esclarecem. É porque se trata de mostrar aos trabalhadores que são eles os produtores do capital que Lafargue insiste tanto naquilo que chama de "superprodução", isto é, um excesso de mercadorias continuamente lançadas no mercado, que os burgueses, sozinhos, não têm como consumir e que o proletariado está proibido de consumir porque seu salário e as horas de sua vida inteira gastas nessa produção não lhe dão direito a elas. É por ser este o foco da crítica que Lafargue insiste também no contrário à situação existente, isto é, no que poderia ser o uso racional das máquinas, pois, com elas, a jornada de trabalho poderia ser reduzida a quase nada – pelos seus cálculos, a jornada de trabalho poderia ser de três horas diárias e o ano de trabalho poderia durar apenas seis meses. Se assim não acontece, escreve ele, é porque os proletários se deixaram dominar pela religião do trabalho e pelo dogma de uma burguesia ociosa e consumista que afirma o trabalho ser sacrossanto e fonte de todas as virtudes, quando, na realidade, é a causa de todas as misérias da classe operária, miséria que cresce na proporção direta ao crescimento da riqueza por ela produzida. A riqueza é, pois, socialmente produzida, mas sua apropriação não é social e sim privada, ficando nas mãos dos detentores dos meios de produção.

Por essa razão, podemos dizer que o centro de *O direito à preguiça* é o capítulo "O que vem após a superprodução". A sociedade burguesa, escreve Lafargue, condena o proletariado à abstinência de todos os bens e prazeres e condena a burguesia ao superconsumo do que é produzido em quantidades cada vez maiores, tanto pela introdução das máquinas como pelo aumento da jornada de trabalho. Assim, o proletariado é um superprodutor faminto e miserável, doente, vivendo em condições que nem mesmo animais aceitariam, enquanto o burguês é o não produtor superconsumidor, ocioso e farto, rodeado de uma "classe doméstica" cada vez mais numerosa, dedicada à satisfação de seus gostos e prazeres dispendiosos e fúteis (cozinheiros, faxineiros, servidores de mesa, aias e amas, mordomos e governantas, preceptores, cocheiros e motoristas, jardineiros, costureiras, bordadeiras, cabeleireiros, manicures, maquiadores, chapeleiros, livreiros, decoradores, etc.).[21] Em suma, escreve

[21] Lafargue refere-se, evidentemente aos serviços usados pela burguesia durante o século XIX. Há serviços que desapareceram e há inúmeros outros que apareceram. Independentemente da enumeração, o importante é seu sentido: a criação de um verdadeiro exército de servidores e de uma quantidade absurda de serviços fúteis e supérfluos, necessários ao superconsumo burguês.

Lafargue, "ao apertar o cinto, a classe operária desenvolveu para além do normal o ventre da burguesia".

Como esta e seu exército de servidores não são suficientes para consumir toda a produção, passa-se a exportá-la para outros continentes, o que, por seu turno, exige duas ações: primeiro, a burguesia cria nos novos continentes necessidades fictícias de consumo, de maneira que crie o mercado consumidor; depois, para garantir o monopólio sobre tal mercado, realiza as guerras coloniais, com que afasta os competidores. No entanto, nem mesmo isso é suficiente, pois a produção não cessa de crescer. A solução encontrada é baixar a qualidade dos produtos e diminuir sua durabilidade, uma falsificação ou uma fraude necessária à lógica do capital.[22]

Visto que os operários estão completamente dominados pelo vício do trabalho e que nada os convence a abandoná-lo, que solução intermediária lhes propor? A redução da jornada de trabalho para três horas diárias durante seis meses por ano. Redução perfeitamente viável porque, de um lado, há abundância de matéria-prima e de produtos e, de outro, máquinas. Se isso for feito, não só haverá pleno emprego, pois todos terão trabalho e os operários não lutarão entre si por trabalho, mas sobretudo, "não estando esgotados do corpo e da mente, começarão a praticar as virtudes da preguiça", explica Lafargue.

Pensamos ser este o momento decisivo de *O direito à preguiça*. E por dois motivos principais: em primeiro lugar, pela inversão paradoxal que Lafargue impõe aos valores burgueses e operários, pois, agora, o trabalho é considerado um vício diabólico e a preguiça, mãe das virtudes. Em segundo lugar, pelo seu sentido pedagógico, ou seja, uma vez que não é possível, de um só lance, suprimir a convicção proletária do dever do trabalho assalariado, Lafargue propõe diminuir o tempo de trabalho para que os operários comecem a praticar "as virtudes da preguiça". Que virtudes a preguiça engendra? O prazer da vida boa (a boa mesa, a boa casa, as boas roupas, festas, danças, música, sexo, ocupação com as crianças, lazer e descanso) e o tempo para pensar e fruir da cultura, das ciências e das artes. Disso resulta o desenvolvimento dos conhecimentos e da capacidade de reflexão que levará o proletariado

22 E isso antes do surgimento dos descartáveis e dos produtos ditos populares para as chamadas classes D e E!

a compreender as causas reais de sua situação e a necessidade histórica de superá-la numa sociedade nova. Por que *virtude*? Essa palavra vem do latim, *virtus*, e significa "força", "vigor". Ao proporcionar aos operários um tempo em que estão livres do controle do capital, livres do poderio da burguesia, a preguiça gera virtude, isto é, o fortalecimento do corpo e do espírito da classe operária, preparando-a para a ação revolucionária de emancipação do gênero humano. A principal virtude da preguiça é ensinar a maldição do trabalho assalariado e a necessidade de aboli-lo.

Porém, como tornar a classe operária *virtuosa*, senhora da *virtus*? Como "pedir a um proletariado corrompido pela moral capitalista uma resolução viril?", indaga o autor.

Seria preciso rezar.

E, numa última inversão dos valores, Lafargue, passa de Deus à Deusa. Como Cristo, o proletariado, há um século, sobe o duro calvário da dor, tem os ossos quebrados, os nervos estendidos, as entranhas famintas e o cérebro alucinado. Mas no alto do Calvário, em vez de, como Cristo, dirigir a prece ao Pai, é preciso que o proletariado ore à Preguiça. *Oremus*: "Preguiça, tenha piedade de nossa longa miséria! Preguiça, mãe das artes e das virtudes nobres, seja o bálsamo das angústias humanas!".[23]

V

Num Apêndice, acrescentado à segunda publicação de *O Direito à Preguiça,* Lafargue voltou a um tema que o ocupara brevemente: o desprezo dos antigos pelo trabalho e o elogio do ócio.

É verdade, escreve, que os antigos pertenciam a sociedades de escravatura e que isso os fazia desprezar o trabalho. No entanto, muitos de seus poetas e filósofos louvaram o aparecimento de instrumentos técnicos ou de máquinas que diminuíam a fadiga e as penas do trabalho. Entre eles, Aristóteles imaginou o que aconteceria se, um dia, os fusos e as rocas se pusessem a fiar e a tecer sozinhos, e todos os utensílios realizassem por si mesmos todas as tarefas. Se isso acontecesse, os homens estariam para

[23] LAFARGUE, P. *O direito à preguiça, op. cit.*, p. 112.

sempre livres do trabalho, e não mais haveria necessidade de escravos. "O sonho de Aristóteles é a nossa realidade", escreve Lafargue, e dia virá em que o proletariado compreenderá que "a máquina é o redentor da humanidade, o Deus que resgatará o homem do trabalho assalariado, o Deus que lhe concederá os lazeres e a liberdade".

O sonho acabou.

Se é verdade que a hipótese de Aristóteles sobre o automatismo das máquinas se confirmou, não é menos verdade que sua suposição e a de Lafargue de que o homem seria libertado da maldição do trabalho não se realizou. Para que tivesse sido realizada, teria sido preciso que o proletariado tivesse escutado Lafargue e se dedicado a cultivar as virtudes da preguiça. Em vez disso, continuou na laboriosa luta pelo direito ao trabalho, pela jornada de oito horas, pelo salário mínimo, com direito a férias e aposentadoria e com a conquista do seguro-desemprego. E, hoje, é isso também que vem perdendo no mundo inteiro, sob a lógica de bronze do capital.

É Marcuse, em *Eros e civilização* e *O homem unidimensional*, quem analisa o efeito perverso da automação. De fato, rocas e fusos passaram a fiar e tecer sozinhos, mas com isso não surgiu, como esperavam Aristóteles e Lafargue, a sociedade da abundância, a única em que os seres humanos podem recuperar o trabalho como ação criadora. Em seu lugar, surgiu a sociedade administrada, que passou a ter o controle tecnológico de todas as classes sociais, como se fosse a

> [...] própria personificação da Razão para o bem de todos os grupos e interesses sociais – a tal ponto que toda contradição parece irracional, e toda ação contrária parece impossível. Não é, portanto, de admirar que, nos setores mais desenvolvidos dessa civilização tecnológica, os controles sociais tenham sido introjetados a ponto de até o protesto individual ser afetado em suas raízes.[24]

Além de controlar o corpo e a mente dos trabalhadores por meio da "gerência científica" ou da chamada "organização científica do trabalho",[25] a sociedade administrada também controla as conquistas

[24] MARCUSE, Herbert. *A ideologia da sociedade industrial*. Rio de Janeiro: Zahar, 1967, p. 30.

[25] A esse respeito, veja-se: BRAVERMAN, Harry. *Trabalho e capital monopolista: A degradação do trabalho no século XX*. Rio de Janeiro: Zahar, 1977.

proletárias sobre o tempo de descanso, ou o chamado "tempo livre". A indústria cultural, a indústria da moda e do turismo, a indústria do esporte e do lazer estão estruturadas em conformidade com as exigências do mercado capitalista e são elas que consomem todo o tempo que Lafargue esperara que fosse dedicado às virtudes da preguiça.

Em outras palavras, a sociedade capitalista tira com uma mão o que concede com a outra. A jornada de oito horas, o salário mínimo, o direito a férias e à aposentadoria e o seguro-desemprego foram conquistados pelos trabalhadores e depois tiveram de ser garantidos pela burguesia. Essa garantia chamou-se Estado do Bem-Estar. A burguesia, porém, soube perfeitamente como transformar em ganho para si o que lhe aparecera inicialmente como uma perda, inventando o consumo de massa de produtos de baixa qualidade e descartáveis, inventando necessidades fictícias de consumo por meio da indústria da moda, controlando o tempo livre dos trabalhadores com a indústria cultural, a do esporte e a do turismo. Ela nada perdeu e muito ganhou, pois tornou invisível a dominação de classe e a exploração.

Todavia, se o sonho acabou, nem por isso o texto de Lafargue perdeu vigor e atualidade. Hoje, como ontem, os trabalhadores ainda precisam lutar pelo direito à preguiça, sobretudo se considerarmos, ao lado do Estado de Bem-Estar, o que se passou na história dos movimentos de esquerda. Não só os partidos socialistas e comunistas ergueram mundo afora a bandeira do direito ao trabalho, como o stalinismo glorificou a virilidade do trabalhador que se esfalfa até o fim de suas forças para ganhar "prêmios de produtividade" e, supostamente, construir a sociedade livre do futuro, construção que incluía campos de trabalho forçado para todos os dissidentes, considerados "inimigos internos" do proletariado e de sua revolução. Mais do que um sonho terminado, foi um novo pesadelo que começou. A esse pesadelo, de que nada parece conseguir nos acordar, acrescenta-se hoje, na forma contemporânea do capitalismo, aquilo que Viviane Forrester chama de *O horror econômico*.[26]

Esse pequeno livro, um panfleto de alerta, publicado na França em 1996 (e no Brasil, em 1997), reforça nossa convicção de que o combate de Lafargue está mais vivo do que nunca.

[26] FORRESTER, Viviane. O *horror econômico*. São Paulo: Editora Unesp, 1997.

Se comparada às formas anteriores do capitalismo, a forma contemporânea do capital, contrariamente ao que sucedia antes, impõe a ideia de que o trabalho não cria riqueza, os empregos não dão lucro, e os desempregados são dejetos inúteis e inaproveitáveis. De fato, a desmontagem do Estado do Bem-Estar e o fim da presença do Estado como regulador da economia e parceiro econômico sustentam-se em dois fenômenos: um deles se refere à chamada "crise fiscal do Estado", isto é, à incapacidade do Estado para operar social e economicamente sem déficit público; o outro, político, refere-se à afirmação neoliberal de que as crises econômicas capitalistas resultam do excessivo poder e privilégios dos trabalhadores organizados. Esses dois fenômenos levam a uma ação precisa, qual seja, diminuir o raio de ação do Estado – privatizar a economia e desregular o mercado – e suprimir todos os direitos conquistados pelos trabalhadores – cortar as chamadas políticas sociais e desviar todos os recursos públicos para as empresas privadas que, sozinhas, não têm capital de giro suficiente para implementar todas as inovações tecnológicas de que são capazes. Disso resulta que o capital, valendo-se dos recursos públicos e do imenso desenvolvimento tecnológico, já não precisa do grande contingente de força de trabalho, necessário anteriormente. Ao mesmo tempo, com o fim das políticas sociais e o desmantelamento dos direitos conquistados, a classe trabalhadora não tem condições para enfrentar o capital e o desemprego que, agora, se tornou estrutural.

O Muro de Berlim pôde cair porque um outro, invisível e intangível, já havia sido erguido pela economia capitalista: o muro que, no interior de cada sociedade e entre os países, separa os privilegiados, que fruem a realidade virtual de suas ações (a finança internacional, o *jet set*), e os desempregados, massa de humilhados e ofendidos, dos envergonhados e culpados por não possuírem aquilo que o capitalismo não lhes deixa possuir – um trabalho – e os faz crer que têm o dever moral e social de possuir – um emprego.

Ora, se assim é, e se quisermos reagir e encontrar soluções para a sociedade por vir, então, escreve Forrester, precisamos, de uma vez por todas, fazer o luto de uma sociedade fundada no sacrossanto dever de trabalhar.

Enquanto os desempregados dos países ricos e pobres, enquanto os subempregados desses países e enquanto os superexplorados dos países pobres se sentirem culpados e envergonhados pelo desemprego e pelo subemprego, enquanto as políticas de promessa de mais empregos forem acreditadas e enquanto acreditarmos que o desemprego em massa é uma "crise" (portanto, algo passageiro e solucionável), nada será pensado e nada será feito.

Que poderia ser mais degradante para os seres humanos do que a grande solução britânica para a "crise" do emprego? Isto é, o "trabalho a hora zero" em que o empregado é remunerado quando trabalha, mas só é empregado de vez em quando, devendo ficar em casa, disponível e não remunerado, enquanto uma empresa não o chamar e o usar pelo tempo que julgar necessário. Melhor ainda é o conceito que, diz Forrester, nem o surrealismo ousou inventar, o da "empresa cidadã", aquela que recebe todo tipo de subvenção, isenções de taxas, possibilidades de contratos vantajosos para que, com civismo, ofereça empregos. "Benevolente, ela aceita. Não emprega ninguém. Desloca-se, ou ameaça fazê-lo, se tudo não correr conforme sua vontade."[27] Ninguém pergunta qual a operação miraculosa pela qual a miséria do desemprego se traduz em vantagens para as empresas e sem nenhum resultado para o país onde se dão ao desfrute de se instalar. Por que a estupidez complacente de governos que não enxergam que empresas não são cívicas (pertencem à esfera privada, isto é, ao mercado), não são agentes de caridade e não empregam porque não precisam dos empregos para ter lucro? Não só isso. O poder mundial se encontra nos organismos econômicos privados (Banco Mundial, FMI, etc.) com os quais os Estados contraem dívidas *públicas*, isto é, os cidadãos devem pagar para que seus governos façam o que esses organismos privados exigem que façam. No momento, esses organismos privados internacionais exigem que os governos "eliminem o déficit público", isto é, destruam ou não criem políticas sociais que sirvam de paliativo à barbárie econômica.

[27] Basta acompanhar o que aconteceu em 1999 no Brasil com a empresa automobilística Ford, que, depois de recusar as condições impostas pelo governo estadual do Rio do Grande Sul, obteve do governo brasileiro todo tipo de isenção para se instalar na Bahia e gradualmente fechar suas portas em São Paulo. Tão logo um outro país ofereça melhores condições de lucro, ela se deslocará, deixando um rastro de desemprego pelo Brasil.

Que acontecerá, indaga Forrester, quando, em lugar das precárias democracias existentes, o autoritarismo crescente da ideologia neoliberal como "pensamento único" chegar novamente ao totalitarismo? A história não esqueceu ainda a "solução final" que o nazismo encontrou para os que decretou serem dejetos humanos, os decaídos, os imprestáveis, os impuros: para eles, impôs o forno crematório, que faria crer que eles jamais existiram. Nada impedirá que o "pensamento único" dos donos da economia e do planeta chegue à pergunta crucial: como se livrar dos trabalhadores desempregados e subempregados? Afinal, escreve ela ironicamente, quem, sendo moderno, não sabe que tudo vai mal por causa dos privilégios dos sindicalistas, dos funcionários dos correios e telégrafos, dos condutores de ônibus e metrôs, dos bancários, dos professores das redes públicas de ensino, dos aposentados com suas incríveis vantagens, do salário-desemprego que arruína o Estado? Dos jovens pobres, que a escola, com esmero, prepara para o trabalho, e que, infames e desajustados, preferem a delinquência, a droga e a mendicância? Dos imigrantes (e dos migrantes, no caso do Brasil), que deixam seu lugar natal para vir roubar os empregos dos outros? Dos sindicatos, que, em vez de cooperar com a "empresa cidadã" e o Estado moderno, se lançam no arcaico corporativismo dos privilegiados, numa irresponsabilidade e imoralidade jamais vistas?

Curiosamente, observa ela, as críticas pelas calamidades econômicas são dirigidas aos trabalhadores e nenhuma crítica tem como alvo os organismos mundiais privados e a submissão dos Estados a eles. Nenhuma crítica é dirigida à "empresa cidadã", com suas subvenções e isenções, que se desloca à vontade pelos territórios, deixando o rastro do desemprego e da miséria a cada novo deslocamento. A culpa da miséria é dos miseráveis, quem ignora verdade tão elementar?

Também não se vê, em parte alguma, nenhuma reação contra uma escola que educa para a "virtude do trabalho", que prepara crianças e jovens para o dever do emprego numa sociedade do desemprego endêmico.

Não vemos também nenhuma análise que mostre aos Estados que a "criação de riqueza" já nada tem a ver com o trabalho e o emprego e que o capitalismo opera, hoje, exatamente ao contrário de como operava antes: do século XVIII até os anos 70 do século XX, o capitalismo operava por inclusão, isto é, colocando um número cada vez maior de pessoas no mercado de trabalho assalariado e com a promessa de um consumo crescente para toda a sociedade; hoje, no entanto, opera por exclusão, pois o capital financeiro, o monetarismo e o desenvolvimento tecnológico trazem um tipo novo de concentração privada da riqueza que dispensa o trabalho e o consumo de massa.

Houve tempos de angústias mais amargas, de grande ferocidade e crueldade. Mas eram ostensivas e provocavam indignação. A apatia e a indiferença hoje reinantes, escreve Forrester, possuem uma causa mais surda e quase inaudível. De fato, qualquer que tenha sido a história da barbárie ao longo dos séculos, até agora o conjunto dos seres humanos sempre se beneficiou de uma garantia: ele era essencial ao funcionamento do planeta, à produção e à exploração dos instrumentos do lucro. Pela primeira vez, prossegue Forrester, a massa humana não é mais necessária materialmente, e menos ainda economicamente, para o pequeno número que detém os poderes. Depois de haver produzido mercadorias descartáveis, o trabalhador tornou-se a última mercadoria descartável.

O horror econômico é, como *O direito à preguiça*, um brado de alerta para que reajamos ao nosso estupor e tomemos consciência dos eventos nos quais se desenha a História. Lafargue contava com a preguiça para despertar a virilidade virtuosa do proletariado, exaurido pelo dogma do trabalho. É essa mesma *virtù* (para usarmos o termo de Maquiavel) que Forrester invoca. É preciso, diz ela, que os trabalhadores não tenham medo do medo e não julguem insensato exigir da sociedade "um sentimento áspero, ingrato, de um rigor intratável que recusa qualquer exceção: o respeito".

Longe, portanto, de o direito à preguiça ter sido superado pelos acontecimentos, é ele que, numa sociedade que já não precisa da exploração mortal da força de trabalho, pode resgatar a dignidade e o autorrespeito dos trabalhadores quando, em lugar de se sentirem humilhados, ofendidos e culpados pelo desemprego, se erguerem contra os privilégios da apropriação privada da riqueza social e contra a barbárie contemporânea porque podem conhecê-la por dentro e aboli-la. Lutarão, não mais pelo direito ao trabalho, e sim pela distribuição social da riqueza e pelo direito de fruir de todos os seus bens e prazeres.

A filosofia como modo de vida e de pensar

Entrevista a Homero Santiago

Homero Santiago: Minha primeira pergunta vem de uma curiosidade surgida ao longo do trabalho com seus textos para esta coleção. Não é segredo que você é uma leitora contumaz de Espinosa e Merleau-Ponty, pensadores sobre os quais escreveu vários textos, que sempre se interessou por questões como democracia e cultura, etc. Os trabalhos em torno de La Boétie, diferentemente, parece que chamam bem menos a atenção dos leitores; ficaram sob a forma de artigos esparsos e nunca ganharam uma sistematização textual. No entanto, repassando seus textos, descobre-se uma constância incrível de La Boétie e de temas como a servidão voluntária e a amizade. Basta lembrar que o primeiro texto aqui presente data de 1982, e ainda neste ano de 2013 foi publicado, pelo *Jornal de resenhas,* parte de um texto sobre La Boétie. São mais de trinta anos entre um e outro! Além do que, mesmo em textos não dedicados diretamente a La Boétie, o nome dele comparece em momentos extremamente significativos – e penso, sobretudo, no final da carta que você em 2005 dirigiu aos seus alunos e que aparecerá no terceiro volume desta coleção. Um texto polêmico que termina com a seguinte invocação: "Vocês já leram La Boétie. Sabem que a servidão voluntária é o desejo de servir os superiores para ser servido pelos inferiores. É uma teia de relações de força, que percorrem verticalmente a sociedade sob a forma do mando e da obediência. Mas vocês se lembram também do que diz La Boétie da luta contra a servidão voluntária: não é preciso tirar coisa alguma do dominador; basta não lhe dar o que ele pede. NÃO FALO. A liberdade não é uma escolha entre várias possíveis, mas a fortaleza do ânimo para não ser determinado por forças externas e a potência interior para determinar-se a si mesmo. A liberdade, recusa da heteronomia, é a autonomia. Falarei quando minha liberdade determinar que é chegada a hora e a vez de falar". Não vou te perguntar logo de entrada o porquê dessa persistência, que decerto assume várias facetas e no final das contas é o assunto de toda a entrevista. Mas gostaria de, antes de mais nada, saber se você reconhece essa presença subterrânea de La Boétie em sua obra.

Marilena Chaui: Sim. É interessante você observar a persistência de La Boétie nos meus trabalhos e a pouca visibilidade de meus estudos sobre ele quando comparados aos trabalhos sobre Espinosa e Merleau-Ponty. Não sei por que isso aconteceu. Talvez porque os primeiros ensaios sobre ele estivessem inseridos numa conjuntura política brasileira muito determinada – a luta contra a ditadura – e ficaram ligados àquele momento enquanto Espinosa e Merleau-Ponty ficaram ligados à minha atividade acadêmica, com cursos, conferências e publicações constantes. Mas não sei se foi isso. Para mim, entretanto, há um cruzamento dos três na minha vida meditante (para usar a bela expressão merleaupontiana) e na minha vida militante, porque são pensadores da liberdade que a concebem sem referi-la à normatividade do dever e das virtudes e sem afastá-la da afetividade. A proximidade entre La Boétie e Espinosa é espantosa, porque ambos consideram que o desejo de liberdade não é o desejo de alguma coisa que nos falta, não é carência de alguma coisa que, do exterior, viria nos preencher, mas, pelo contrário, concebem a imanência da liberdade a si mesma: desejar a liberdade e ser livre é o mesmo porque a liberdade é a ausência de distância entre mim e mim mesma ou a máxima proximidade de mim comigo mesma, quando o que penso, sinto, digo e faço sou eu mesma como origem dos pensamentos, sentimentos, palavras e ações.

HS: E como você descobriu a obra de Étienne de La Boétie? Foi por influência de Claude Lefort? Vale lembrar que seu primeiro estudo sobre La Boétie apareceu numa clássica edição do *Discurso da servidão voluntária*, para a qual também contribuiu Lefort.

MC: Sim. Por um desses bons encontros de que falam La Boétie e Espinosa, ou dessas felizes coincidências, eu, em São Paulo, e Lefort, em Paris, estávamos lendo um mesmo livro, *Os dois corpos do rei*, de Kantorowics. Eu o lia porque abria perspectivas novas para a compreensão do poder teológico-político, que eu estava estudando em Espinosa, no *Tratado teológico-político*. Lefort o lia porque julgava uma trilha formidável para entender o totalitarismo. Dessa leitura, ele passou ao ensaio de La Boétie e me enviou um primeiro esboço do texto que estava preparando e a ideia de publicá-lo juntamente com uma nova edição francesa do *Discurso da servidão voluntária*. Eu desconhecia inteiramente La Boétie, cujo nome eu apenas havia lido nos *Ensaios* de Montaigne. Li, então, o *Discurso da servidão voluntária*. Quando o li, ele imediatamente se articulou com as análises que eu vinha fazendo do *Teológico-político* de Espinosa porque meu objetivo, com essas análises, era entender e criticar a ditadura no Brasil. Lefort leu La Boétie para melhor analisar o totalitarismo, e eu, para enfrentar o autoritarismo brasileiro. Daí nasceu a publicação brasileira do *Discurso*, com a tradução de Laymert Garcia dos Santos, acompanhada dos ensaios de Lefort, Clastres e o meu.

HS: Marilena, já ouvi certa vez algo mais ou menos assim: "Nada é menos espinosano que a servidão voluntária". De fato, à primeira vista, uma "vontade de servir" é algo paradoxal para um ser que sempre busca o útil; você mesma, a certo ponto de um texto, afirma o paradoxo de uma servidão que nasce como instituição da liberdade. Não vejo as coisas dessa forma, mas gostaria de te ouvir. Será que a ideia de servidão voluntária é mesmo uma monstruosidade, como La Boétie sugere? Como uma espinosista se situa perante o conceito de servidão voluntária? Diríamos que tem algo a ver com a célebre afirmação do prefácio do *Tratado teológico-político* de que "o grande segredo do regime monárquico" é fazer com que os homens "combatam pela servidão como se fosse pela salvação"?

MC: Sob vários aspectos, há profundas diferenças entre La Boétie e Espinosa. Vou mencionar três. Primeira: a filosofia de Espinosa é uma ontologia da necessidade ou do necessário (tudo o que existe possui causa necessária) que recusa a realidade da contingência e a situa numa imagem inteiramente subjetiva, nascida do conflito entre as paixões do medo e da esperança ou da incerteza dos seres finitos perante o curso temporal dos acontecimentos; em contrapartida, para La Boétie a contingência é um dado metafísico primordial. Segunda: para La Boétie nascemos livres, e toda a questão consiste em saber como e por que perdemos a liberdade inata (ele indaga: como nasce a vontade de servir?); em contrapartida, Espinosa considera que não nascemos livres, e sim nos tornamos livres, isto é, nascemos submetidos a forças externas mais poderosas do que nós, nascemos determinados pela exterioridade, e toda a questão consiste em saber como alcançamos a liberdade. Terceira: como consequência dessa segunda diferença, compreendemos por que La Boétie considera a servidão voluntária uma desnaturação e, por isso, monstruosidade; em contrapartida, também compreendemos por que Espinosa não a designaria dessa maneira, uma vez que não nascemos livres, pois não podemos deixar de sofrer o peso das forças externas que atuam sobre nós; ou seja, a passividade é natural, e não um vício da natureza humana. No entanto, quem lê o prefácio do *Teológico-político,* alguns escólios e os prefácios das partes III e V da *Ética*, isto é, textos de Espinosa que possuem uma dimensão retórica como o *Discurso da servidão voluntária*, encontrará passagens em que Espinosa assume o mesmo tom que La Boétie, falando numa servidão que tem tudo da loucura e da doença, que é engodo, logro, mentira, ignorância. Além disso, há passagens de ambos que são muito semelhantes: por exemplo, a ideia de que é fácil derrubar um tirano, mas difícil destruir a causa da tirania (La Boétie diz isso sobre os romanos, e Espinosa, sobre a Revolução Inglesa); ou a crítica a Israel por ter instituído uma monarquia quando dela não precisava; ou a referência ao regime do Grande Turco, que tanto em La Boétie quanto em Espinosa não é criticado – como ocorre com os demais autores dos séculos XVI e XVII – por ser tirano, e sim pelo modo específico de exercer a tirania, isto é, pela censura do pensamento e da palavra. Eu poderia multiplicar os exemplos. Mas penso que o mais importante (pelo menos para mim) é que há um ponto de intersecção no qual seus pensamentos se encontram: em ambos a interrogação se volta para a origem da transcendência do poder, da separação entre a sociedade e o poder político. Essa transcendência aparece, em La Boétie, encarnada na figura do Um e, em Espinosa, na do regime monárquico. É a crítica do poder separado que se explicita na mesma afirmação, encontrada em ambos, isto é, um poder político que persuade os homens a combater pela servidão como se fosse pela salvação.

HS: Em seus textos sobre a servidão voluntária, creio encontrar duas inflexões que me parecem decisivas: a dissolução da oposição entre o Um e os muitos, e a ênfase no destemor diante do tirano. Vamos à primeira. De início, temos uma oposição entre o Um, o tirano, e os muitos que lhe estão submetidos. A tirania gera-se, justamente, pela "elevação e separação de um". Incrível, porém, como você mostra, é que a certa altura cada um passa a exercer sua própria parcela de tirania, e a sociedade torna-se protetora da tirania em vez de sua adversária. A vontade de servir gera a tirania porque todos querem também ser servidos; por toda parte há pequenos tiranos que formam a "escória", uma classe dominante ela própria tirânica, violenta...

MC: Diferentemente de Lefort e Clastres, que dão ao Um o lugar central, eu me interessei pela ideia de uma sociedade tirânica mais do que pelo poder de um tirano; ou seja, eu me interessei por isso que você chama de dissolução da oposição entre o Um e os muitos. Isso me pareceu uma chave interpretativa interessante para entender a forma e a ação de uma classe dominante, isto é, eu me interessei pelo poder instituído, pelo exercício social da dominação, da exploração e da exclusão. Acho que esse interesse teve duas causas: a primeira é que La Boétie me ofereceu a possibilidade de analisar o Brasil não tendo em mira a presença contínua dos golpes de Estado e de ditaduras, ou da tirania como algo que se passa no aparelho do Estado, mas tendo em mira a estrutura da própria sociedade brasileira como sociedade violenta, autoritária, hierárquica, cuja classe dominante é perpassada pelo recurso ao Estado ditatorial como "solução" das contradições postas pela divisão social das classes, isto é, o horror de que os dominados digam não à dominação. A segunda causa foi o parentesco com Espinosa, que toma como ponto da partida para a análise da política a ideia da *multitudo* como sujeito político; portanto, ele parte de uma sociabilidade que determinará a forma do poder político, podendo, assim, demonstrar que a tirania é uma formação política cuja origem se encontra numa sociabilidade tirânica tecida pelo medo de muitos e pela ambição de uns poucos, e conservada pela superstição, isto é, pelo domínio sobre os corpos e os espíritos para deles obter a submissão interiorizada. Acabo de pensar que talvez eu leia La Boétie e Espinosa com as lentes de Marx! Isso explicaria por que o social é determinante para pensar o político. O que acha?

HS: Boa questão, à qual, porém, sinceramente, não tenho resposta. Faz pouco tempo, num colóquio sobre marxistas leitores de Espinosa, uma intervenção que tocava a sua obra acabou pondo o mesmo problema: Espinosa é lido com lentes marxistas ou Marx é lido com lentes espinosistas? A pergunta também é pertinente quanto à La Boétie, mas igualmente não sei responder. Talvez a solução seja a mais simples: todos são lidos por Marilena Chaui. Seja como for, uma das consequências mais interessantes desse entrecruzamento é que, com isso, você consegue inovar, invertendo certas verdades estabelecidas. Para irmos ao texto sobre Lafargue, dou como exemplo a ideia de alienação. Ela não é mais exclusividade dos explorados, dos dominados; pelo contrário, as suas vítimas maiores são justamente os pequenos tiranos, que se autoalienam. Como diz La Boétie, "para eles não basta obedecer" ao tirano, "também é preciso agradá-lo, é preciso que se arrebentem, que se atormentem, que se matem de trabalhar nos negócios dele".

MC: Isso confirmaria a minha pergunta sobre ler com as lentes de Marx! Eu fiquei muito contente quando você decidiu incluir o ensaio sobre Lafargue neste volume, pois eu li *O direito à preguiça* à luz do *Discurso da servidão voluntária,* tanto pelo assunto quanto pela construção estilística, que se dirige diretamente ao leitor, deixa-o perplexo, puxa-lhe o tapete sob os pés e o leva ao âmago da dominação ao situá-la ali onde ele não esperava que ela estivesse. Fiquei muito contente com a sua observação, porque, que eu saiba, ninguém havia notado esse parentesco entre Lafargue e La Boétie – o primeiro deslocando a preguiça da condição de pecado para a de um direito, e o segundo encontrando, na vontade dita livre, o agente da servidão – e a consequente desmontagem da imagem da alienação por ambos.

HS: Bem, passemos à segunda inflexão que mencionei. Trata-se da insistência no destemor como possível postura diante do tirano. Ao ler seus textos (os aqui coligidos e também outros), parece-me que o *Discurso da servidão voluntária* te serviu como baliza filosófica para pensar uma prática política, especialmente, arrisco dizer, uma prática política que necessita enfrentar regimes autoritários. Você diz claramente que La Boétie não fornece um programa; pergunto-me, porém, se ele não te forneceu uma postura. Trata-se do trecho célebre: o tirano não tem mãos, são as nossas mãos que o protegem; ele não tem ouvidos, são os nossos ouvidos que lhe informam sobre tudo, e assim por diante. Você repete com grande constância: o que precisamos é apenas não dar ao tirano o que ele nos pede. Falei em regimes autoritários porque tenho em conta que o ambiente dos primeiros textos sobre La Boétie era o da ditadura militar brasileira; assim como noutros textos o autor é convocado para dar a compreender a importância da posição dos trabalhadores poloneses perante o regime comunista ou então opor-se a um ministro da Justiça que investe furiosamente contra grevistas. Ou ainda, vindo para mais perto dos nossos dias, contra a tirania midiática, você, na já mencionada carta aos estudantes, termina de modo emblemático: "NÃO FALO", ou seja, não dou ao tirano o que ele quer para fortificar-se e destruir-me.

MC: Homero, eu gostaria de sempre ser lida e compreendida desta maneira. Estou comovida. Você sabe, porque eu repito isto com frequência, não considero a filosofia uma profissão. Eu a considero um modo de vida...

HS: Aliás, já que tocou nisso, aproveito para estender-me um pouco sobre os artigos de jornal aqui presentes e nos quais você se refere a La Boétie. Não tanto o ensaio do "Folhetim", mas os dois a que há pouco fiz menção, o sobre o sindicato Solidariedade e a análise do discurso do ministro Paulo Brossard. Acho esses textos formidáveis porque, postos aqui lado a lado com ensaios mais acadêmicos (o que não é usual), permitem ao leitor captar algo de suma importância: o diálogo entre filosofia e prática, como se combinam numa prática teórica que consegue mobilizar um autor do século XVI para analisar, compreender e sobretudo enfrentar desafios do século XX. Por exemplo, é a visada orientada pela questão da servidão voluntária que te permite revirar as coisas na análise da possível recusa ao trabalho por parte dos trabalhadores poloneses e perceber, em suas palavras, a "política dos que, abaixando a cabeça, não se submeterão". Vou perguntar, sem muita certeza da pertinência do palpite, mas ainda assim curioso: não poderíamos conceber isso como uma espécie de "filosofia aplicada"?

MC: Olha, Homero, eu nunca havia pensado dessa maneira... Mas penso que você tem razão. Como eu considero a filosofia um modo de viver e de pensar, acho que espontaneamente eu passo do acadêmico ao político, quer dizer, encontro no pensamento filosófico uma trilha para enfrentar as indeterminações e opacidades da ação, tanto a ação cotidiana quanto a ação política e cultural. No *Elogio da Filosofia*, Merleau-Ponty diz que reconhecemos o filósofo naquele que tem o gosto pela evidência e o senso da ambiguidade. Acho que é isso mesmo, mas eu, espinosanamente, acrescentaria: e que busca elevar a ambiguidade à condição de sentido evidente. Você concordaria?

HS: Pensando na proeminência da noção de ambiguidade em alguns de seus textos, e penso aqui, sobretudo, no último capítulo de *Conformismo e resistência* (a meu ver, texto importantíssimo que, infelizmente, costuma ser pouco levado em conta), pensando nisso é até difícil discordar. Agora, acho que voltamos à interrogação de antes: fulano é lido sob as lentes de sicrano, beltrano sofre as inflexões de fulano, ou o fato se explica porque todos foram lidos por Marilena? Eu diria que essa ambiguidade elevada ao sentido evidente e, portanto, tornada conceito, é algo de sua própria lavra. De todo modo, deixando para aprofundar isso noutra oportunidade – que espero não faltará (quem sabe com a republicação do livro mencionado, que, reitero, me parece de grande importância) –, vou aos "finalmentes". A amizade é tônica de várias de suas análises de La Boétie, e não se pode esquecer: você descobre o texto, segundo seu relato, a partir da indicação de um amigo, Lefort; ademais, dedica um dos textos aqui coligidos a outro amigo, Pierre Clastres. Ora, a amizade, de que você sem dúvida é uma cultora, surge a todo momento como o oposto da servidão voluntária. Se esta nasce do mau encontro, aquela talvez se deva sempre aos melhores encontros; se a tirania é o poder separado, a amizade é a "mútua estima"; ao "nome de Um" contrapõe-se o "nome sagrado" da amizade. Pergunto, então: a amizade é mesmo uma força política? Como?

MC: La Boétie afirma que a amizade é a confiança recíproca na integridade e na lealdade dos amigos e ele a opõe à contrafação dela, isto é, à cumplicidade, baseada em interesses que podem se desfazer a qualquer momento e em qualquer circunstância. Quando escrevi que há uma dimensão política na amizade, pensei na diferença entre interesses e direitos comuns. São estes que definem e unem os amigos numa ação política fundada na afirmação e na defesa da igualdade e da liberdade de cada um e de todos. Como não concebo a política como jogo da astúcia e da violência, mas como instituição da cidadania, penso que a dimensão política da amizade tem muito a ver com o que Espinosa chama de fortaleza do ânimo ou força d'alma, um exercício da liberdade que se chama firmeza quando se refere a nós mesmos e generosidade quando se refere à nossa relação com o outro.

Este livro foi composto com tipografia Bembo e impresso
em papel Off-White 80g/m² na Formato Artes Gráficas.